JN271501

よく出る分野を
まとめて覚える

仏検
イラスト
単語集

3・4級レベル

小幡谷友二 [著]　　三修社

はじめに

　書店へ行くと、過去に仏検で出題された頻度・受験級別のフランス語単語集を何種類も見かけます。しかし、単語中心の学習はなかなか続かないと感じたことはありませんか？

　本書は、イラストを交え、同意語・反意語を図式化し、効率的に覚えられるように工夫したイラスト単語集です。「イラスト単語集」というと、やさしいイメージがありますが、本書では過去問題を分析し、3・4級でよく出る単語に加え、日常会話に役立つ単語を収録しました。適宜、例文を付けてありますから、試験対策としてだけでなく、実際にフランス語で書く・話すなどの運用力アップにも効果的です。

　見出し語にはカタカナで発音を付してあります。実際の音に近いと思われるカナ表記を採用していますが、あくまでも補助的なものとお考えください。形容詞には、女性形語尾によって発音が変化する単語もありますから、フランス語の発音に慣れていない方は、辞書で確認するようにしましょう。

　また、名詞には性を*m.*、*f.*で表示しました。職業を表す名詞の中には、男性名詞と女性名詞が同形のもの(*m., f.*と表示)、女性にも男性名詞を用いるものがあります(*m.*と表示)。

　各章末には、「まとめの問題」を付けました。力試しにご利用ください。とくに、綴りを埋める問題は、単語帳をながめているだけでは意識されにくい綴りを改めて意識させますから、音と綴りを一致させるのに効果があるでしょう。巻末には索引を付けました。2000語以上の見出し語を収録していますので、試験前のチェックにご活用いただければと思います。

　外国語学習に際して、「文法規則を覚えることに集中する」「ほかの趣味を犠牲にしてまで試験対策に集中する」のは、自身の経験からもあまり効果的ではないと感じています。本書が、目の前の試験対策だけでなく、これからもフランス語学習を楽しんで続けていくための一助になれば幸いです。

小幡谷友二

本書の見方

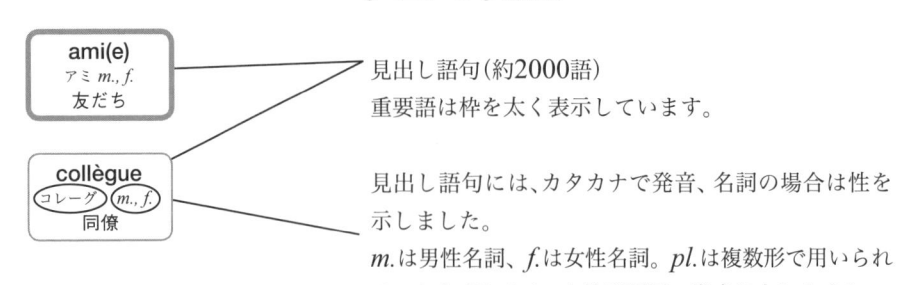

ami(e) アミ *m., f.* 友だち — 見出し語句(約2000語)
重要語は枠を太く表示しています。

collègue コレーグ *m., f.* 同僚 — 見出し語句には、カタカナで発音、名詞の場合は性を示しました。
*m.*は男性名詞、*f.*は女性名詞。*pl.*は複数形で用いられることを表します。女性形語尾の発音は含みません。

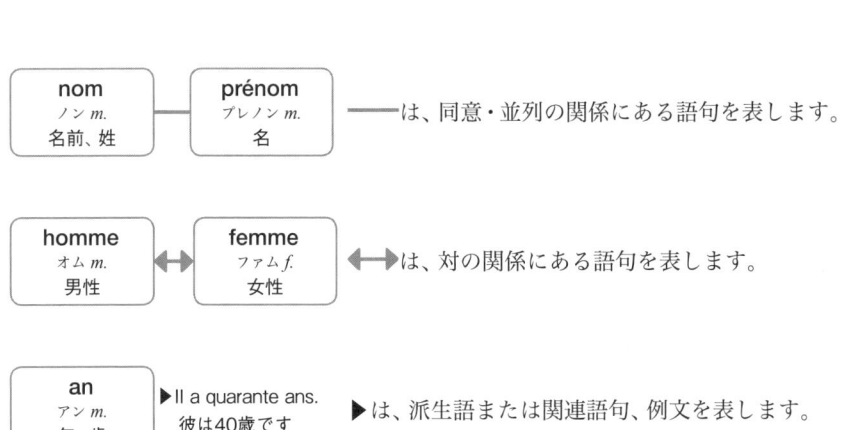

nom ノン *m.* 名前、姓 — **prénom** プレノン *m.* 名 ── は、同意・並列の関係にある語句を表します。

homme オム *m.* 男性 ⟷ **femme** ファム *f.* 女性 ⟷ は、対の関係にある語句を表します。

an アン *m.* 年、歳 ▶ Il a quarante ans. 彼は40歳です ▶ は、派生語または関連語句、例文を表します。

région レジョン *f.* 地方
régional(e) レジョナル 地方の
département デパルトゥマン *m.* 県

網掛けされている語句は、まとめて覚えておくと便利な関連語リストです。

( )は、女性形語尾および省略可能な語句。
[ ]は、言い換え表現。

形容詞・名詞の女性形について
　本書では、女性語尾が追加になるものと語尾が変化するものは同様に表記しています。
・女性語尾が追加になるもの
　ami(e)…男性ami、女性amie
・綴りの一部が変化するもの
　gracieux(se)…男性gracieux、女性gracieuse

目　次

本書の見方 4

第1章　自分のこと
1. 自己紹介 10
2. 国籍 12
3. 家族 14
4. まわりの人々 16
5. 外見 18
6. 身体 20
7. 病気 22
8. 健康 24
9. 性格 26
10. 一生 28
    まとめの問題① 30

第2章　住環境
1. 住まい 32
2. 家具 34
3. 家事 36
4. 建物 38
   まとめの問題② 40

第3章　景観
1. 都市と地方 42
2. 街並 44
3. 自然 46
   まとめの問題③ 48

第4章　自然
1. 科学 50
2. 動物 52
3. 植物 54
4. 宇宙 56
5. 気候 58
6. 環境問題 60
   まとめの問題④ 62

第5章　日常生活
1. 生活 64
2. 食事 66
3. 食べ物 68

	4	飲み物	70
	5	キッチン	72
	6	調理	74
	7	レストラン	76
	8	ショッピング	78
	9	衣服	80
	10	アクセサリー	82
		まとめの問題⑤	84

第6章 教育

	1	学校	86
	2	文房具	88
	3	大学	90
		まとめの問題⑥	92

第7章 仕事

	1	会社	94
	2	職業	96
	3	会議	98
	4	計画	100
	5	成功	102
		まとめの問題⑦	104

第8章 旅行・交通

	1	観光	106
	2	車	108
	3	鉄道	110
	4	飛行機	112
	5	乗り物	114
	6	事故・災害	116
		まとめの問題⑧	118

第9章 余暇

	1	余暇・趣味	120
	2	芸術	122
	3	音楽	124
	4	メディア	126
	5	読書	128
	6	スポーツ	130
		まとめの問題⑨	132

第10章　テクノロジー
- 1　通信 ……………………………………………………………… 134
- 2　コンピューター ………………………………………………… 136
- 3　機械 ……………………………………………………………… 138
- 　　まとめの問題⑩ ………………………………………………… 140

第11章　社会
- 1　国家 ……………………………………………………………… 142
- 2　社会 ……………………………………………………………… 144
- 3　政治 ……………………………………………………………… 146
- 4　国際関係 ………………………………………………………… 148
- 5　法律 ……………………………………………………………… 150
- 6　宗教 ……………………………………………………………… 152
- 　　まとめの問題⑪ ………………………………………………… 154

第12章　経済・産業
- 1　経済 ……………………………………………………………… 156
- 2　銀行 ……………………………………………………………… 158
- 3　契約 ……………………………………………………………… 160
- 4　計算 ……………………………………………………………… 162
- 5　産業 ……………………………………………………………… 164
- 　　まとめの問題⑫ ………………………………………………… 166

第13章　感覚・思考
- 1　知覚 ……………………………………………………………… 168
- 2　感情 ……………………………………………………………… 170
- 3　感覚 ……………………………………………………………… 172
- 4　思考・判断 ……………………………………………………… 174
- 　　まとめの問題⑬ ………………………………………………… 176

第14章　人間関係
- 1　人間関係 ………………………………………………………… 178
- 2　交際 ……………………………………………………………… 180
- 3　コミュニケーション …………………………………………… 182
- 　　まとめの問題⑭ ………………………………………………… 184

第15章　様々な概念
- 1　時間① …………………………………………………………… 186
- 2　時間② …………………………………………………………… 188
- 3　単位 ……………………………………………………………… 190
- 4　統計 ……………………………………………………………… 192
- 5　色 ………………………………………………………………… 194
- 6　形状 ……………………………………………………………… 196

7	状態		198
8	方角		200
9	順番		202
10	関係		204
11	原因・結果		206
12	善悪		208
13	全体と部分		210
14	程度		212
15	変化		214
16	優劣		216
	まとめの問題⑮		218

索引 219

第1章
自分のこと

1-1 自己紹介

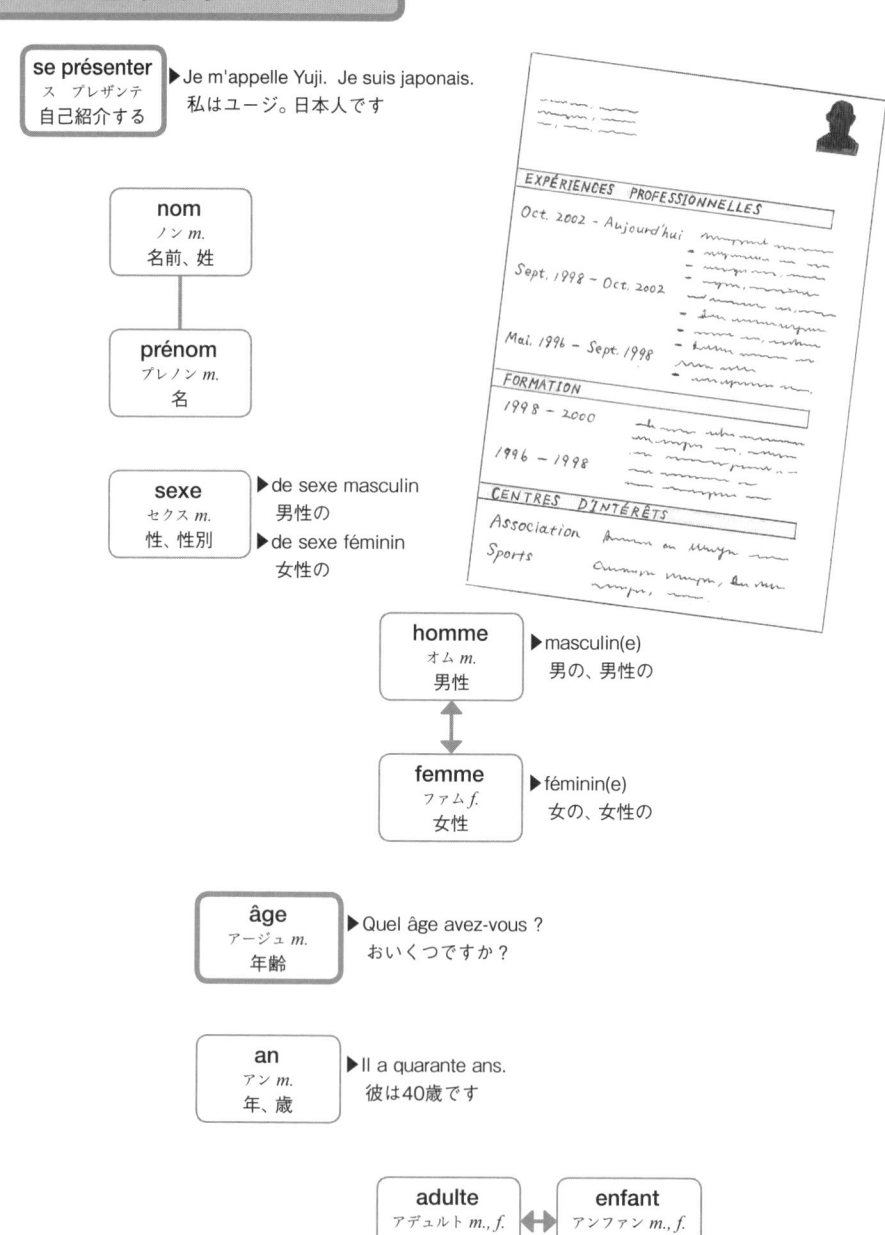

se présenter
ス プレザンテ
自己紹介する
▶ Je m'appelle Yuji. Je suis japonais.
私はユージ。日本人です

nom
ノン m.
名前、姓

prénom
プレノン m.
名

sexe
セクス m.
性、性別
▶ de sexe masculin
男性の
▶ de sexe féminin
女性の

homme
オム m.
男性
▶ masculin(e)
男の、男性の

femme
ファム f.
女性
▶ féminin(e)
女の、女性の

âge
アージュ m.
年齢
▶ Quel âge avez-vous ?
おいくつですか？

an
アン m.
年、歳
▶ Il a quarante ans.
彼は40歳です

adulte
アデュルト m., f.
大人
⇔
enfant
アンファン m., f.
子ども

coordonnées
コオルドネ *f.pl.*
連絡先

▶ donner ses coordonnées à ～
～に連絡先を教える

numéro de téléphone
ニュメロ ドゥ テレフォンヌ *m.*
電話番号

adresse
アドレス *f.*
住所

habiter
アビテ
住む

▶ habiter à Paris
パリに住む

nationalité
ナスィヨナリテ *f.*
国籍

famille
ファミーユ *f.*
家族

ami(e)
アミ *m., f.*
友だち

spécialité
スペスィヤリテ *f.*
専門、専攻

profession
プロフェスィヨン *f.*
職業

passe-temps favori
パスタン ファヴォリ *m.*
趣味

▶ Quelle est votre nationalité ?
どの国のご出身ですか？

▶ Quelle est votre spécialité ?
あなたのご専門は何ですか？

▶ Quelle est votre profession ?
お仕事は何ですか？

▶ Quel est votre passe-temps favori ?
ご趣味は何ですか？

1-2 国籍

nationalité
ナスィヨナリテ f.
国籍

Europe
ウロップ f.
ヨーロッパ
- Européen(ne) ヨーロッパ人
- européen(ne) ヨーロッパの

Allemagne
アルマーニュ f.
ドイツ
- Allemand(e) ドイツ人
- allemand(e) ドイツの

Angleterre
アングルテール f.
イギリス
- Anglais(e) イギリス人
- anglais(e) イギリスの

Belgique
ベルジック f.
ベルギー
- Belge ベルギー人
- belge ベルギーの

Espagne
エスパーニュ f.
スペイン
- Espagnol(e) スペイン人
- espagnol(e) スペインの

France
フラーンス f.
フランス
- Français(e) フランス人
- français(e) フランスの

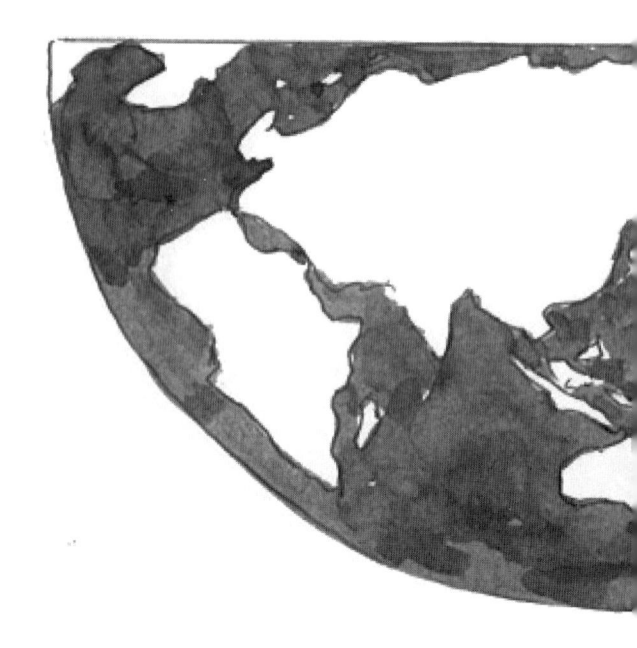

Grèce
グレース f.
ギリシャ
- Grec ギリシャ人
- grec(que) ギリシャの

Pays-Bas
ペイバ m.
オランダ
- Néerlandais(e) オランダ人
- néerlandais(e) オランダの

Italie
イタリ f.
イタリア
- Italien(ne) イタリア人
- italien(ne) イタリアの

Suisse
スュイス f.
スイス
- Suisse スイス人
- suisse スイスの

Russie
リュスィー f.
ロシア
- Russe ロシア人
- russe ロシアの

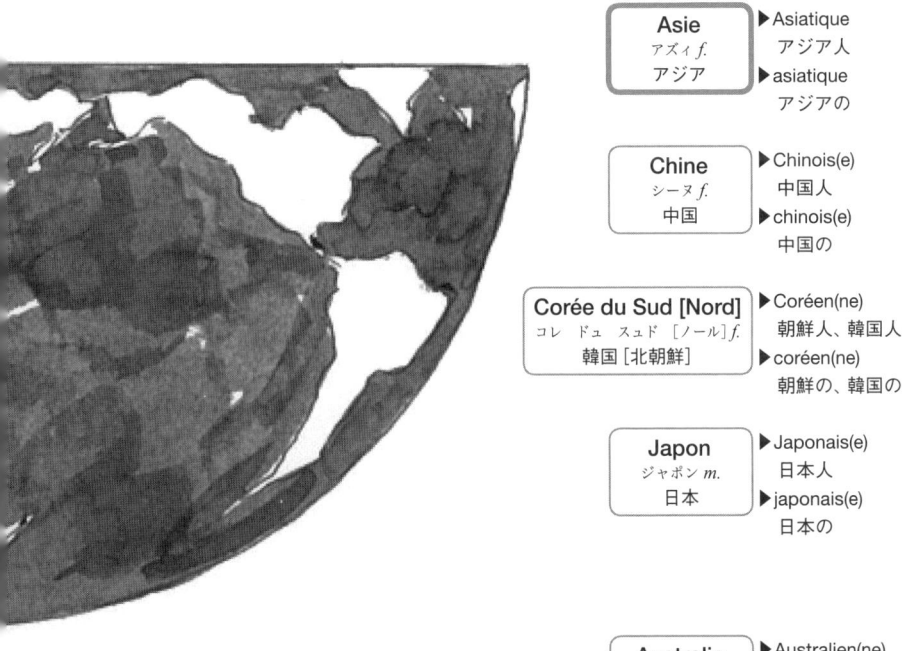

Asie アズィ *f.* アジア	▶Asiatique アジア人 ▶asiatique アジアの

Chine シーヌ *f.* 中国	▶Chinois(e) 中国人 ▶chinois(e) 中国の

Corée du Sud [Nord] コレ デュ スュド ［ノール］ *f.* 韓国［北朝鮮］	▶Coréen(ne) 朝鮮人、韓国人 ▶coréen(ne) 朝鮮の、韓国の

Japon ジャポン *m.* 日本	▶Japonais(e) 日本人 ▶japonais(e) 日本の

Australie オーストラリー *f.* オーストラリア	▶Australien(ne) オーストラリア人 ▶australien(ne) オーストラリアの

Amérique アメリック *f.* アメリカ大陸	▶Amérique du Nord [Sud] 北［南］アメリカ ▶Amérique centrale 中米

États-Unis エタズュニ *pl.* アメリカ合衆国	▶Américain(e) アメリカ人 ▶américain(e) アメリカの

Canada カナダ *m.* カナダ	▶Canadien(ne) カナダ人 ▶canadien(ne) カナダ人の

Afrique アフリック *f.* アフリカ	▶Africain(e) アフリカ人 ▶africain(e) アフリカの

1-3 家族

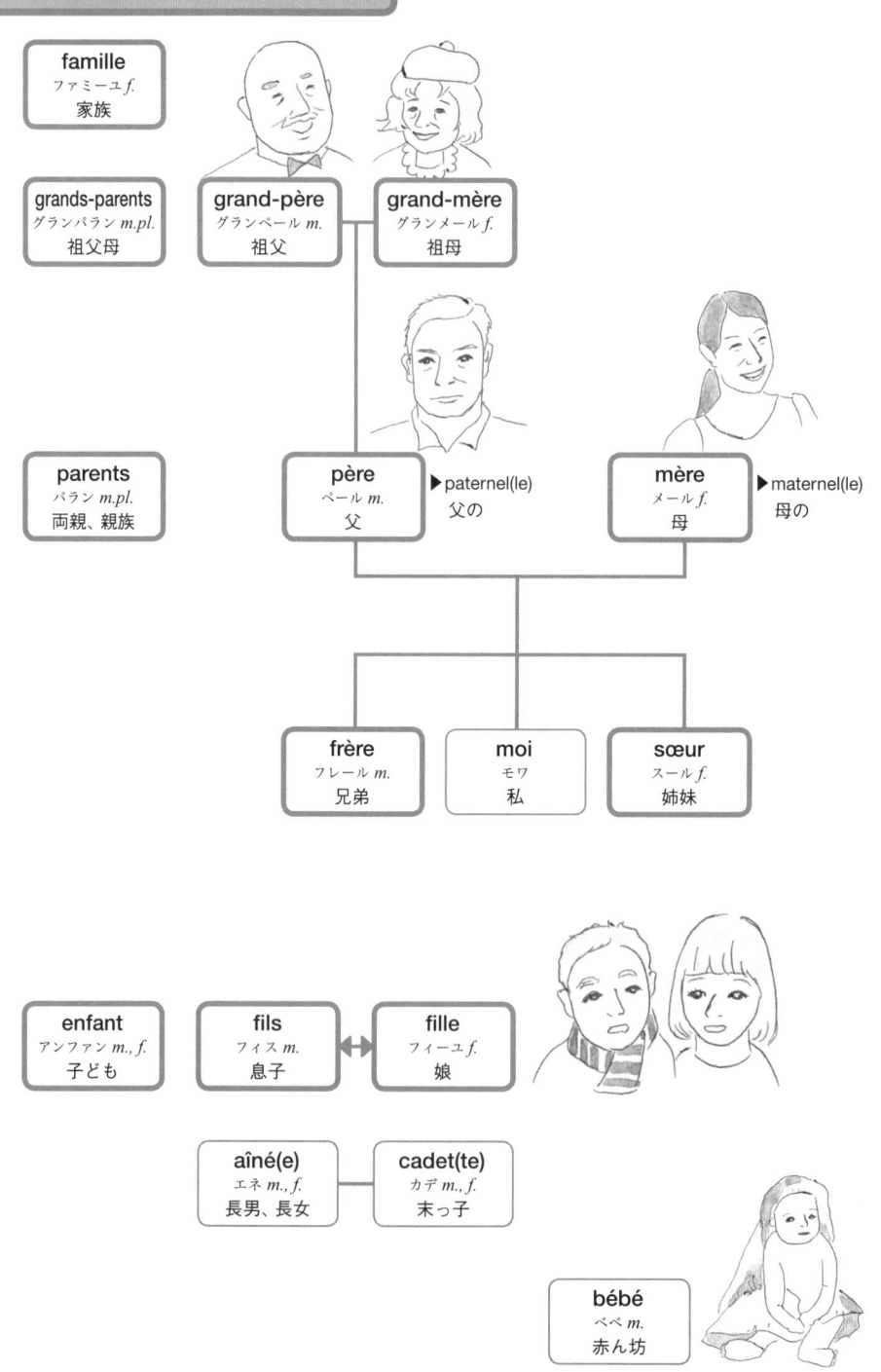

- **famille** ファミーユ f. 家族
- **grands-parents** グランパラン m.pl. 祖父母
- **grand-père** グランペール m. 祖父
- **grand-mère** グランメール f. 祖母
- **parents** パラン m.pl. 両親、親族
- **père** ペール m. 父 ▶ **paternel(le)** 父の
- **mère** メール f. 母 ▶ **maternel(le)** 母の
- **frère** フレール m. 兄弟
- **moi** モワ 私
- **sœur** スール f. 姉妹
- **enfant** アンファン m., f. 子ども
- **fils** フィス m. 息子 ⟷ **fille** フィーユ f. 娘
- **aîné(e)** エネ m., f. 長男、長女 — **cadet(te)** カデ m., f. 末っ子
- **bébé** ベベ m. 赤ん坊

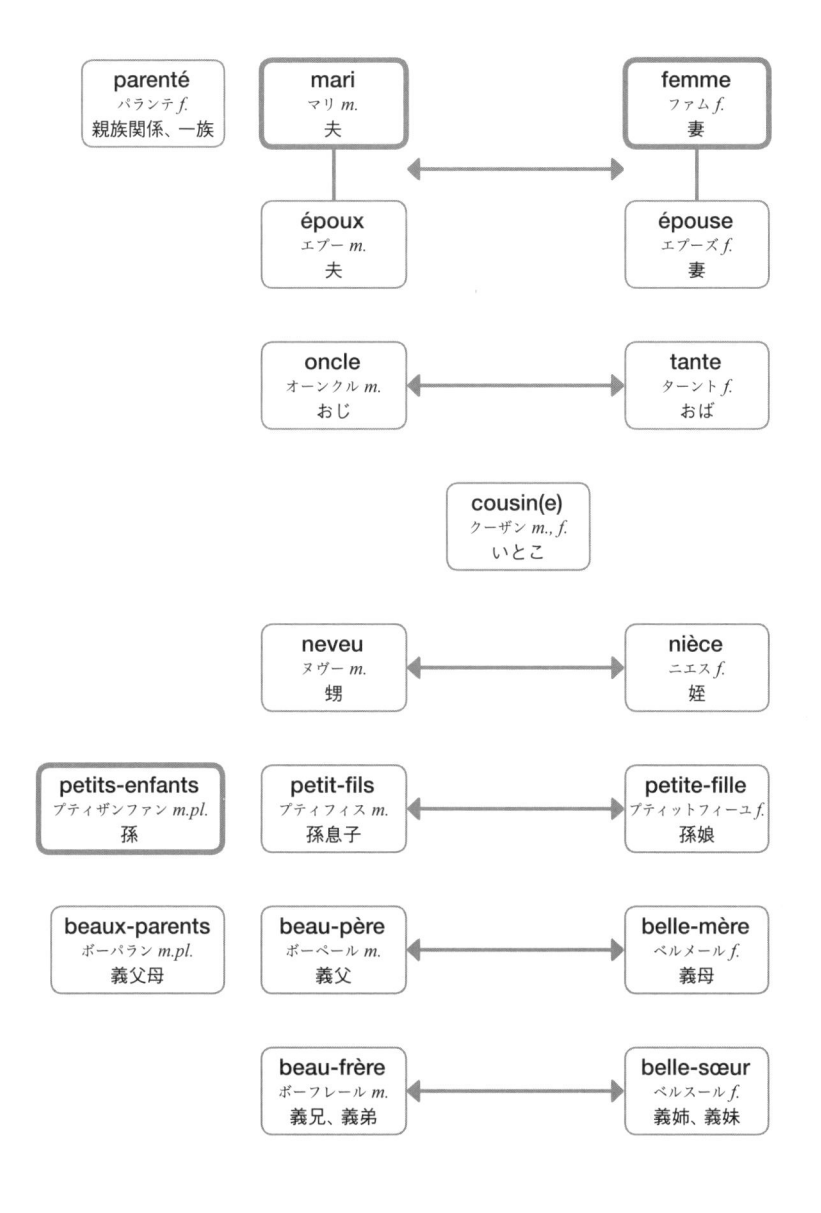

parenté	パランテ *f.*	親族関係、一族
mari	マリ *m.*	夫
femme	ファム *f.*	妻
époux	エプー *m.*	夫
épouse	エプーズ *f.*	妻
oncle	オーンクル *m.*	おじ
tante	タント *f.*	おば
cousin(e)	クーザン *m., f.*	いとこ
neveu	ヌヴー *m.*	甥
nièce	ニエス *f.*	姪
petits-enfants	プティザンファン *m.pl.*	孫
petit-fils	プティフィス *m.*	孫息子
petite-fille	プティットフィーユ *f.*	孫娘
beaux-parents	ボーパラン *m.pl.*	義父母
beau-père	ボーペール *m.*	義父
belle-mère	ベルメール *f.*	義母
beau-frère	ボーフレール *m.*	義兄、義弟
belle-sœur	ベルスール *f.*	義姉、義妹

1-4 まわりの人々

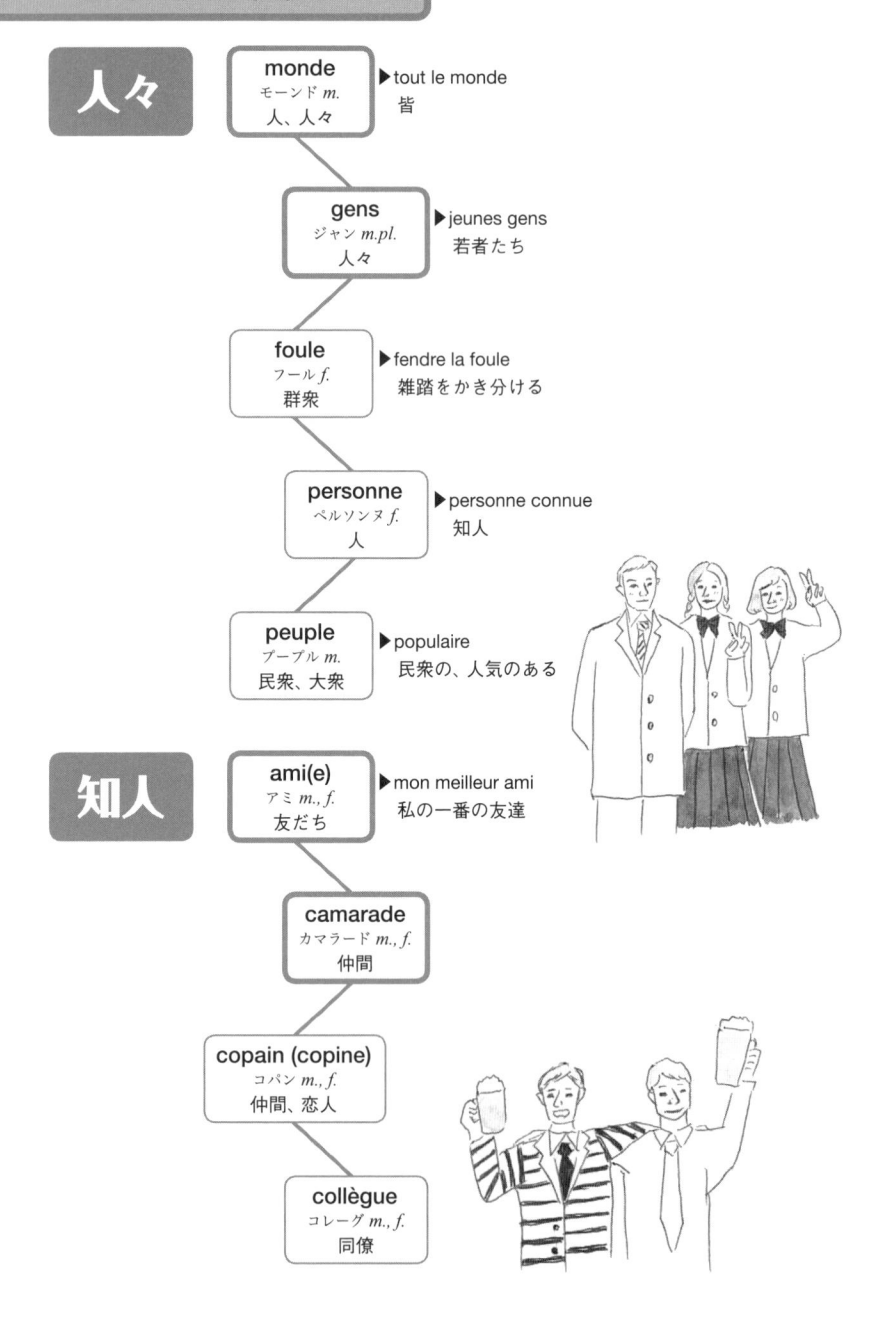

人々

- **monde** モンド *m.* 人、人々
  ▶ tout le monde 皆

- **gens** ジャン *m.pl.* 人々
  ▶ jeunes gens 若者たち

- **foule** フール *f.* 群衆
  ▶ fendre la foule 雑踏をかき分ける

- **personne** ペルソンヌ *f.* 人
  ▶ personne connue 知人

- **peuple** プープル *m.* 民衆、大衆
  ▶ populaire 民衆の、人気のある

知人

- **ami(e)** アミ *m., f.* 友だち
  ▶ mon meilleur ami 私の一番の友達

- **camarade** カマラード *m., f.* 仲間

- **copain (copine)** コパン *m., f.* 仲間、恋人

- **collègue** コレーグ *m., f.* 同僚

男女

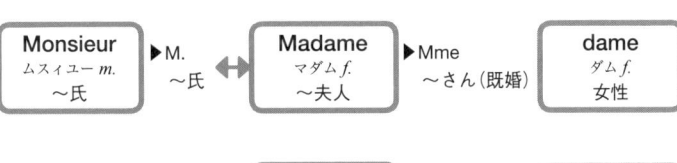

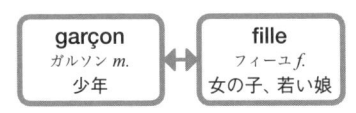

- **homme** オム *m.* 男 ⇔ **femme** ファム *f.* 女

- **Monsieur** ムスィユー *m.* 〜氏 ▶ M. 〜氏 ⇔ **Madame** マダム *f.* 〜夫人 ▶ Mme 〜さん(既婚) **dame** ダム *f.* 女性

- **Mademoiselle** マドモワゼル *f.* 〜嬢 ▶ Mlle 〜さん(未婚) **demoiselle** ドゥモワゼル *f.* 未婚女性、お嬢さん、娘さん

- **garçon** ガルソン *m.* 少年 ⇔ **fille** フィーユ *f.* 女の子、若い娘

- **fiancé(e)** フィヤンセ *m., f.* 婚約者

その他

- **personnes âgées** ペルソンヌザジェ *f.pl.* 高齢者

- **célébrité** セレブリテ *f.* 有名人
- **inconnu(e)** アンコニュ *m., f.* 見知らぬ人

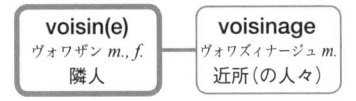

- **voisin(e)** ヴォワザン *m., f.* 隣人 — **voisinage** ヴォワズィナージュ *m.* 近所(の人々)

1-5 外見

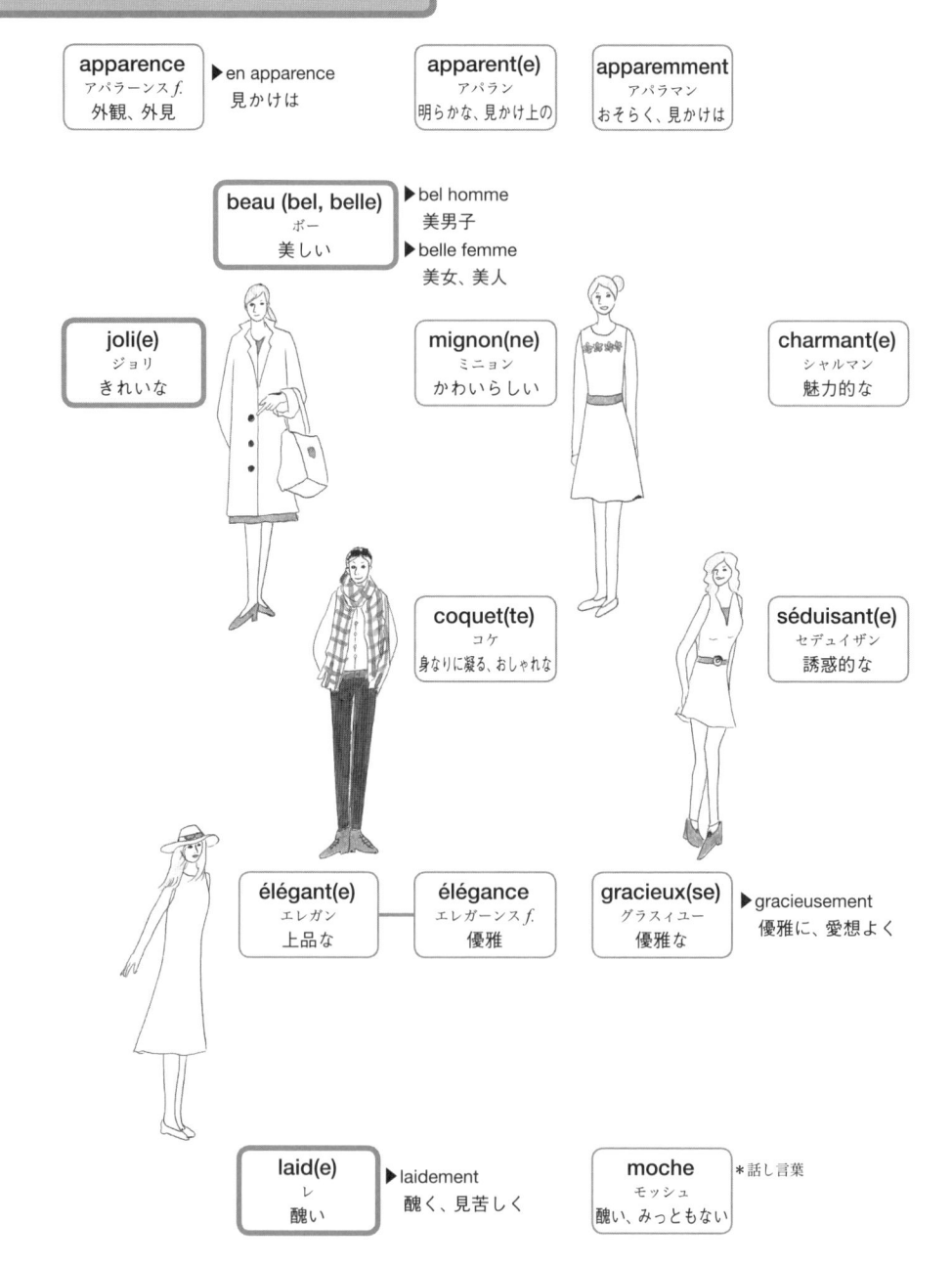

apparence アパラーンス *f.* 外観、外見
▶ en apparence 見かけは

apparent(e) アパラン 明らかな、見かけ上の

apparemment アパラマン おそらく、見かけは

beau (bel, belle) ボー 美しい
▶ bel homme 美男子
▶ belle femme 美女、美人

joli(e) ジョリ きれいな

mignon(ne) ミニョン かわいらしい

charmant(e) シャルマン 魅力的な

coquet(te) コケ 身なりに凝る、おしゃれな

séduisant(e) セデュイザン 誘惑的な

élégant(e) エレガン 上品な

élégance エレガーンス *f.* 優雅

gracieux(se) グラスィユー 優雅な
▶ gracieusement 優雅に、愛想よく

laid(e) レ 醜い
▶ laidement 醜く、見苦しく

moche モッシュ 醜い、みっともない ＊話し言葉

体型

| maigre メーグル やせた | ▶maigrir やせる ▶amaigrissement やせること | — | mince マーンス 細い | ⇔ | gros(se) グロ 太った | ▶grossir 太る ▶grossissement 肥満 |

髪

- **blond(e)** ブロン ブロンドの
- **brun(e)** ブラン 褐色の
- **noir(e)** ノワール 黒い
- **châtain(e)** シャタン 栗色の
- **marron** マロン 栗色の

- **mine** ミーヌ f. 顔色、表情
- **expression** エクスプレスィヨン f. 表情
- **geste** ジェスト m. 身振り、仕草

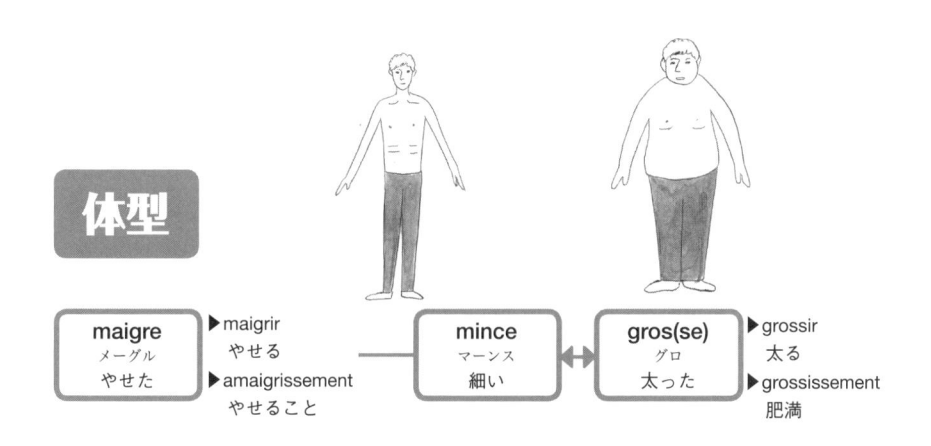

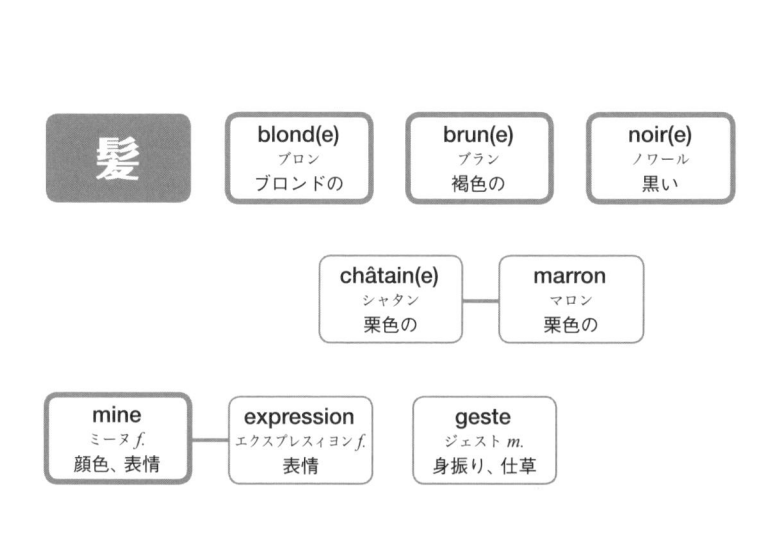

gai(e) ゲ 陽気な
gaiement ゲマン 陽気に
étrange エトラーンジュ 奇妙な
étrangement エトランジュマン 奇妙に
misérable ミゼラーブル 哀れな
misérablement ミゼラブルマン みじめに
habillé(e) アビエ 服を着た

1-6 身体

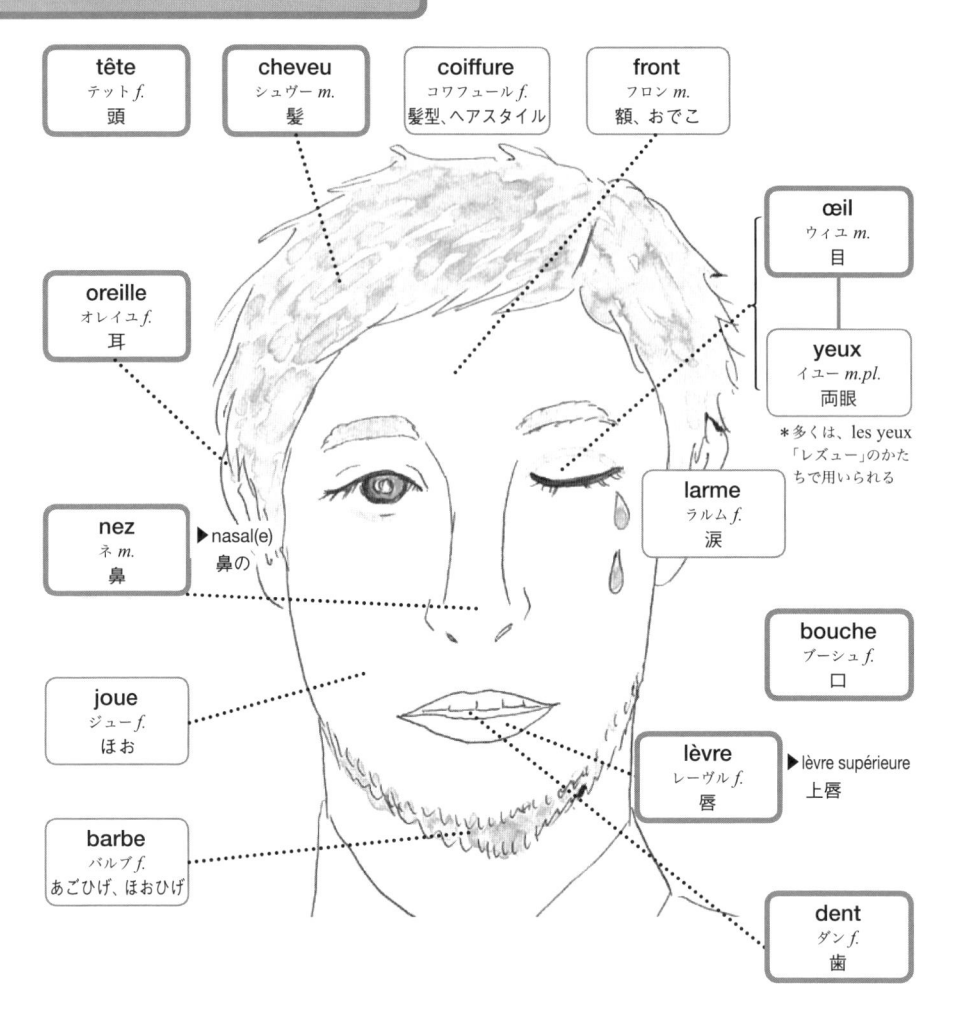

- **tête** テット f. 頭
- **cheveu** シュヴー m. 髪
- **coiffure** コワフュール f. 髪型、ヘアスタイル
- **front** フロン m. 額、おでこ
- **œil** ウィユ m. 目
- **yeux** イユー m.pl. 両眼
  * 多くは、les yeux「レズュー」のかたちで用いられる
- **oreille** オレイユ f. 耳
- **larme** ラルム f. 涙
- **nez** ネ m. 鼻
  ▶ nasal(e) 鼻の
- **bouche** ブーシュ f. 口
- **joue** ジュー f. ほお
- **lèvre** レーヴル f. 唇
  ▶ lèvre supérieure 上唇
- **barbe** バルブ f. あごひげ、ほおひげ
- **dent** ダン f. 歯

- **peau** ポー f. 肌、皮膚
- **os** オス m. 骨
- **ongle** オーングル m. 爪
- **sang** サン m. 血
- **sanguin(e)** サンガン 血液の ▶ groupes sanguins 血液型
- **âme** アーム f. 魂

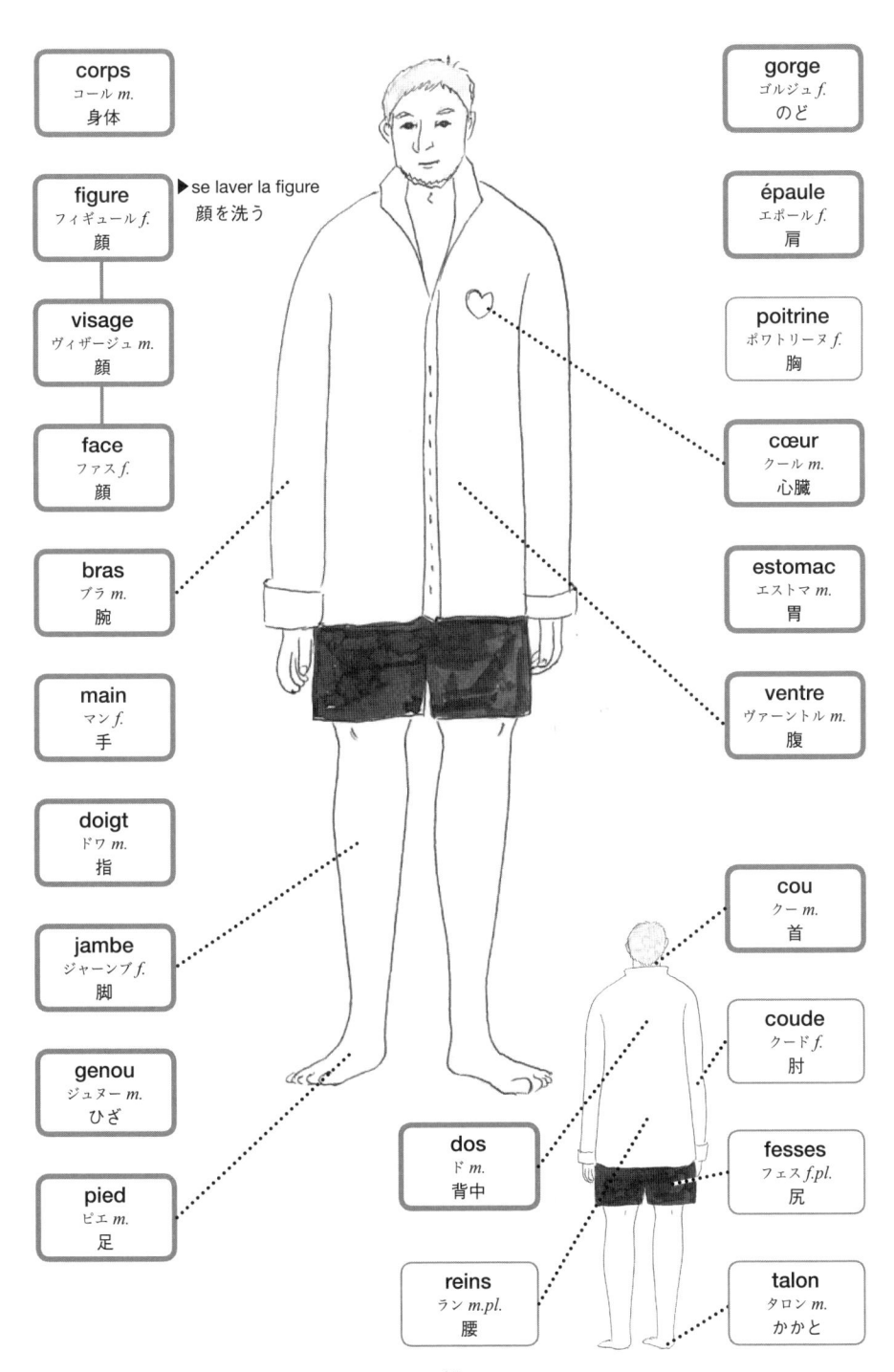

corps	コール m.	身体
figure	フィギュール f.	顔
visage	ヴィザージュ m.	顔
face	ファス f.	顔
bras	ブラ m.	腕
main	マン f.	手
doigt	ドワ m.	指
jambe	ジャーンブ f.	脚
genou	ジュヌー m.	ひざ
pied	ピエ m.	足
gorge	ゴルジュ f.	のど
épaule	エポール f.	肩
poitrine	ポワトリーヌ f.	胸
cœur	クール m.	心臓
estomac	エストマ m.	胃
ventre	ヴァーントル m.	腹
cou	クー m.	首
coude	クード f.	肘
fesses	フェス f.pl.	尻
dos	ド m.	背中
reins	ラン m.pl.	腰
talon	タロン m.	かかと

▶ se laver la figure 顔を洗う

1-7 病気

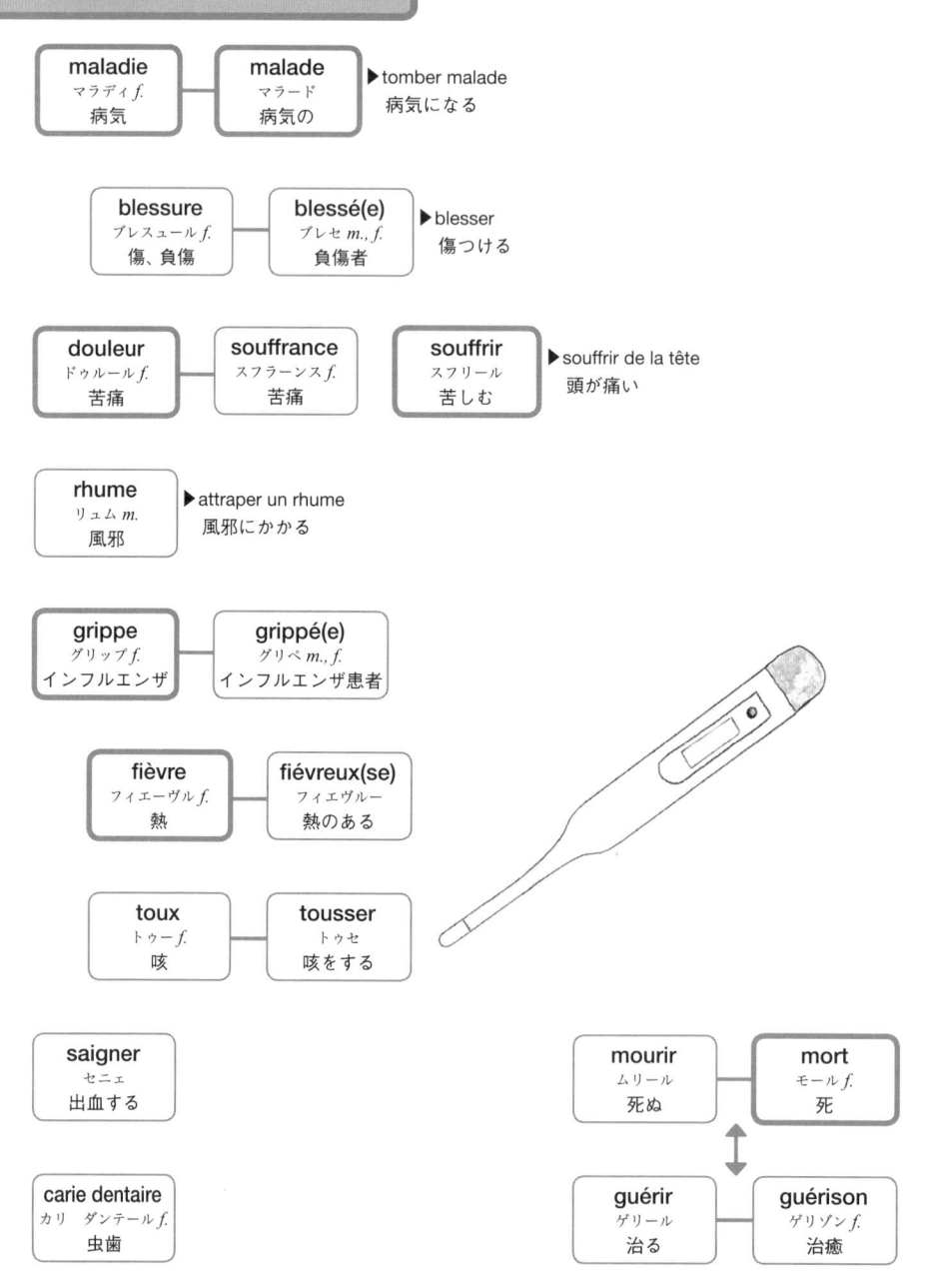

- **maladie** マラディ f. 病気 — **malade** マラード 病気の ▶ tomber malade 病気になる

- **blessure** ブレスュール f. 傷、負傷 — **blessé(e)** ブレセ m., f. 負傷者 ▶ blesser 傷つける

- **douleur** ドゥルール f. 苦痛 — **souffrance** スフランス f. 苦痛 — **souffrir** スフリール 苦しむ ▶ souffrir de la tête 頭が痛い

- **rhume** リュム m. 風邪 ▶ attraper un rhume 風邪にかかる

- **grippe** グリップ f. インフルエンザ — **grippé(e)** グリペ m., f. インフルエンザ患者

- **fièvre** フィエーヴル f. 熱 — **fiévreux(se)** フィエヴルー 熱のある

- **toux** トゥー f. 咳 — **tousser** トゥセ 咳をする

- **saigner** セニェ 出血する

- **carie dentaire** カリ ダンテール f. 虫歯

- **mourir** ムリール 死ぬ — **mort** モール f. 死
- **guérir** ゲリール 治る — **guérison** ゲリゾン f. 治癒

hôpital	オピタル m.	病院
clinique	クリニック f.	（私立の）診療所
pharmacie	ファルマスィ f.	薬局
médecin	メドサン m., f.	医師
docteur	ドクトゥール m., f.	医師
infirmier(ère)	アンフィルミエ m., f.	看護士
pharmacien(ne)	ファルマスィヤン m., f.	薬剤師
médecine	メドスィーヌ f.	医学
médical(e)	メディカル	医学の
examiner	エグザミネ	診察する、検討する
▶ examiner un malade		病人を診察する
consulter	コンスュルテ	診察を受ける
▶ consulter un médecin		医者に診てもらう
ordonner	オルドネ	処方する、命ずる
opération	オペラスィヨン f.	手術
urgence	ユルジャーンス f.	救急（治療）
médicament	メディカマン m.	薬
pansement	パンスマン m.	手当て用品
▶ boîte à pansements		救急箱
panser	パンセ	包帯をかける
thermomètre	テルモメートル m.	体温計
piqûre	ピキュール f.	注射

1-8 健康

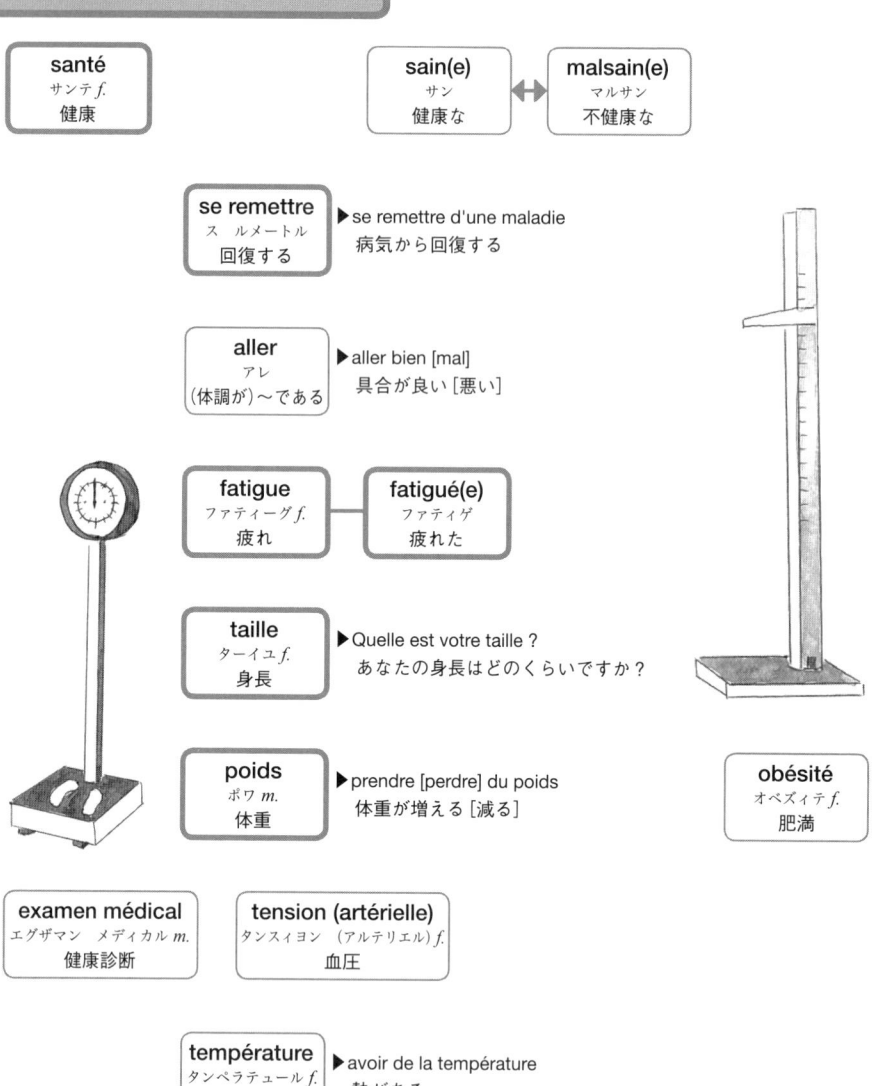

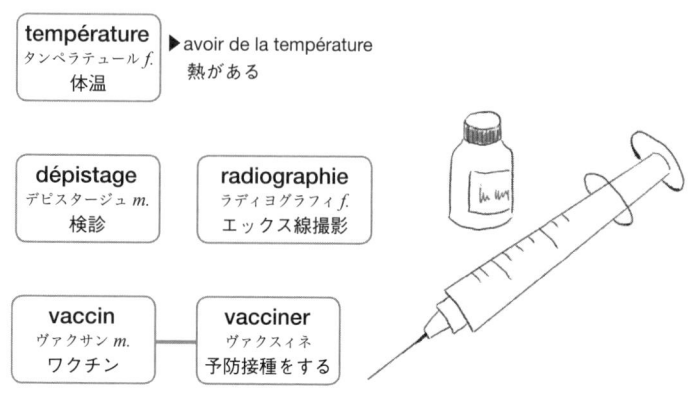

santé サンテ f. 健康

sain(e) サン 健康な ⇔ **malsain(e)** マルサン 不健康な

se remettre ス ルメートル 回復する ▶ se remettre d'une maladie 病気から回復する

aller アレ (体調が)〜である ▶ aller bien [mal] 具合が良い [悪い]

fatigue ファティーグ f. 疲れ — **fatigué(e)** ファティゲ 疲れた

taille ターイユ f. 身長 ▶ Quelle est votre taille ? あなたの身長はどのくらいですか？

poids ポワ m. 体重 ▶ prendre [perdre] du poids 体重が増える [減る]

obésité オベズィテ f. 肥満

examen médical エグザマン メディカル m. 健康診断

tension (artérielle) タンスィヨン (アルテリエル) f. 血圧

température タンペラテュール f. 体温 ▶ avoir de la température 熱がある

dépistage デピスタージュ m. 検診

radiographie ラディヨグラフィ f. エックス線撮影

vaccin ヴァクサン m. ワクチン — **vacciner** ヴァクスィネ 予防接種をする

hygiène
イジエンヌ *f.*
健康法、衛生

régime
レジーム *m.*
ダイエット
▶ être [se mettre] au régime
ダイエットしている [する]

s'abstenir
サプストゥニール
慎む
▶ s'abstenir de fumer
禁煙する

fibre alimentaire
フィーブル　アリマンテール *f.*
食物繊維

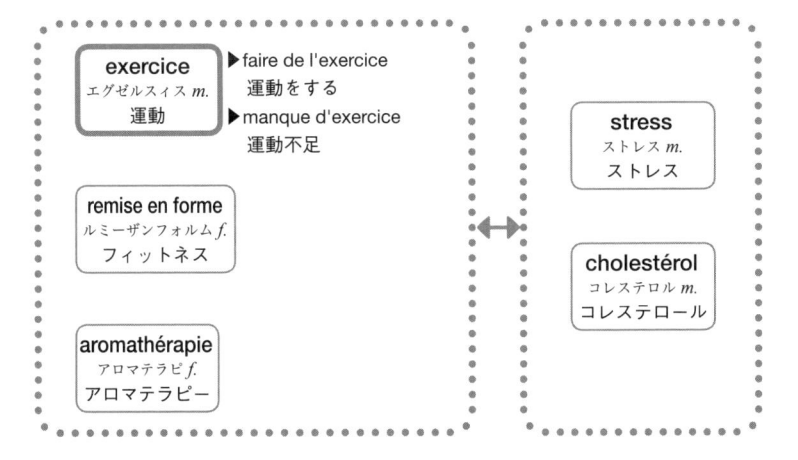

exercice
エグゼルスィス *m.*
運動
▶ faire de l'exercice
運動をする
▶ manque d'exercice
運動不足

remise en forme
ルミーザンフォルム *f.*
フィットネス

aromathérapie
アロマテラピ *f.*
アロマテラピー

stress
ストレス *m.*
ストレス

cholestérol
コレステロル *m.*
コレステロール

longévité
ロンジェヴィテ *f.*
長寿、寿命

1-9 性格

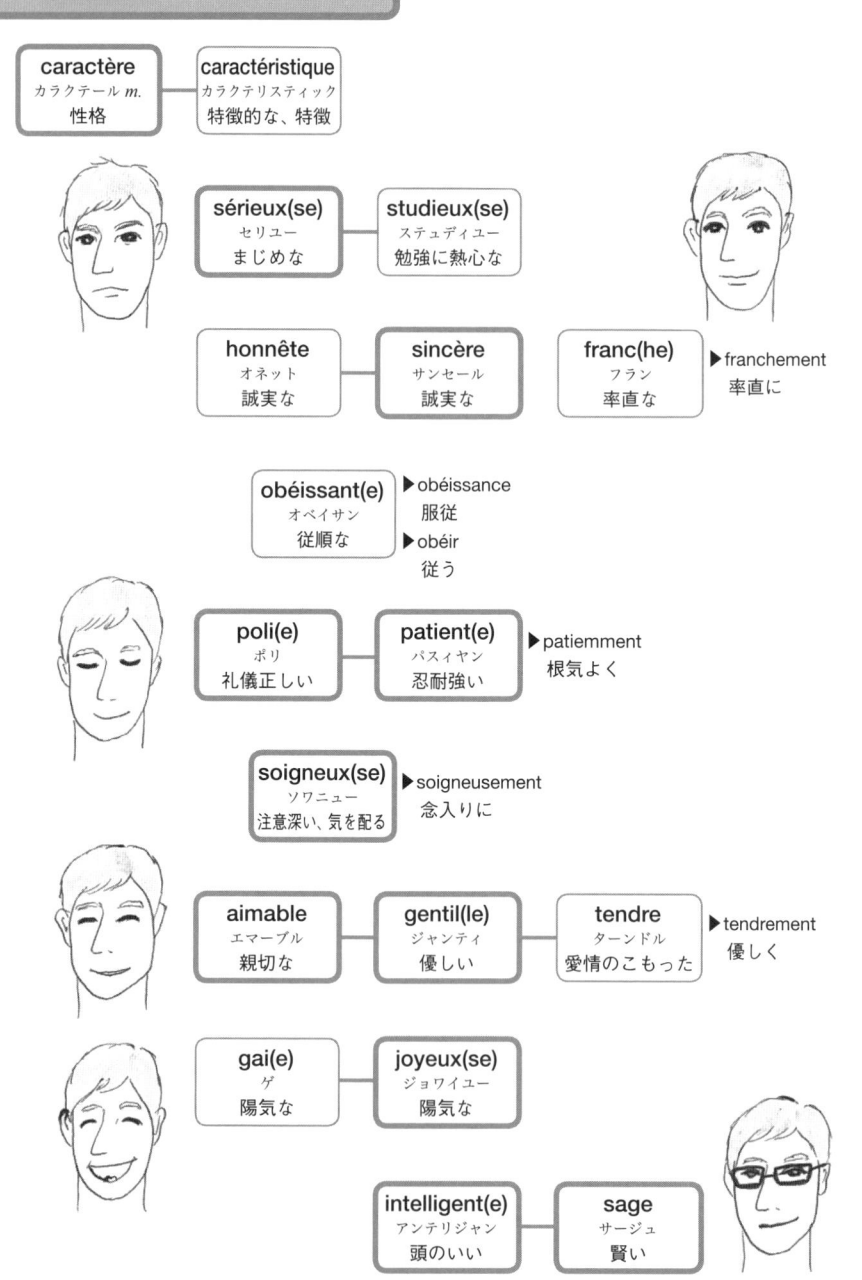

- **caractère** カラクテール *m.* 性格
- **caractéristique** カラクテリスティック 特徴的な、特徴

- **sérieux(se)** セリユー まじめな
- **studieux(se)** ステュディユー 勉強に熱心な

- **honnête** オネット 誠実な
- **sincère** サンセール 誠実な
- **franc(he)** フラン 率直な ▶ franchement 率直に

- **obéissant(e)** オベイサン 従順な
  ▶ obéissance 服従
  ▶ obéir 従う

- **poli(e)** ポリ 礼儀正しい
- **patient(e)** パスィヤン 忍耐強い ▶ patiemment 根気よく

- **soigneux(se)** ソワニュー 注意深い、気を配る ▶ soigneusement 念入りに

- **aimable** エマーブル 親切な
- **gentil(le)** ジャンティ 優しい
- **tendre** タンドル 愛情のこもった ▶ tendrement 優しく

- **gai(e)** ゲ 陽気な
- **joyeux(se)** ジョワイユー 陽気な

- **intelligent(e)** アンテリジャン 頭のいい
- **sage** サージュ 賢い

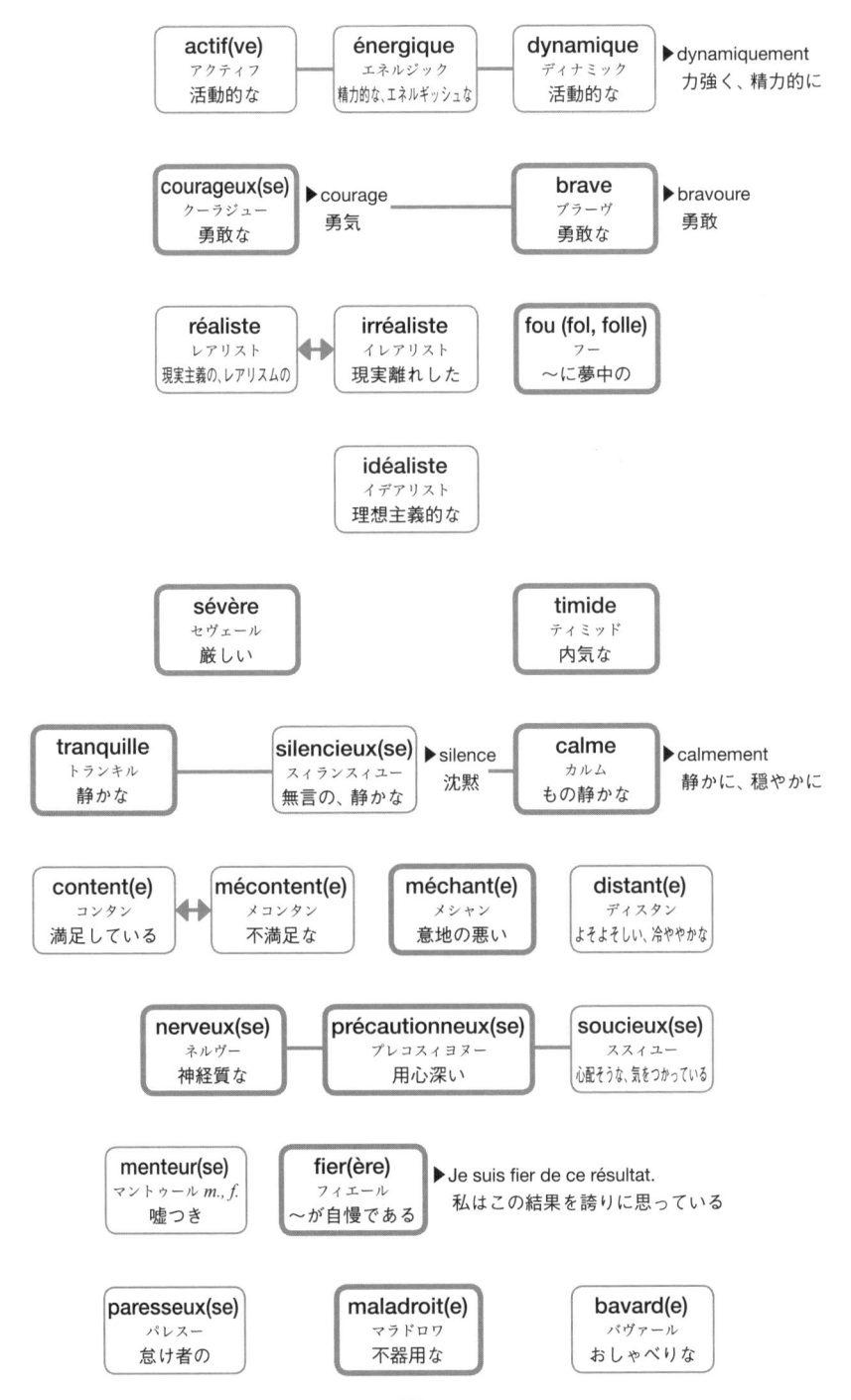

| actif(ve) アクティフ 活動的な | — | énergique エネルジック 精力的な、エネルギッシュな | — | dynamique ディナミック 活動的な | ▶ dynamiquement 力強く、精力的に |

| courageux(se) クーラジュー 勇敢な | ▶ courage 勇気 | | | brave ブラーヴ 勇敢な | ▶ bravoure 勇敢 |

| réaliste レアリスト 現実主義の、レアリスムの | ↔ | irréaliste イレアリスト 現実離れした | | fou (fol, folle) フー 〜に夢中の |

idéaliste
イデアリスト
理想主義的な

| sévère セヴェール 厳しい | | timide ティミッド 内気な |

| tranquille トランキル 静かな | silencieux(se) スィランスィユー 無言の、静かな | ▶ silence 沈黙 | calme カルム もの静かな | ▶ calmement 静かに、穏やかに |

| content(e) コンタン 満足している | ↔ | mécontent(e) メコンタン 不満足な | méchant(e) メシャン 意地の悪い | distant(e) ディスタン よそよそしい、冷ややかな |

| nerveux(se) ネルヴー 神経質な | précautionneux(se) プレコスィヨヌー 用心深い | soucieux(se) ススィユー 心配そうな、気をつかっている |

| menteur(se) マントゥール m., f. 嘘つき | fier(ère) フィエール 〜が自慢である | ▶ Je suis fier de ce résultat. 私はこの結果を誇りに思っている |

| paresseux(se) パレスー 怠け者の | maladroit(e) マラドロワ 不器用な | bavard(e) バヴァール おしゃべりな |

1-10 一生

vie ヴィ f. 人生

▶ Que faites-vous dans la vie ?
お仕事は何をされていますか？

vivre ヴィーヴル 生きる

naître ネートル 生まれる

né(e) ネ 生まれた

▶ Il est né d'un père français et d'une mère japonaise.
彼はフランス人の父親と日本人の母親から生まれた

naissance ネサーンス f. 誕生

▶ date et lieu de naissance
生年月日と出生地

grandir グランディール 大きくなる

bébé ベベ m. 赤ん坊

enfance アンファーンス f. 子ども時代

jeunesse ジュネス f. 青年期

adolescence アドレサーンス f. 青年期

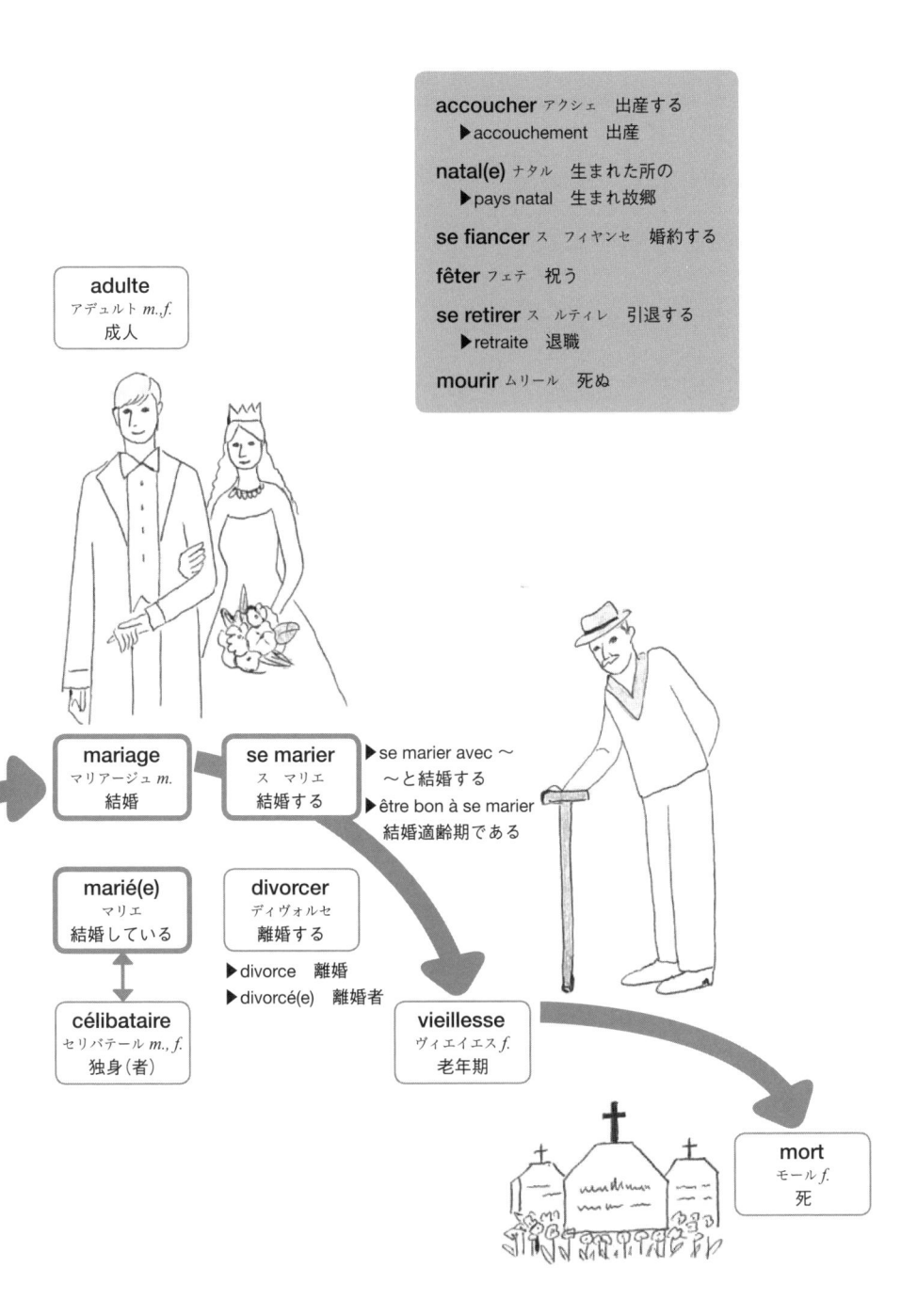

accoucher アクシェ 出産する
▶ accouchement 出産

natal(e) ナタル 生まれた所の
▶ pays natal 生まれ故郷

se fiancer ス フィヤンセ 婚約する

fêter フェテ 祝う

se retirer ス ルティレ 引退する
▶ retraite 退職

mourir ムリール 死ぬ

adulte
アデュルト m.,f.
成人

mariage
マリアージュ m.
結婚

se marier
ス マリエ
結婚する
▶ se marier avec 〜
〜と結婚する
▶ être bon à se marier
結婚適齢期である

marié(e)
マリエ
結婚している

divorcer
ディヴォルセ
離婚する
▶ divorce 離婚
▶ divorcé(e) 離婚者

célibataire
セリバテール m., f.
独身(者)

vieillesse
ヴィエイエス f.
老年期

mort
モール f.
死

まとめの問題①

イラストをヒントに、空欄を埋めて単語を完成させよう。

① __ om __ __

② f __ m __ __

③ fami __ __ __

④ fr __ __ __

⑤ s __ __ u __

⑥ fi __ __

⑦ M __ __ si __ __ r

⑧ Mad __ m __ __ __ elle

⑨ __ __ i __

⑩ ne __

⑪ t __ t __

⑫ b __ a __

⑬ do __ __ t

⑭ d __ __

⑮ p __ e __

⑯ c __ __ __ r

---

①homme ②femme ③famille ④frère ⑤sœur ⑥fils ⑦Monsieur ⑧Mademoiselle ⑨œil ⑩nez ⑪tête ⑫bras ⑬doigt ⑭dos ⑮pied ⑯cœur

第2章
住環境

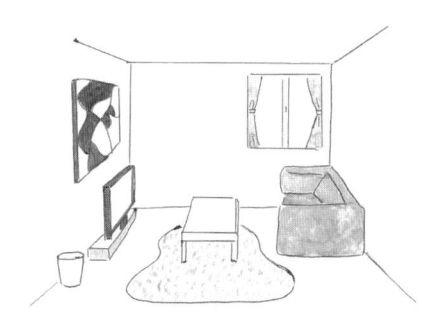

2-1 住まい

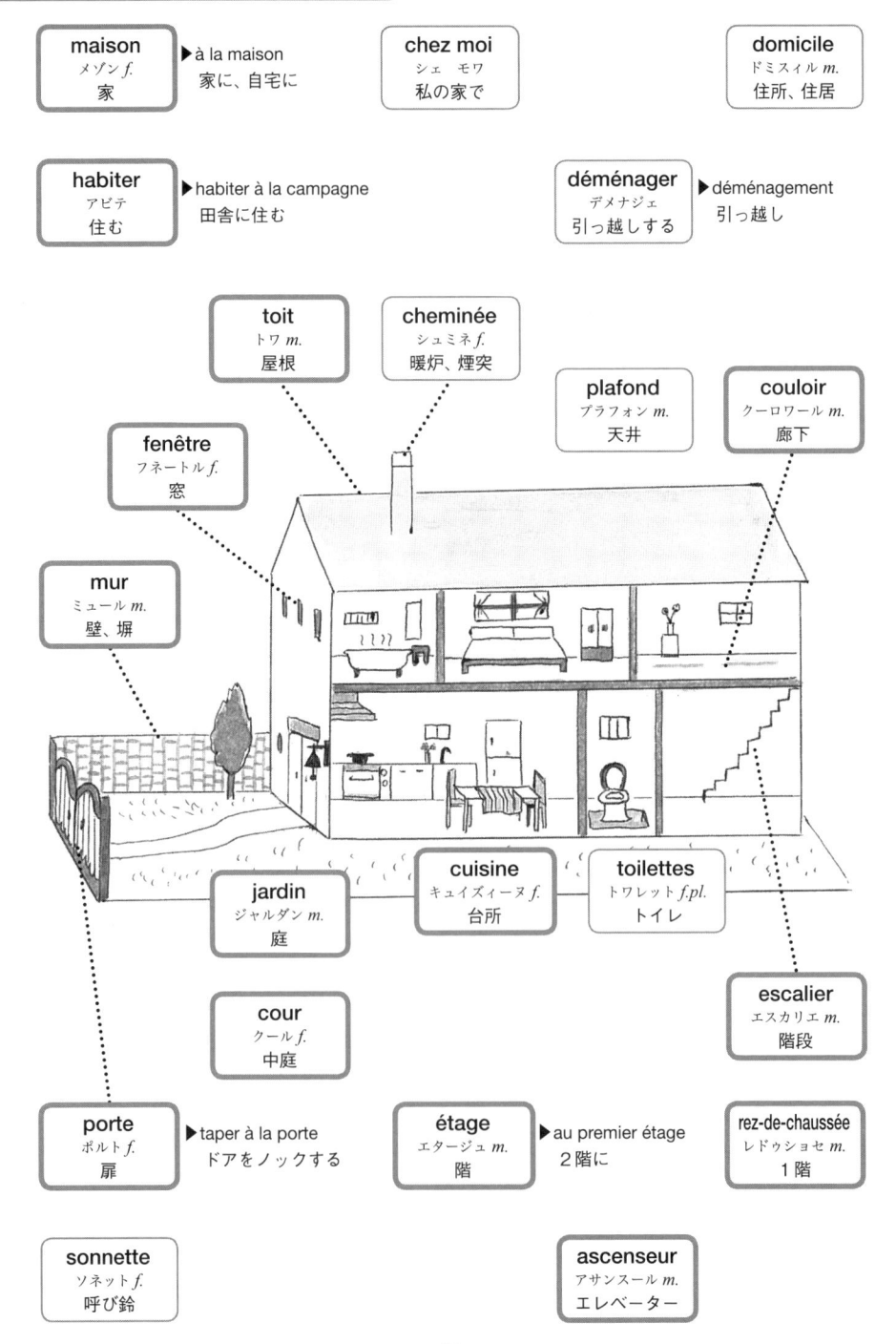

- **maison** メゾン f. 家
  - ▶ à la maison 家に、自宅に
- **chez moi** シェ モワ 私の家で
- **domicile** ドミスィル m. 住所、住居

- **habiter** アビテ 住む
  - ▶ habiter à la campagne 田舎に住む
- **déménager** デメナジェ 引っ越しする
  - ▶ déménagement 引っ越し

- **toit** トワ m. 屋根
- **cheminée** シュミネ f. 暖炉、煙突
- **plafond** プラフォン m. 天井
- **couloir** クーロワール m. 廊下
- **fenêtre** フネートル f. 窓
- **mur** ミュール m. 壁、塀
- **jardin** ジャルダン m. 庭
- **cuisine** キュイズィーヌ f. 台所
- **toilettes** トワレット f.pl. トイレ
- **cour** クール f. 中庭
- **escalier** エスカリエ m. 階段
- **porte** ポルト f. 扉
  - ▶ taper à la porte ドアをノックする
- **étage** エタージュ m. 階
  - ▶ au premier étage 2階に
- **rez-de-chaussée** レドゥショセ m. 1階
- **sonnette** ソネット f. 呼び鈴
- **ascenseur** アサンスール m. エレベーター

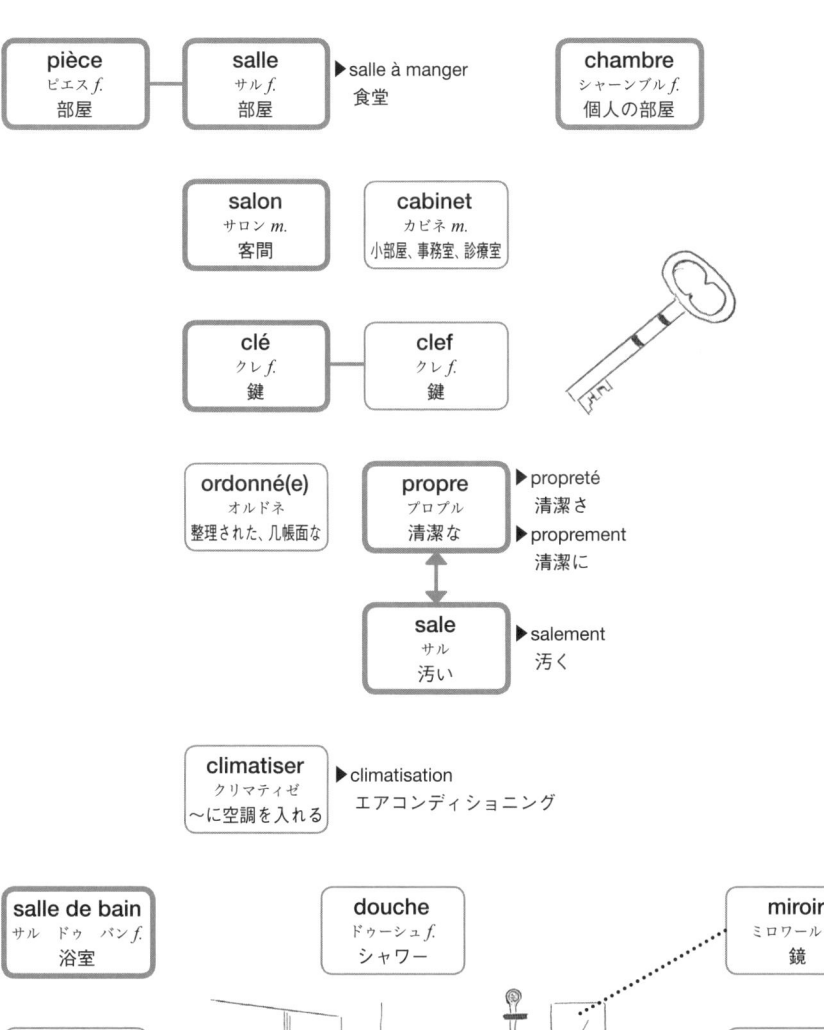

pièce	salle	▶ salle à manger	chambre
ピエス f.	サル f.	食堂	シャーンブル f.
部屋	部屋		個人の部屋

salon サロン m. 客間

cabinet カビネ m. 小部屋、事務室、診療室

clé クレ f. 鍵

clef クレ f. 鍵

ordonné(e) オルドネ 整理された、几帳面な

propre プロプル 清潔な
▶ propreté 清潔さ
▶ proprement 清潔に

sale サル 汚い
▶ salement 汚く

climatiser クリマティゼ 〜に空調を入れる
▶ climatisation エアコンディショニング

salle de bain サル ドゥ バン f. 浴室

douche ドゥーシュ f. シャワー

miroir ミロワール m. 鏡

bain バン m. 風呂、風呂の水
▶ prendre un [son] bain 風呂に入る、入浴する

shampoing シャンポワン m. シャンプー

baignoire ベニョワール f. バスタブ

savon サヴォン m. 石けん

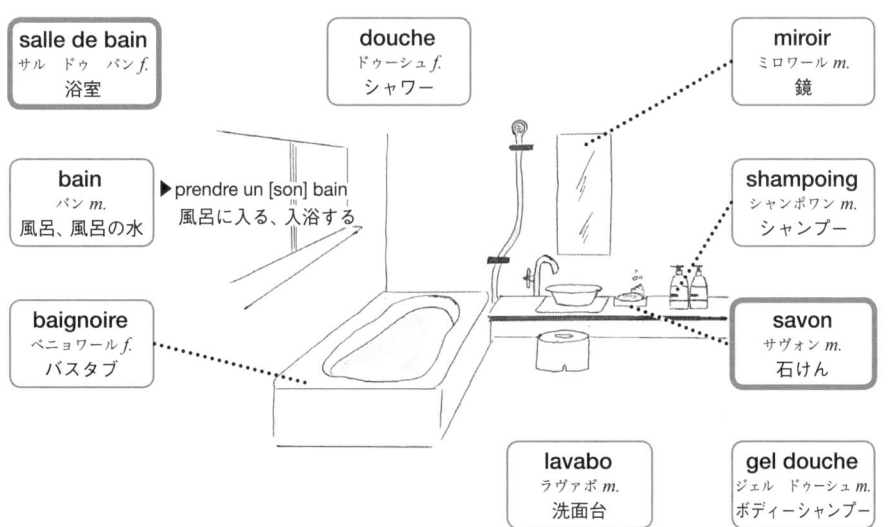

lavabo ラヴァボ m. 洗面台

gel douche ジェル ドゥーシュ m. ボディーシャンプー

2-2 家具

仏語	カナ	意味
intérieur	アンテリユール m.	室内、インテリア
meuble	ムーブル m.	家具
meublé(e)	ムブレ	家具付きの
fauteuil	フォトゥイユ m.	肘掛け椅子
lampe	ラーンプ f.	電灯、電球
rideau	リドー m.	カーテン
chauffage	ショファージュ m.	暖房
chaise	シェーズ f.	椅子
armoire	アルモワール f.	たんす
tapis	タピ m.	絨毯
table	ターブル f.	テーブル
boîte	ボワット f.	箱
coussin	クーサン m.	クッション
appareil	アパレイユ m.	器具
▶ appareil électrique		電気器具
▶ appareil électroménager		家庭電化製品
néon	ネオン m.	蛍光灯
ampoule	アンプール f.	電球
radiateur électrique	ラディヤトゥール エレクトリック m.	電気ストーブ
ventilateur	ヴァンティラトゥール m.	扇風機
aspirateur	アスピラトゥール m.	掃除機
machine à laver	マシーナ ラヴェ f.	洗濯機
sèche-linge	セッシュランジュ m.	乾燥機
fer à repasser	フェール ア ルパセ m.	アイロン
réfrigérateur	レフリジェラトゥール m.	冷蔵庫
congélateur	コンジェラトゥール m.	冷凍庫
machine à coudre	マシーナ クードル f.	ミシン

lit リ *m.* ベッド

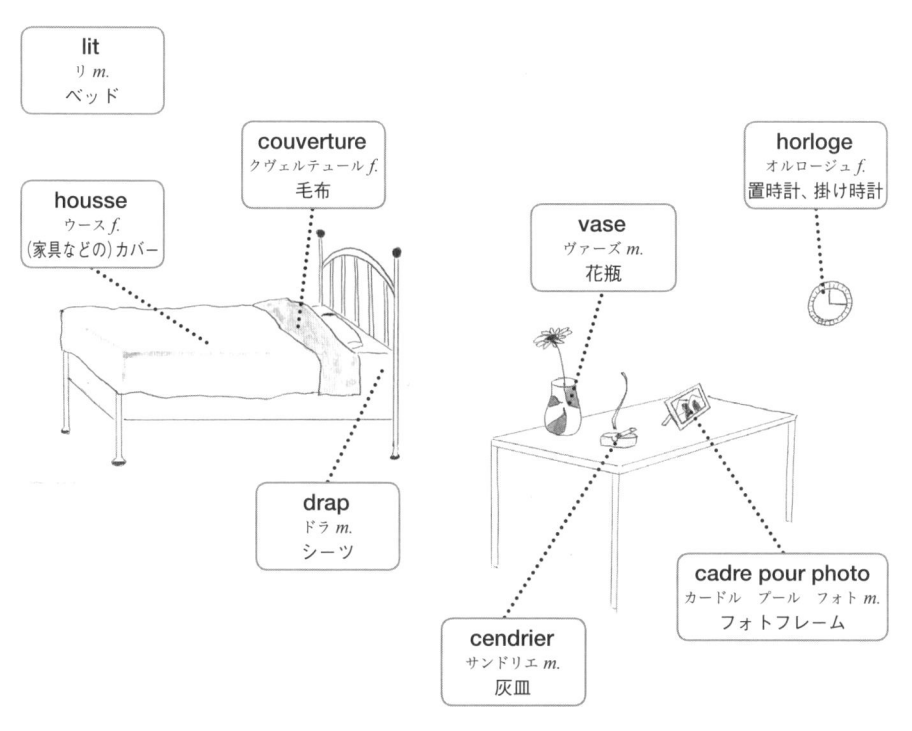

couverture クヴェルテュール *f.* 毛布

horloge オルロージュ *f.* 置時計、掛け時計

housse ウース *f.* (家具などの)カバー

vase ヴァーズ *m.* 花瓶

drap ドラ *m.* シーツ

cadre pour photo カードル プール フォト *m.* フォトフレーム

cendrier サンドリエ *m.* 灰皿

télévision テレヴィズィヨン *f.* テレビ
télé テレ *f.* テレビ
radio ラディヨ *f.* ラジオ
vidéo ヴィデオ *f.* ビデオ
lecteur de cassettes レクトゥール ドゥ カセット *m.* ビデオデッキ
caméra カメラ *f.* ビデオカメラ
télécommande テレコマーンド *f.* リモコン
jeu vidéo ジュー ヴィデオ *m.* テレビゲーム
webcam ウェブカム *m.* ウェヴカメラ
radiocassette ラディヨカセット *f.* ラジカセ
lecteur de CD レクトゥール ドゥ セデ *m.* CDプレーヤー
lecteur de DVD レクトゥール ドゥ デヴェデ *m.* DVDプレーヤー
téléphone テレフォンヌ *m.* 電話
portable ポルターブル *m.* 携帯電話

2-3 家事

ménage メナージュ m. 家事
▶ faire le ménage 掃除をする、家事をする

ménager(ère) メナジェ 家事の
▶ ordures ménagères 家庭のごみ

nettoyer ネトワイエ 掃除する、洗濯する
▶ nettoyage 掃除、クリーニング

balayer バレイエ 掃く

vitre ヴィットル f. (窓などの)ガラス

laver ラヴェ 洗う
▶ lavage 洗濯

sécher セシェ 乾かす、乾く

linge ラーンジュ m. 洗濯物

blanchir ブランシール 漂白する、(白い布類・肌着を)洗濯する

lessive レスィーヴ f. 洗濯、洗剤

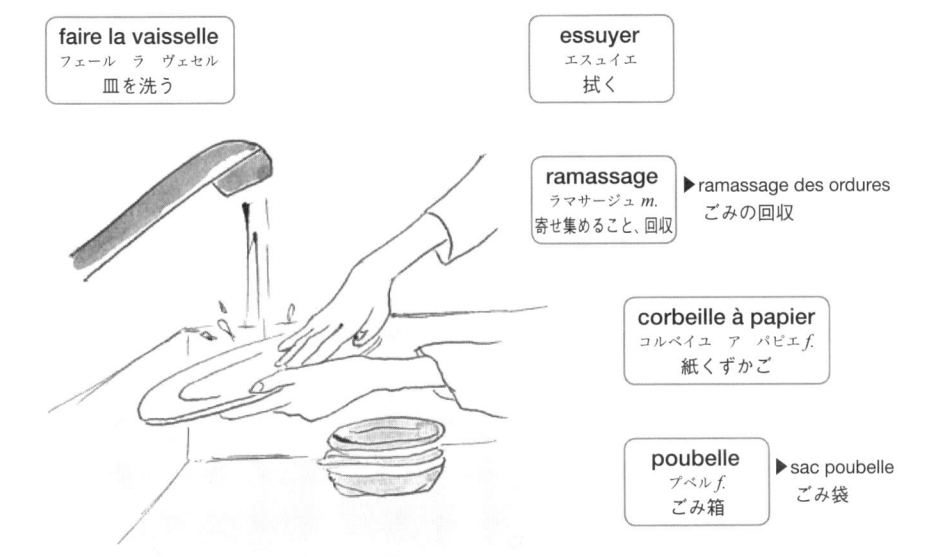

faire la vaisselle
フェール ラ ヴェセル
皿を洗う

essuyer
エスュイエ
拭く

ramassage	▶ ramassage des ordures
ラマサージュ m.	ごみの回収
寄せ集めること、回収	

corbeille à papier
コルベイユ ア パピエ f.
紙くずかご

poubelle	▶ sac poubelle
プベル f.	ごみ袋
ごみ箱	

couche クーシュ f. おむつ
biberon ビブロン m. 哺乳瓶
allaiter アレテ 授乳する
jouet ジュエ m. おもちゃ
couture クテュール f. 裁縫
aiguille エギュイーユ f. 針
fil フィル m. 糸
arroser アロゼ 水をかける、水をまく
arrosoir アロゾワール m. じょうろ
repasser ルパセ アイロンをかける
loger ロジェ 住まわせる
panier パニエ m. かご
ranger ランジェ 並べる、片づける、整理する
rangement ランジュマン m. 整理
bricolage ブリコラージュ m. 日曜大工
seau ソー m. バケツ

2-4 建物

bâtiment
バティマン m.
建物

immeuble
イムーブル m.
建物、ビル

maison
メゾン f.
家

appartement
アパルトゥマン m.
マンション

studio
ステュディオ m.
ワンルームマンション

ensemble d'habitation collective
アンサーンブル ダビタスィヨン コレクティヴ m.
団地

villa
ヴィラ f.
別荘

chalet
シャレ m.
山荘

château
シャトー m.
城

tour
トゥール f.
塔、鐘楼

▶ tour d'Eiffel
エッフェル塔

cabane
カバンヌ f.
小屋

- **habitant(e)** アビタン *m., f.* 住人
- **résident(e)** レズィダン *m., f.* 居住者
  - ▶ **résider** 居住する
- **concierge** コンスィエルジュ *m., f.* 管理人
- **gardien(ne)** ガルディヤン *m., f.* 番人
- **immobilier** イモビリエ *m.* 不動産業

---

garage ガラージュ *m.* ガレージ
bâtir バティール 建てる
base バーズ *f.* 土台、基礎
basé(e) sur バゼ スュル 〜に基礎を置く
entrée アントレ *f.* 入り口、入場
dortoir ドルトワール *m.* 大寝室、共同寝室
établissement エタブリスマン *m.* 施設
logement ロジュマン *m.* 住宅
pension パンスィヨン *f.* 下宿屋
édifice エディフィス *m.* 大きな建物
H.L.M. アシェレム *f.* 低家賃住宅
＊habitation à loyer modéréの略

まとめの問題②

イラストをヒントに、空欄を埋めて単語を完成させよう。

① ch __ __ e
② __ ou __ __ __ n
③ __ __ d __ au
④ t __ b __ __
⑤ __ __ t
⑥ f __ __ t __ __ __ l
⑦ __ __ m __ __ re
⑧ faire la __ __ __ ss __ ll __
⑨ s __ __ er
⑩ ba __ __ __ er
⑪ __ e __ __ oyer
⑫ stu __ __ __
⑬ c __ __ t __ __ u
⑭ ap __ __ __ te __ __ n __
⑮ t __ __ __
⑯ __ __ t __ m __ __ __

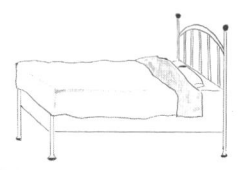

---

①chaise ②coussin ③rideau ④table ⑤lit ⑥fauteuil ⑦armoire ⑧faire la vaisselle
⑨sécher ⑩balayer ⑪nettoyer ⑫studio ⑬château ⑭appartement ⑮tour ⑯bâtiment

第3章
景観

3-1 都市と地方

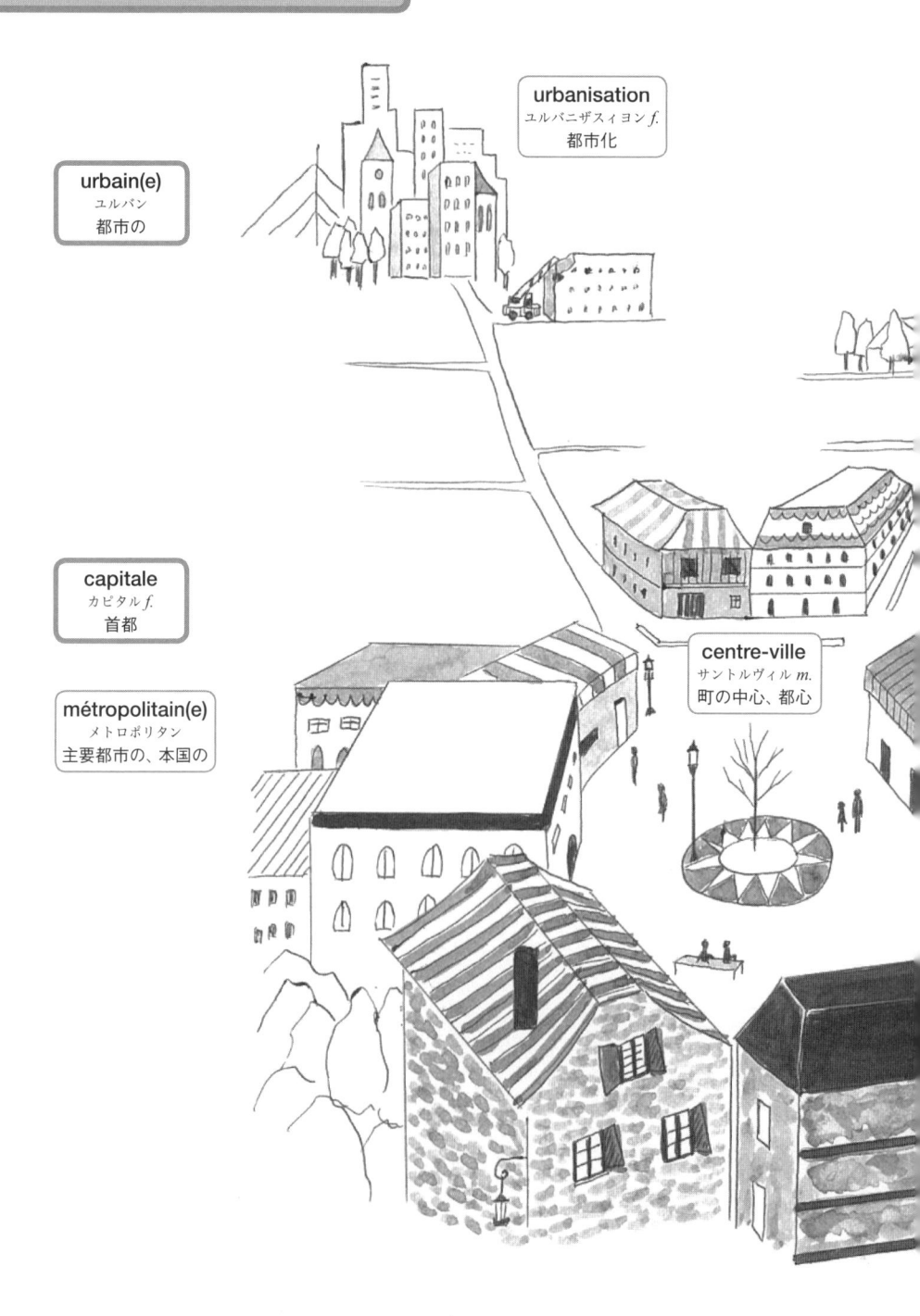

urbain(e)
ユルバン
都市の

urbanisation
ユルバニザスィヨン *f.*
都市化

capitale
カピタル *f.*
首都

métropolitain(e)
メトロポリタン
主要都市の、本国の

centre-ville
サントルヴィル *m.*
町の中心、都心

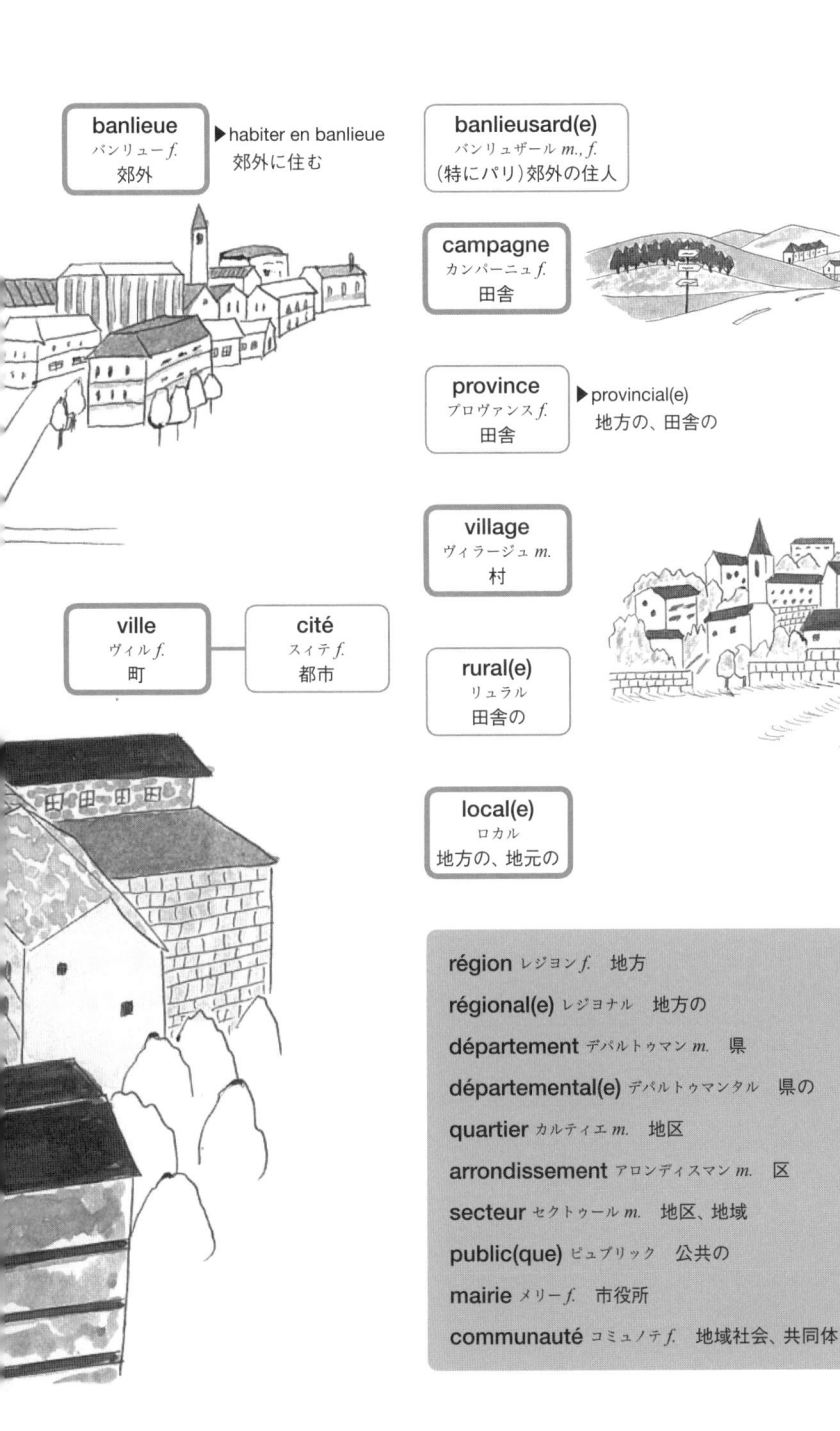

banlieue
バンリュー *f.*
郊外

▶ habiter en banlieue
郊外に住む

banlieusard(e)
バンリュザール *m., f.*
(特にパリ)郊外の住人

campagne
カンパーニュ *f.*
田舎

province
プロヴァンス *f.*
田舎

▶ provincial(e)
地方の、田舎の

village
ヴィラージュ *m.*
村

ville
ヴィル *f.*
町

cité
スィテ *f.*
都市

rural(e)
リュラル
田舎の

local(e)
ロカル
地方の、地元の

région レジョン *f.* 地方
régional(e) レジョナル 地方の
département デパルトゥマン *m.* 県
départemental(e) デパルトゥマンタル 県の
quartier カルティエ *m.* 地区
arrondissement アロンディスマン *m.* 区
secteur セクトゥール *m.* 地区、地域
public(que) ピュブリック 公共の
mairie メリー *f.* 市役所
communauté コミュノテ *f.* 地域社会、共同体

3-2 街並

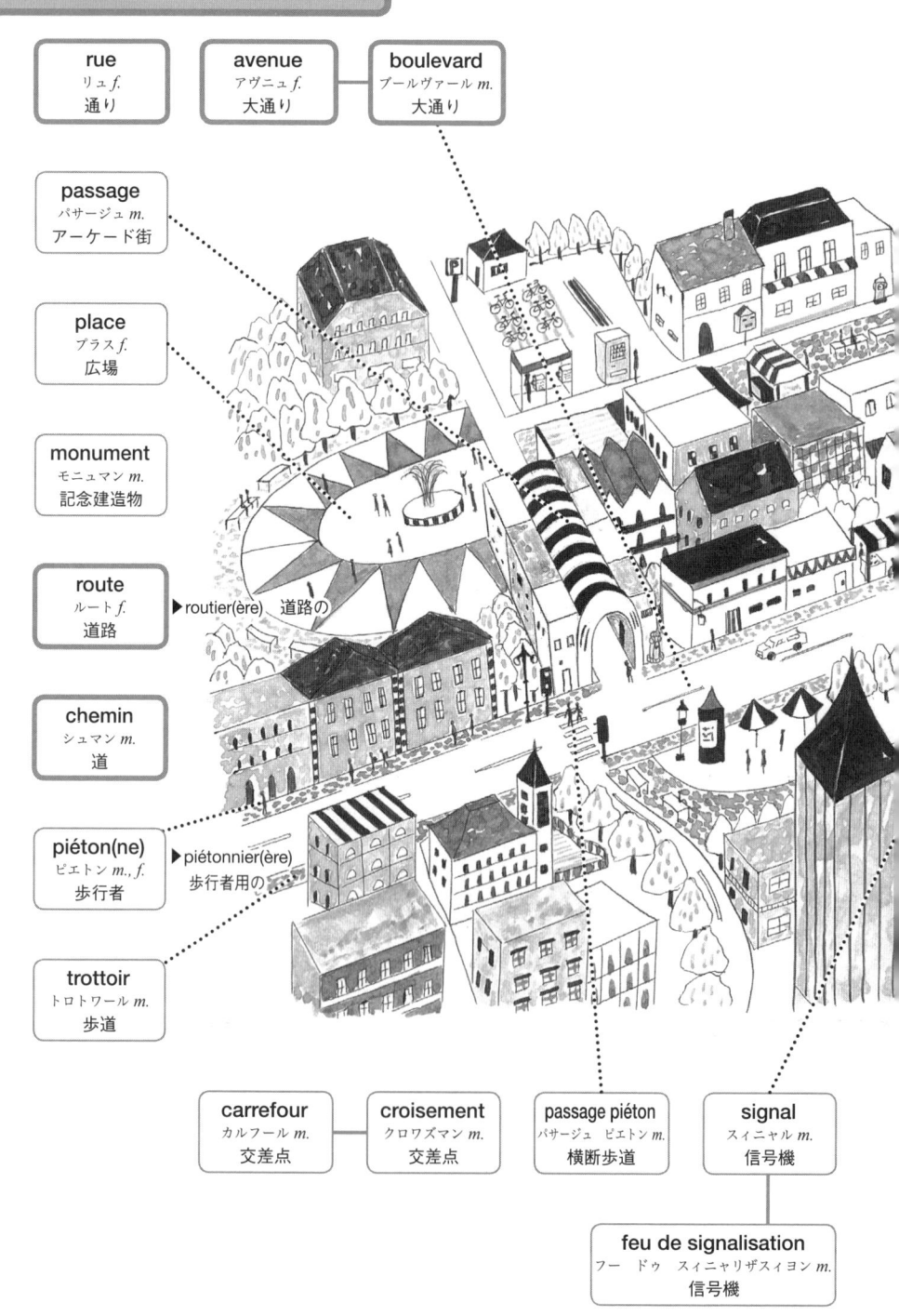

rue
リュ f.
通り

avenue
アヴニュ f.
大通り

boulevard
ブールヴァール m.
大通り

passage
パサージュ m.
アーケード街

place
プラス f.
広場

monument
モニュマン m.
記念建造物

route
ルート f.
道路

▶ routier(ère) 道路の

chemin
シュマン m.
道

piéton(ne)
ピエトン m., f.
歩行者

▶ piétonnier(ère) 歩行者用の

trottoir
トロトワール m.
歩道

carrefour
カルフール m.
交差点

croisement
クロワズマン m.
交差点

passage piéton
パサージュ ピエトン m.
横断歩道

signal
スィニャル m.
信号機

feu de signalisation
フー ドゥ スィニャリザスィヨン m.
信号機

boutique	ブティック f.	小売店
stand	スタンド m.	売店、露店
distributeur automatique	ディストリビュトゥール オトマティック m.	自動販売機
abri à vélos	アブリ ア ヴェロ m.	自転車置き場
cabine téléphonique	カビーヌ テレフォニック f.	電話ボックス
bouche d'incendie	ブーシュ ダンサンディ f.	消火栓
parc	パルク m.	公園
boîte aux lettres	ボワット オ レットル f.	ポスト
banc	バン m.	ベンチ
cache-cache	カシュカシュ m.	かくれんぼ
pont	ポン m.	橋
bac à sable	バッカ サーブル m.	砂場
balançoire	バランソワール f.	ブランコ
viaduc (piéton)	ヴィヤデュック (ピエトン) m.	歩道橋
toboggan	トボガン m.	滑り台
bascule	バスキュル f.	シーソー
passage souterrain	パサージュ ステラン m.	地下道
barre fixe	バール フィクス f.	鉄棒
jet d'eau	ジェ ドー m.	噴水
réverbère	レヴェルベール m.	街灯
gratte-ciel	グラットスィエル m.	摩天楼
immeuble	イムーブル m.	ビル

3-3 自然

- **paysage** ペイザージュ *m.* 風景
- **volcan** ヴォルカン *m.* 火山 ▶ volcanique 火山の
- **montagne** モンターニュ *f.* 山
- **source** スルス *f.* 源泉、泉
- **lac** ラック *m.* 湖
- **île** イル *f.* 島
- **mer** メール *f.* 海
- **océan** オセアン *m.* 大洋、海洋
- **vague** ヴァーグ *f.* 波
- **côte** コート *f.* 海岸
- **plage** プラージュ *f.* 浜辺

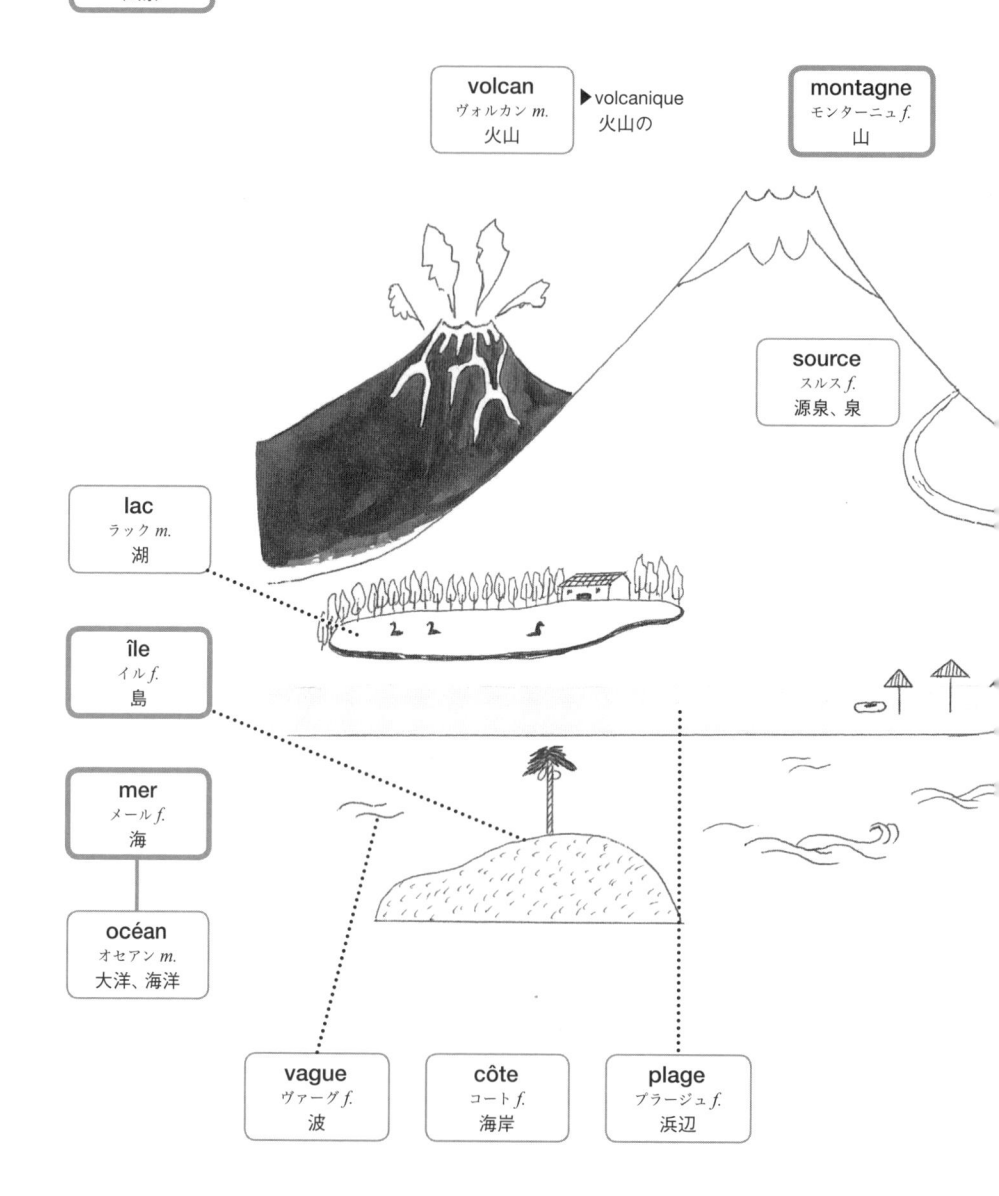

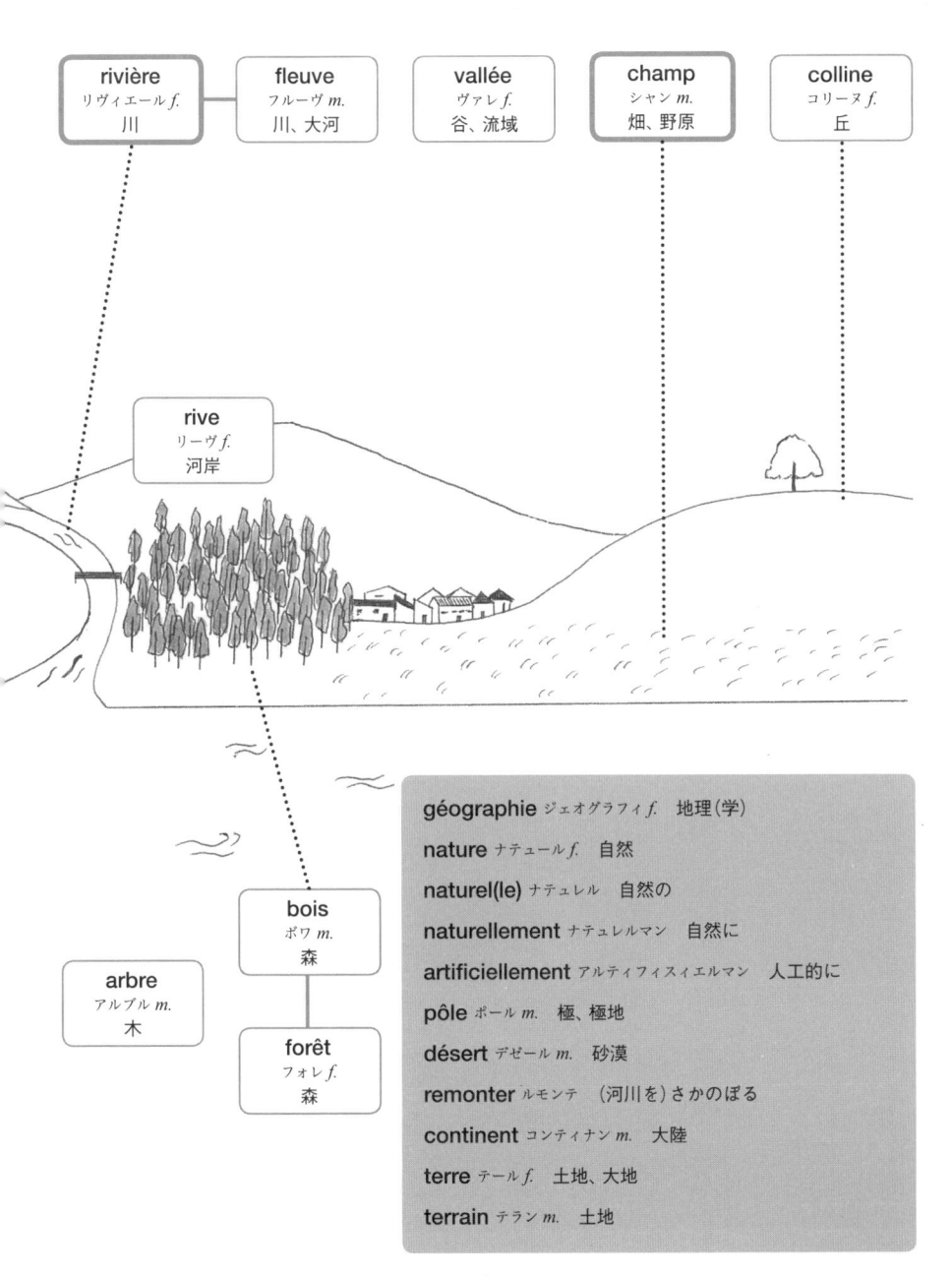

rivière	リヴィエール f.	川
fleuve	フルーヴ m.	川、大河
vallée	ヴァレ f.	谷、流域
champ	シャン m.	畑、野原
colline	コリーヌ f.	丘
rive	リーヴ f.	河岸
bois	ボワ m.	森
arbre	アルブル m.	木
forêt	フォレ f.	森
géographie	ジェオグラフィ f.	地理(学)
nature	ナテュール f.	自然
naturel(le)	ナテュレル	自然の
naturellement	ナテュレルマン	自然に
artificiellement	アルティフィスィエルマン	人工的に
pôle	ポール m.	極、極地
désert	デゼール m.	砂漠
remonter	ルモンテ	(河川を)さかのぼる
continent	コンティナン m.	大陸
terre	テール f.	土地、大地
terrain	テラン m.	土地

まとめの問題③

イラストをヒントに、空欄を埋めて単語を完成させよう。

① c＿＿pa＿＿e
② q＿＿＿t＿＿r
③ r＿g＿＿＿
④ ca＿i＿a＿＿
⑤ vi＿＿＿g＿
⑥ v＿l＿＿
⑦ p＿n＿
⑧ b＿＿t＿＿ue
⑨ r＿＿
⑩ b＿＿le＿＿r＿
⑪ ＿l＿c＿
⑫ ＿l＿
⑬ m＿＿
⑭ m＿＿t＿＿ne
⑮ riv＿＿r＿
⑯ p＿＿g＿

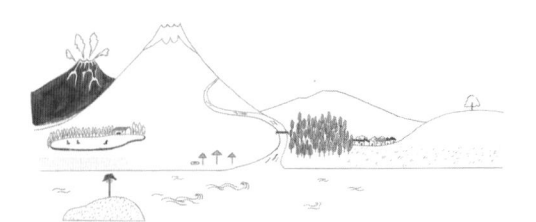

---

①campagne ②quartier ③région ④capitale ⑤village ⑥ville ⑦pont ⑧boutique
⑨rue ⑩boulevard ⑪place ⑫île ⑬mer ⑭montagne ⑮rivière ⑯plage

第4章
自然

4-1 科学

science スィヤンス f. 科学
▶ scientifique 科学の

technologie テクノロジー f. 技術
▶ technologie de pointe 先端技術
▶ technologie de l'information 情報工学、IT

biologie ビヨロジー f. 生物学
▶ biologique 生物学の、有機の

chimie シミー f. 化学
▶ chimique 化学の

physique フィズィック f. 物理学

génétique ジェネティック 遺伝子の

clone クローン m. クローン

▶ sciences humaines 人文科学
▶ sciences naturelles 自然科学
▶ sciences appliquées 応用科学
▶ science de la vie 生命科学

machine
マシーヌ *f.*
機械
▶ mécanique
機械の

institut
アンスティテュ *m.*
機関、研究所

laboratoire
ラボラトワール *m.*
実験室、研究所
▶ laboratoire de langues
LL教室

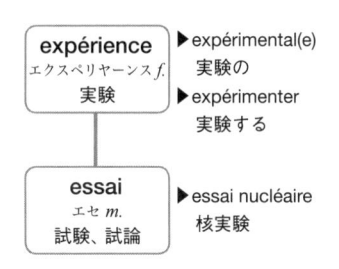

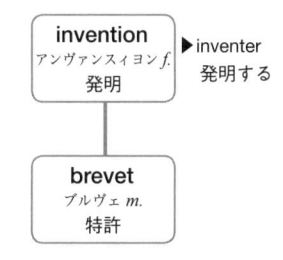

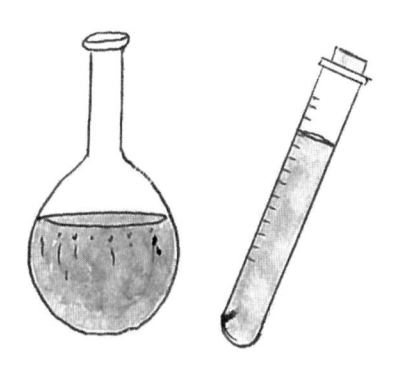

expérience
エクスペリヤーンス *f.*
実験
▶ expérimental(e)
実験の
▶ expérimenter
実験する

essai
エセ *m.*
試験、試論
▶ essai nucléaire
核実験

invention
アンヴァンスィヨン *f.*
発明
▶ inventer
発明する

brevet
ブルヴェ *m.*
特許

4-2 動物

animal
アニマル m.
動物

bête
ペット f.
動物

mâle
マール m.
雄

↔

femelle
フメル f.
雌

animal domestique
アニマル ドメスティック m.
家畜、ペット

↕

animal sauvage
アニマル ソヴァージュ m.
野生動物

chat
シャ m.
猫

chien
シヤン m.
犬

oiseau
オワゾー m.
鳥

cheval
シュヴァル m.
馬

coq
コック m.
おんどり

vache
ヴァッシュ f.
雌牛

chèvre
シェーヴル f.
ヤギ

mouton
ムトン m.
羊

agneau
アニョ m.
子羊

rat
ラ m.
ネズミ

souris
スリ f.
ハツカネズミ

- **singe** サンジュ *m.* サル
- **lion** リヨン *m.* ライオン
- **sanglier** サングリエ *m.* イノシシ
- **tigre** ティーグル *m.* トラ
- **renard** ルナール *m.* キツネ
- **éléphant** エレファン *m.* ゾウ
- **écureuil** エキュルイユ *m.* リス
- **hippopotame** イポポタム *m.* カバ
- **loup** ルー *m.* オオカミ
- **girafe** ジラフ *f.* キリン
- **âne** アーヌ *m.* ロバ
- **baleine** バレーヌ *f.* クジラ
- **poisson** ポワソン *m.* 魚
- **crocodile** クロコディル *m.* ワニ
- **crapaud** クラポー *m.* ヒキガエル

4-3 植物

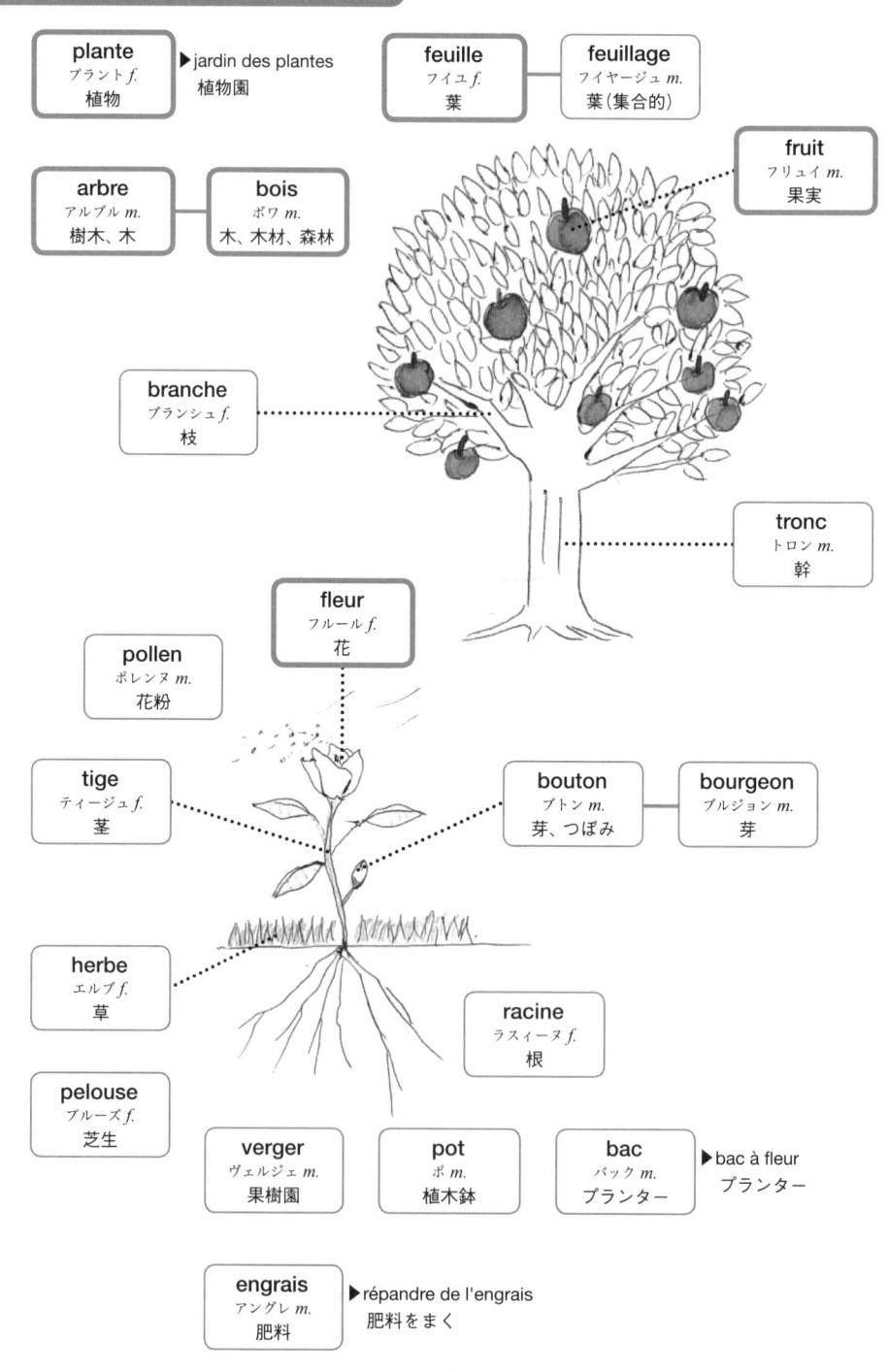

- **plante** プラント f. 植物 ▶ jardin des plantes 植物園
- **feuille** フイユ f. 葉
- **feuillage** フイヤージュ m. 葉(集合的)
- **arbre** アルブル m. 樹木、木
- **bois** ボワ m. 木、木材、森林
- **fruit** フリュイ m. 果実
- **branche** ブランシュ f. 枝
- **tronc** トロン m. 幹
- **fleur** フルール f. 花
- **pollen** ポレンヌ m. 花粉
- **tige** ティージュ f. 茎
- **bouton** ブトン m. 芽、つぼみ
- **bourgeon** ブルジョン m. 芽
- **herbe** エルブ f. 草
- **racine** ラスィーヌ f. 根
- **pelouse** プルーズ f. 芝生
- **verger** ヴェルジェ m. 果樹園
- **pot** ポ m. 植木鉢
- **bac** バック m. プランター ▶ bac à fleur プランター
- **engrais** アングレ m. 肥料 ▶ répandre de l'engrais 肥料をまく

rose ローズ *f.* バラ	**pissenlit** ピサンリ *m.* たんぽぽ	**tulipe** テュリップ *f.* チューリップ

tournesol トゥルヌソル *m.* ひまわり	**lis** リス *m.* 百合	**lavande** ラヴァンド *f.* ラベンダー

platane プラタヌ *m.* プラタナス	**sapin** サパン *m.* もみの木	**chêne** シェンヌ *m.* なら、樫

cerisier スリズィエ *m.* 桜	**marronnier** マロニエ *m.* マロニエ	**camélia** カメリヤ *m.* 椿	**citronnier** スィトロニエ *m.* レモンの木

4-4 宇宙

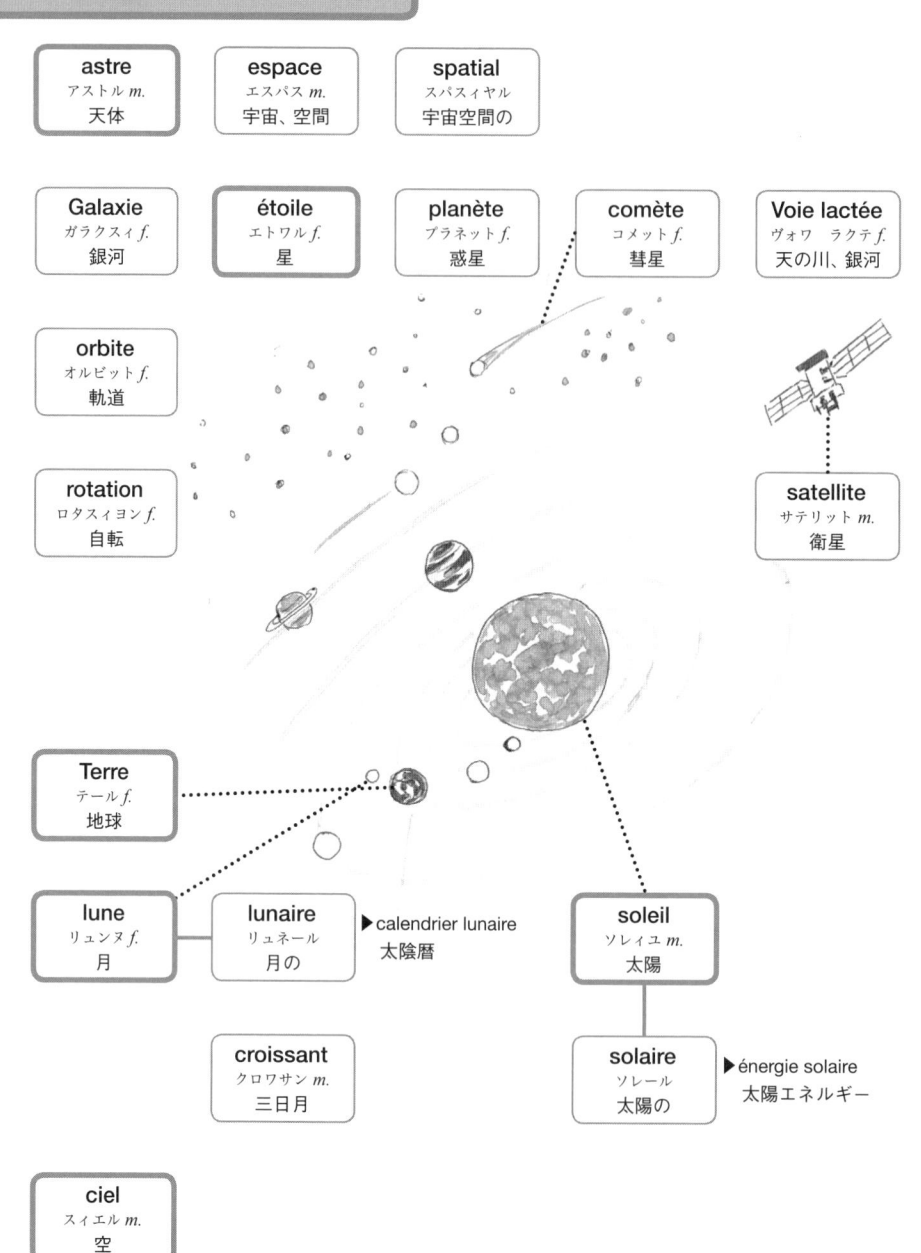

- **astre** アストル m. 天体
- **espace** エスパス m. 宇宙、空間
- **spatial** スパスィヤル 宇宙空間の
- **Galaxie** ガラクスィ f. 銀河
- **étoile** エトワル f. 星
- **planète** プラネット f. 惑星
- **comète** コメット f. 彗星
- **Voie lactée** ヴォワ ラクテ f. 天の川、銀河
- **orbite** オルビット f. 軌道
- **rotation** ロタスィヨン f. 自転
- **satellite** サテリット m. 衛星
- **Terre** テール f. 地球
- **lune** リュヌ f. 月
- **lunaire** リュネール 月の ▶ calendrier lunaire 太陰暦
- **soleil** ソレィユ m. 太陽
- **croissant** クロワサン m. 三日月
- **solaire** ソレール 太陽の ▶ énergie solaire 太陽エネルギー
- **ciel** スィエル m. 空

astronaute
アストロノート m., f.
宇宙飛行士

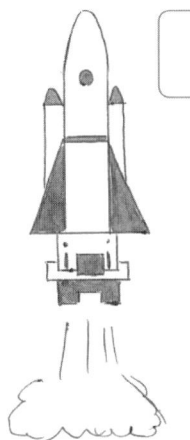

fusée
フュゼ f.
ロケット

télescope
テレスコープ m.
望遠鏡

observatoire
オブセルヴァトワール m.
天文台

constellation
コンステラスィヨン f.
星座

astrologie
アストロロジー f.
占星術

Bélier ベリエ m.　牡羊座
Taureau トロー m.　牡牛座
Gémeaux ジェモー m.pl.　双子座
Cancer カンセール m.　蟹座
Lion リヨン m.　獅子座
Vierge ヴィエルジュ f.　乙女座
Balance バランス f.　天秤座
Scorpion スコルピヨン m.　蠍座
Sagittaire サジテール m.　射手座
Capricorne カプリコーヌ m.　山羊座
Verseau ヴェルソー m.　水瓶座
Poissons ポワソン m.pl.　魚座

4-5 気候

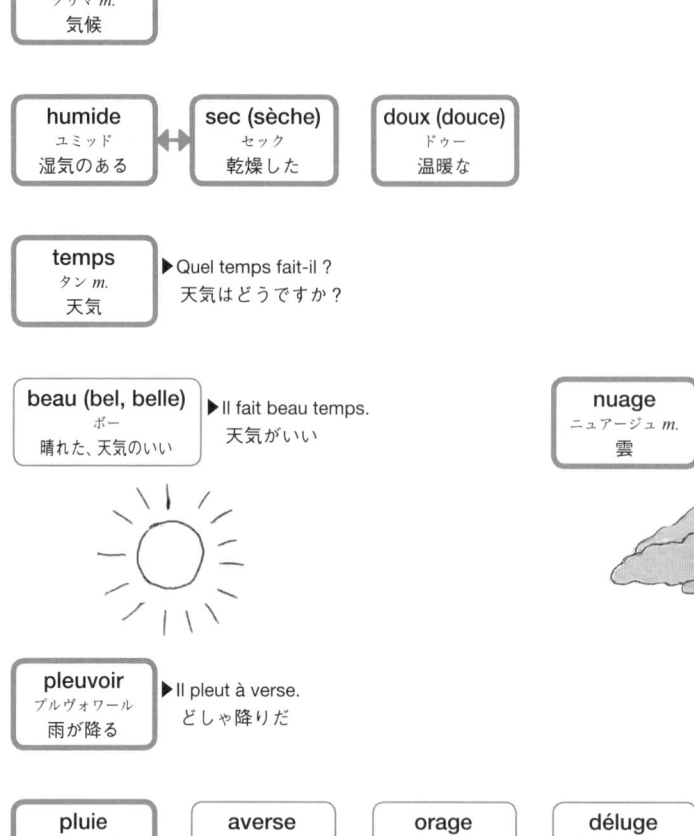

climat
クリマ m.
気候

humide
ユミッド
湿気のある
⇔
sec (sèche)
セック
乾燥した

doux (douce)
ドゥー
温暖な

temps
タン m.
天気
▶ Quel temps fait-il ?
　天気はどうですか？

beau (bel, belle)
ボー
晴れた、天気のいい
▶ Il fait beau temps.
　天気がいい

nuage
ニュアージュ m.
雲
▶ nuageux(se)
　くもりの

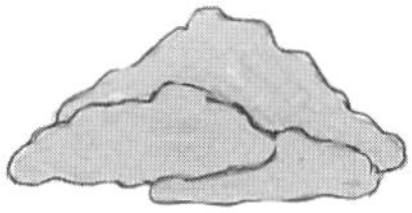

pleuvoir
プルヴォワール
雨が降る
▶ Il pleut à verse.
　どしゃ降りだ

pluie
プリュイ f.
雨

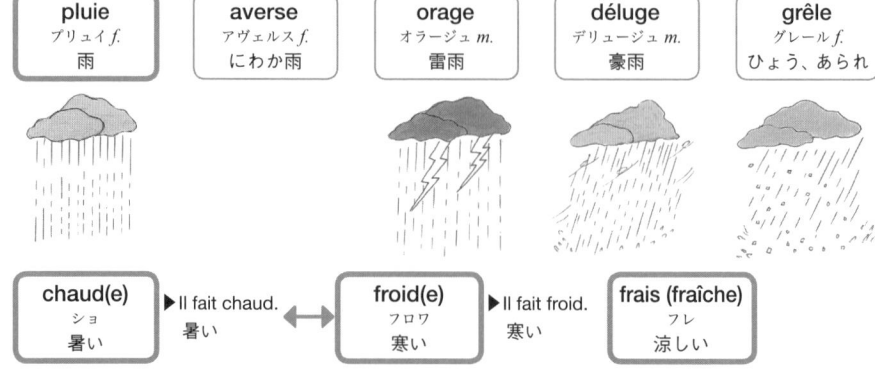

averse
アヴェルス f.
にわか雨

orage
オラージュ m.
雷雨

déluge
デリュージュ m.
豪雨

grêle
グレール f.
ひょう、あられ

chaud(e)
ショ
暑い
▶ Il fait chaud.
　暑い
⇔
froid(e)
フロワ
寒い
▶ Il fait froid.
　寒い

frais (fraîche)
フレ
涼しい

chaleur
シャルール f.
暑さ
▶ Quelle chaleur !
　なんて暑さだ！

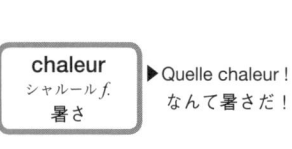

météo メテオ f. 天気予報	**température** タンペラテュール f. 温度	**pression** プレスィヨン f. 気圧

arc-en-ciel アルカンスィエル m. 虹

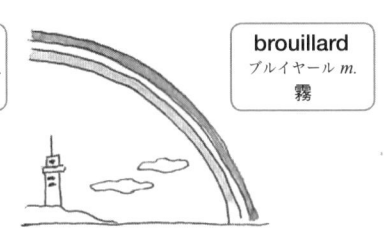

brouillard ブルイヤール m. 霧

typhon ティフォン m. 台風

éclair エクレール m. 稲妻	**foudre** フードゥル f. 雷 [稲妻+雷鳴]	**vent** ヴァン m. 風	**brise** ブリーズ f. そよ風

neiger ネジェ 雪が降る
▶ Il va neiger cette nuit.
　今夜は雪になるだろう

neige ネージュ f. 雪

bonhomme de neige ボノム ドゥ ネージュ m. 雪だるま

4-6 環境問題

environnement
アンヴィロヌマン m.
環境

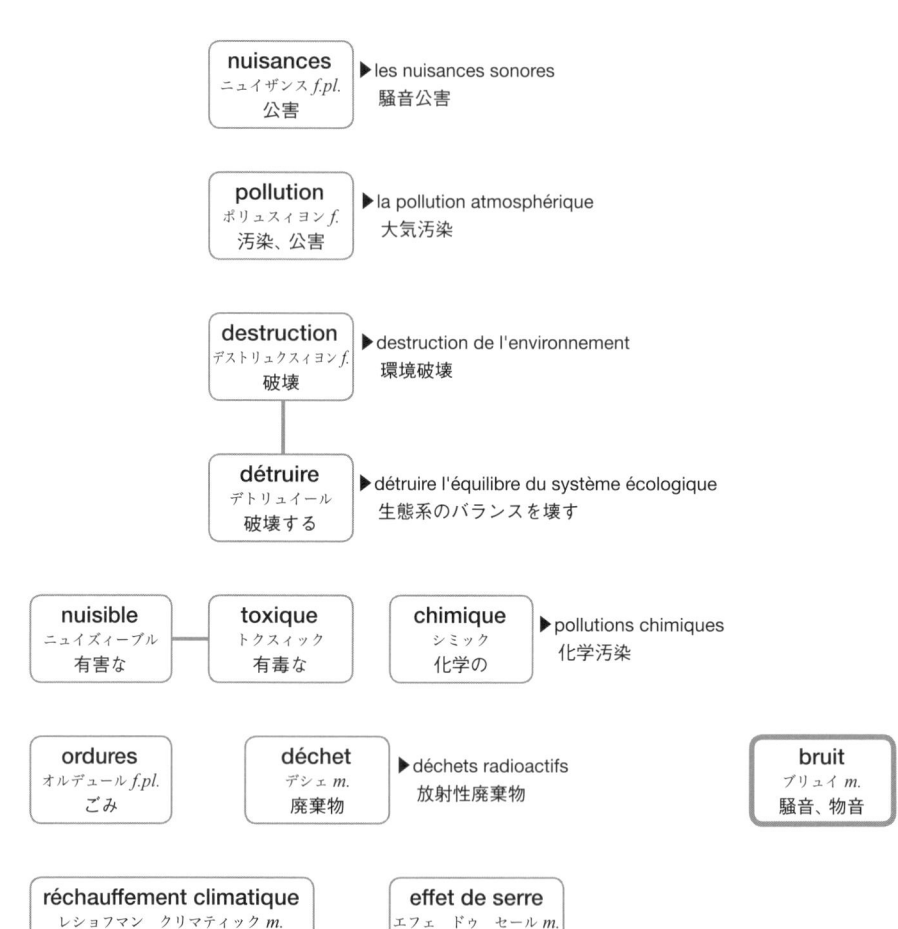

nuisances
ニュイザンス f.pl.
公害
▶ les nuisances sonores
騒音公害

pollution
ポリュスィヨン f.
汚染、公害
▶ la pollution atmosphérique
大気汚染

destruction
デストリュクスィヨン f.
破壊
▶ destruction de l'environnement
環境破壊

détruire
デトリュイール
破壊する
▶ détruire l'équilibre du système écologique
生態系のバランスを壊す

nuisible
ニュイズィーブル
有害な

toxique
トクスィック
有毒な

chimique
シミック
化学の
▶ pollutions chimiques
化学汚染

ordures
オルデュール f.pl.
ごみ

déchet
デシェ m.
廃棄物
▶ déchets radioactifs
放射性廃棄物

bruit
ブリュイ m.
騒音、物音

réchauffement climatique
レショフマン クリマティック m.
（地球）温暖化

effet de serre
エフェ ドゥ セール m.
温室効果

émission de CO_2
エミスィヨン ドゥ セーオードゥー f.
二酸化炭素の放出

ozone atmosphérique
オゾーヌ アトモスフェリック m.
オゾン層

protection
プロテクスィヨン f.
保護

protéger
プロテジェ
保護する
▶ protéger la nature
自然を保護する

conserver
コンセルヴェ
保存する
▶ conserver un monument
記念建造物を保存する

réserve
レゼルヴ f.
保護地域
▶ réserve naturelle
自然保護区

biologie
ビヨロジー f.
生物学

système écologique
スィステーム エコロジック m.
生態系

animal sauvage
アニマル ソヴァージュ m.
野生動物

espèce
エスペス f.
種類
▶ une espèce en voie de disparition
滅びつつある種

recycler
ルスィクレ
リサイクルする
▶ recycler des déchets
ごみをリサイクルする

recyclable
ルスィクラーブル
リサイクル可能な

recyclage
ルスィクラージュ m.
リサイクル

récupérer
レキュペレ
回収する
▶ récupérer de la chaleur
熱を再利用する

énergie
エネルジー f.
エネルギー

ressources
ルスルス f.pl.
資源

gaz
ガーズ m.
ガス

nucléaire
ニュクレエール
核の、原子核の
▶ centrale nucléaire
原子力発電所

まとめの問題④

イラストをヒントに、空欄を埋めて単語を完成させよう。

① __ __ se __ __
② v __ c __ __
③ p __ __ ss __ __
④ c __ __ v __ __
⑤ c __ __ t
⑥ c __ __ __ n
⑦ p __ __ l __ __
⑧ m __ u __ o __
⑨ b __ __ __ c __ __
⑩ fl __ __ __
⑪ fr __ __ __
⑫ f __ __ __ ll __
⑬ r __ c __ __ __
⑭ Il n __ __ g __ .
⑮ Il p __ __ ut.
⑯ Il fait c __ a __ __ .

---

①oiseau ②vache ③poisson ④cheval ⑤chat ⑥chien ⑦poulet ⑧mouton ⑨branche ⑩fleur ⑪fruit ⑫feuille ⑬racine ⑭neige ⑮pleut ⑯chaud

第5章
日常生活

5-1 生活

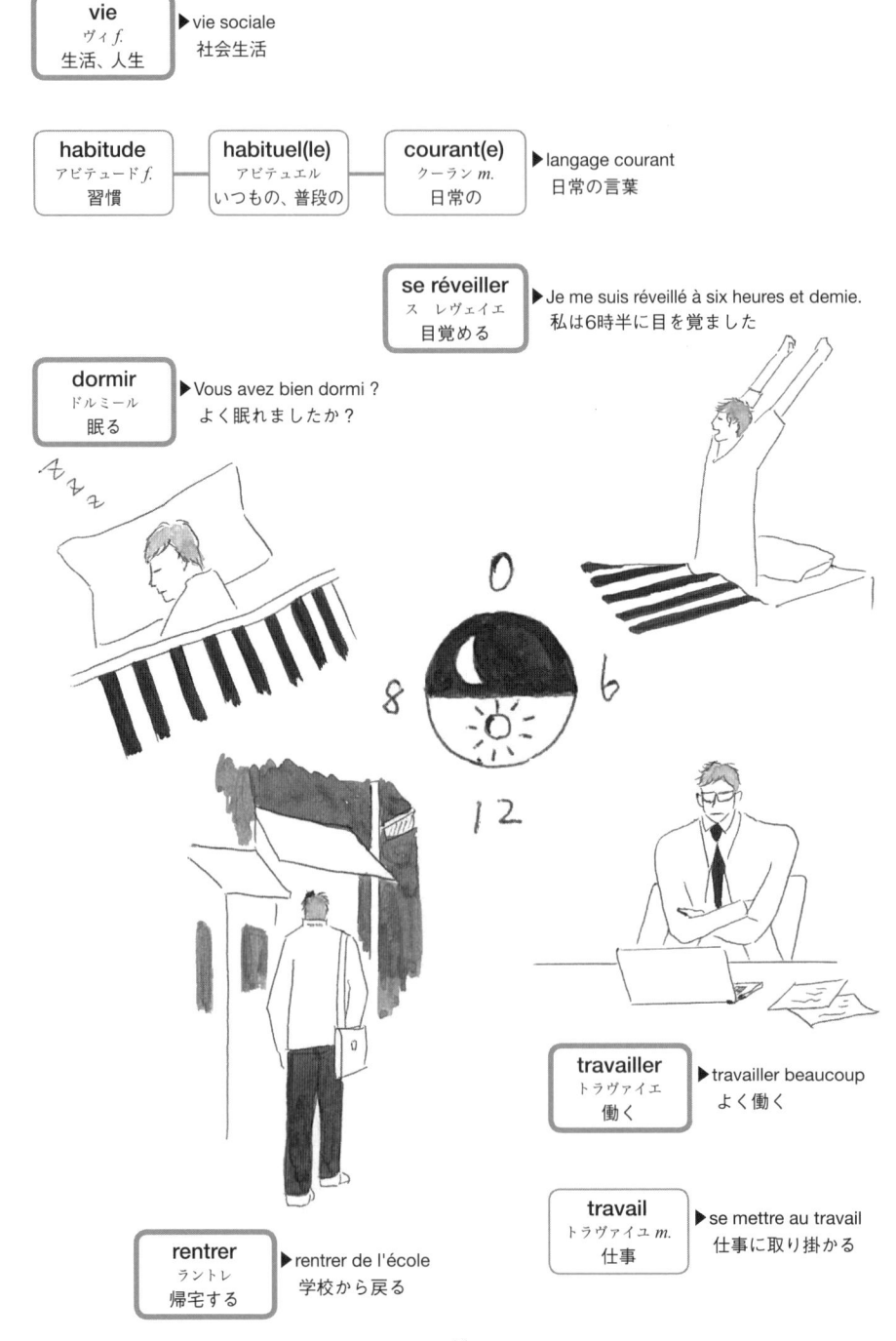

vie
ヴィ f.
生活、人生
▶ vie sociale
社会生活

habitude
アビテュード f.
習慣

habituel(le)
アビテュエル
いつもの、普段の

courant(e)
クーラン m.
日常の
▶ langage courant
日常の言葉

se réveiller
ス レヴェイエ
目覚める
▶ Je me suis réveillé à six heures et demie.
私は6時半に目を覚ました

dormir
ドルミール
眠る
▶ Vous avez bien dormi ?
よく眠れましたか？

travailler
トラヴァイエ
働く
▶ travailler beaucoup
よく働く

travail
トラヴァイユ m.
仕事
▶ se mettre au travail
仕事に取り掛かる

rentrer
ラントレ
帰宅する
▶ rentrer de l'école
学校から戻る

réveil レヴェイユ m. 目覚め、目覚まし時計	▶ mettre le réveil à sept heures 目覚ましを7時に合わせる	**brosser les cheveux** ブロセ レ シュヴー 髪をブラッシングする

habiller アビエ 服を着せる
▶ habiller un enfant 子供に服を着せる

se doucher ス ドゥーシェ シャワーを浴びる

douche ドゥーシュ f. シャワー
▶ prendre une douche シャワーを浴びる

sommeil ソメイユ m. 眠り
▶ avoir sommeil 眠い

se coucher ス クーシェ 寝る

s'endormir サンドルミール 寝付く

rêve レーヴ m. 夢
▶ Bonne nuit, faites de beaux rêves. お休みなさい、いい夢を

rêver レヴェ 夢を見る
▶ J'ai rêvé un incendie. 火事の夢を見た

se reposer ス ルポゼ 休息する
▶ se reposer sur un banc ベンチで休む

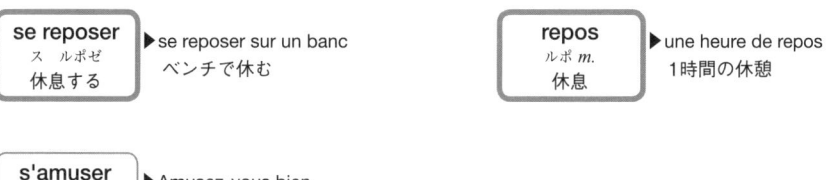

repos ルポ m. 休息
▶ une heure de repos 1時間の休憩

s'amuser サミュゼ 楽しむ、遊ぶ
▶ Amusez-vous bien. 楽しんできてください

promenade プロムナード f. 散歩
▶ aller [partir] en promenade 散歩に出かける

5-2 食事

repas ルパ m. 食事

petit déjeuner プティ デジュネ m. 朝食

déjeuner デジュネ m. 昼食

goûter グテ m. おやつ

dîner ディネ m. 夕食
▶ prendre le dîner 夕食をとる

appétit アペティ m. 食欲
▶ Bon appétit. たっぷり召し上がれ

appétissant(e) アペティサン 食欲をそそる

délicieux(se) デリスィユー おいしい

faim ファン f. 空腹

soif ソワフ f. のどの渇き

gourmand(e) グルマン 食いしん坊の、食道楽の

végétarien(ne) ヴェジェタリヤン m., f. 菜食主義者

manger
マンジェ
食べる

prendre
プラーンドル
(食事・食べ物を)とる

goûter
グテ
味わう

sucer
スュセ
しゃぶる、なめる

mâcher
マシェ
かむ

comestible
コメスティーブル
食用の
▶ champignon comestible
食用キノコ

potable
ポタ-ブル
飲用に適した
▶ Cette eau est potable.
この水は飲用です

nutrition
ニュトリスィヨン *f.*
栄養
▶ mauvaise nutrition
栄養不良

nourrissant(e)
ヌリサン
栄養のある

nourrir
ヌリール
食物を与える

nourriture
ヌリテュール *f.*
食品

calorie
カロリー *f.*
カロリー
▶ aliment riche [pauvre] en calories
高 [低] カロリー食品

gras(se)
グラ
脂肪分の多い
▶ matière grasse, substance grasse
脂肪性物質

portion
ポルスィヨン *f.*
(食べ物の) ひとり分

5-3 食べ物

aliment
アリマン *m.*
食物、食品

▶ aliment de base
主食

alimentaire
アリマンテール
食物の

▶ produits [denrées] alimentaires
食料品

alimentation
アリマンタスィヨン *f.*
食生活、食料品

pain
パン *m.*
パン

blé
ブレ *m.*
小麦

farine
ファリーヌ *f.*
小麦粉

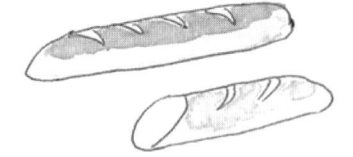

riz
リ *m.*
米

viande
ヴィヤーンド *f.*
肉

▶ plat de viande
肉料理
▶ manger de la viande
肉を食べる

bœuf
ブフ *m.*
牛肉

veau
ヴォー *m.*
子牛の肉

porc
ポール *m.*
豚

jambon
ジャンボン *m.*
ハム

poulet
プレ *m.*
若鶏、鶏肉

agneau
アニョ *m.*
子羊

mouton
ムトン *m.*
羊

lapin
ラパン *m.*
ウサギ

œuf
ウフ *m.*
卵

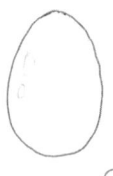

fromage
フロマージュ *m.*
チーズ

yaourt
ヤウルト *m.*
ヨーグルト

poisson ポワソン m. 魚、魚肉	**coquillage** コキヤージュ m. 貝

escargot エスカルゴ m. エスカルゴ

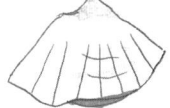

légume レギューム m. 野菜 ▶ soupe aux légumes 野菜スープ

oignon オニョン m. 玉ねぎ	**chou** シュー m. キャベツ	**haricot** アリコ m. インゲン豆	**pomme de terre** ポム ドゥ テール f. じゃがいも
laitue レテュ f. レタス	**épinard** エピナール m. ほうれん草	**tomate** トマート f. トマト	**ail** アイユ m. ニンニク
carotte カロット f. にんじん	**champignon** シャンピニョン m. キノコ ▶ champignon de Paris マッシュルーム		

fruit フリュイ m. フルーツ ▶ jus de fruit フルーツジュース

confiture コンフィテュール f. ジャム ▶ faire de la confiture ジャムを作る

cerise スリーズ f. さくらんぼ	**pomme** ポム f. りんご	**raisin** レザン m. ぶどう	**fraise** フレーズ f. イチゴ
banane バナヌ f. バナナ	**citron** スィトロン m. レモン	**orange** オランジュ f. オレンジ	**poire** ポワール f. 洋梨

5-4 飲み物

boisson ポワソン f. 飲み物 ▶ boisson froide 冷たい飲み物

boire ポワール 飲む ▶ boire de l'eau 水を飲む

avaler アヴァレ 飲み込む

eau オー f. 水
▶ eau minérale ミネラルウォーター
▶ eau gazeuse 炭酸水

café カフェ m. コーヒー

café au lait カフェ オ レ m. カフェ・オ・レ

thé テ m. 茶

chocolat ショコラ m. ココア、チョコレート

lait レ m. ミルク

jus ジュ m. ジュース ▶ jus de pomme リンゴジュース

citronnade スィトロナード f. レモネード

coca コカ m. コーラ

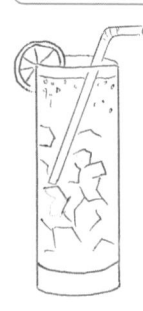

alcool
アルコル *m.*
酒類、蒸留酒

bière
ビエール *f.*
ビール
▶ bière (à la) pression
　生ビール

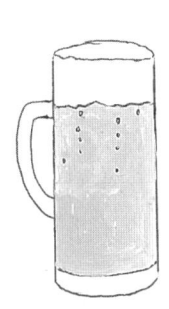

vin
ヴァン *m.*
ワイン
▶ vin rouge
　赤ワイン
▶ vin blanc
　白ワイン
▶ vin rosé
　ロゼワイン

dégustation
デギュスタスィヨン *f.*
試飲、試食
▶ dégustation de vins
　ワインの利き酒

apéritif
アペリティフ *m.*
食前酒、アペリティフ

champagne
シャンパーニュ *m.*
シャンパン

digestif
ディジェスティフ *m.*
食後酒

liqueur
リクール *f.*
リキュール

whisky
ウィスキー *m.*
ウイスキー

ivre
イーヴル
酔った

bouteille
ブティユ *f.*
ビン

carafe
カラフ *f.*
デカンタ

verre
ヴェール *m.*
グラス

5-5 キッチン

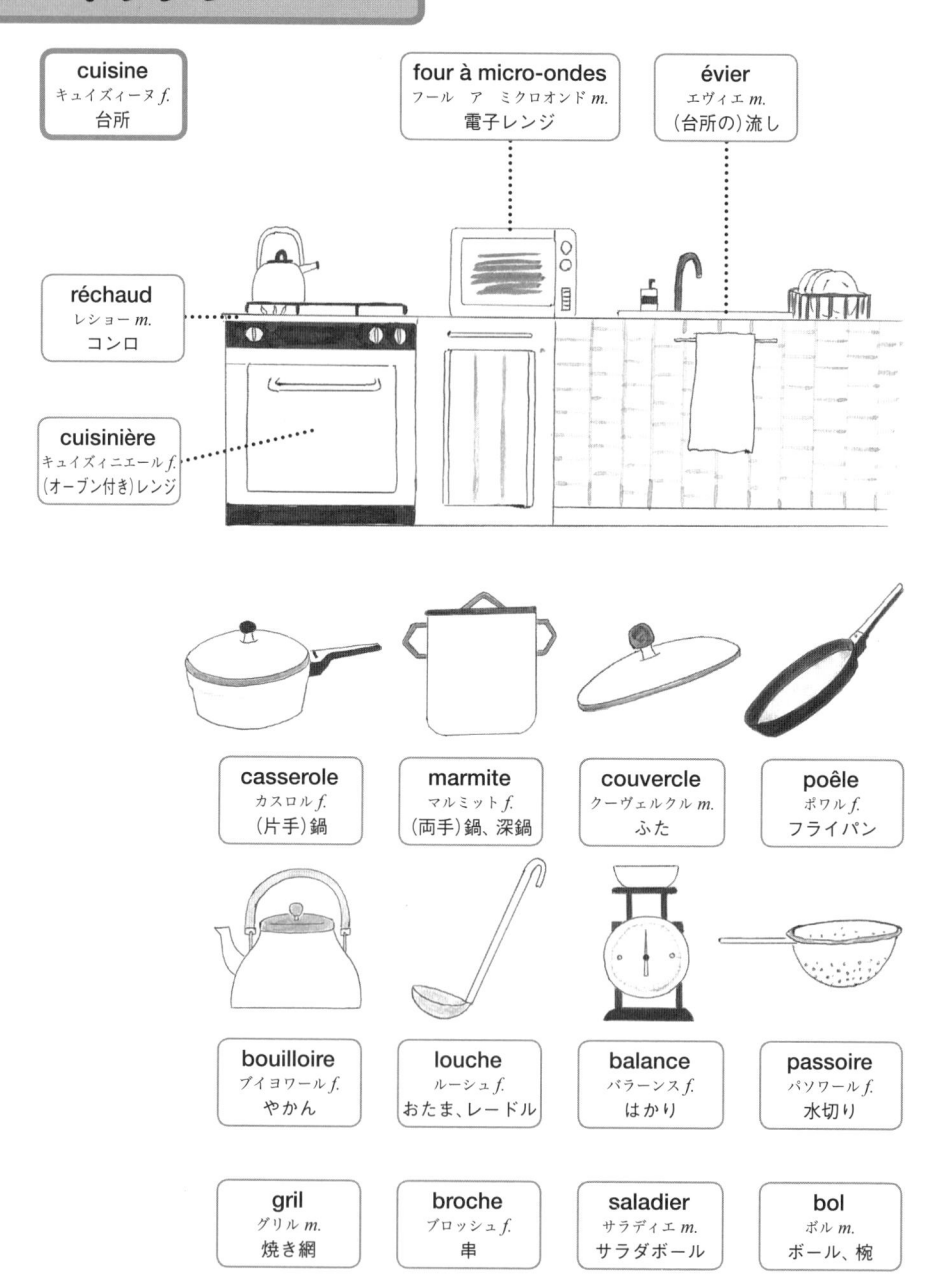

- **cuisine** キュイズィーヌ f. 台所
- **four à micro-ondes** フール ア ミクロオンド m. 電子レンジ
- **évier** エヴィエ m. (台所の)流し
- **réchaud** レショー m. コンロ
- **cuisinière** キュイズィニエール f. (オーブン付き)レンジ

- **casserole** カスロル f. (片手)鍋
- **marmite** マルミット f. (両手)鍋、深鍋
- **couvercle** クーヴェルクル m. ふた
- **poêle** ポワル f. フライパン

- **bouilloire** ブイヨワール f. やかん
- **louche** ルーシュ f. おたま、レードル
- **balance** バランス f. はかり
- **passoire** パソワール f. 水切り

- **gril** グリル m. 焼き網
- **broche** ブロッシュ f. 串
- **saladier** サラディエ m. サラダボール
- **bol** ボル m. ボール、椀

vaisselle	ヴェセル f.	(集合的に)食器類
assiette	アスィエット f.	皿
plat	プラ m.	皿
couteau	クトー m.	ナイフ
cuillère	キュイエール f.	スプーン
fourchette	フルシェット f.	フォーク
tasse	タース f.	カップ
soucoupe	スクップ f.	カップの受け皿
verre	ヴェール m.	グラス、コップ
pot	ポ m.	壺
cafetière	カフティエール f.	コーヒーポット
théière	ティエール f.	ティーポット
carafe	カラフ f.	デカンタ
pichet	ピシェ m.	ピッチャー
serviette	セルヴィエット f.	(テーブル用)ナプキン、タオル
essuie-tout	エスュイトゥー m.	ペーパータオル
nappe	ナップ f.	テーブルクロス
baguettes	バゲット f.pl.	箸
tire-bouchon	ティルブション m.	ワインの栓抜き
ouvre-boîte	ウヴルボワット m.	缶切り
plateau	プラトー m.	トレイ
conserve	コンセルヴ f.	缶詰

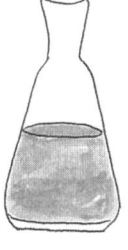

▶ plateau à fromage　チーズ盆

5-6 調理

recette ルセット *f.* 料理法、レシピ

couper クペ 切る

hacher アシェ 細かく切る

éplucher エプリュシェ 野菜の皮をむく

râper ラペ すり下ろす

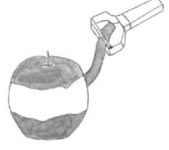

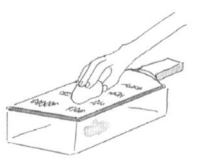

mélanger メランジェ 混ぜる

fouetter フエテ 泡立てる

farcir ファルスィール 詰め物をする

allonger アロンジェ 薄める、のばす

faire sauter フェール ソテ 炒める、ソテーする

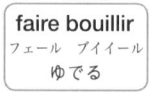

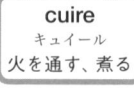

faire bouillir フェール ブイイール ゆでる

cuire キュイール 火を通す、煮る

frire フリール 揚げる、フライにする

cuit(e) キュイ 煮えた

frit(e) フリ フライにした

rôtir ロティール ローストする

griller グリエ グリルで焼く

congeler コンジュレ 冷凍する

fumer フュメ 燻製にする

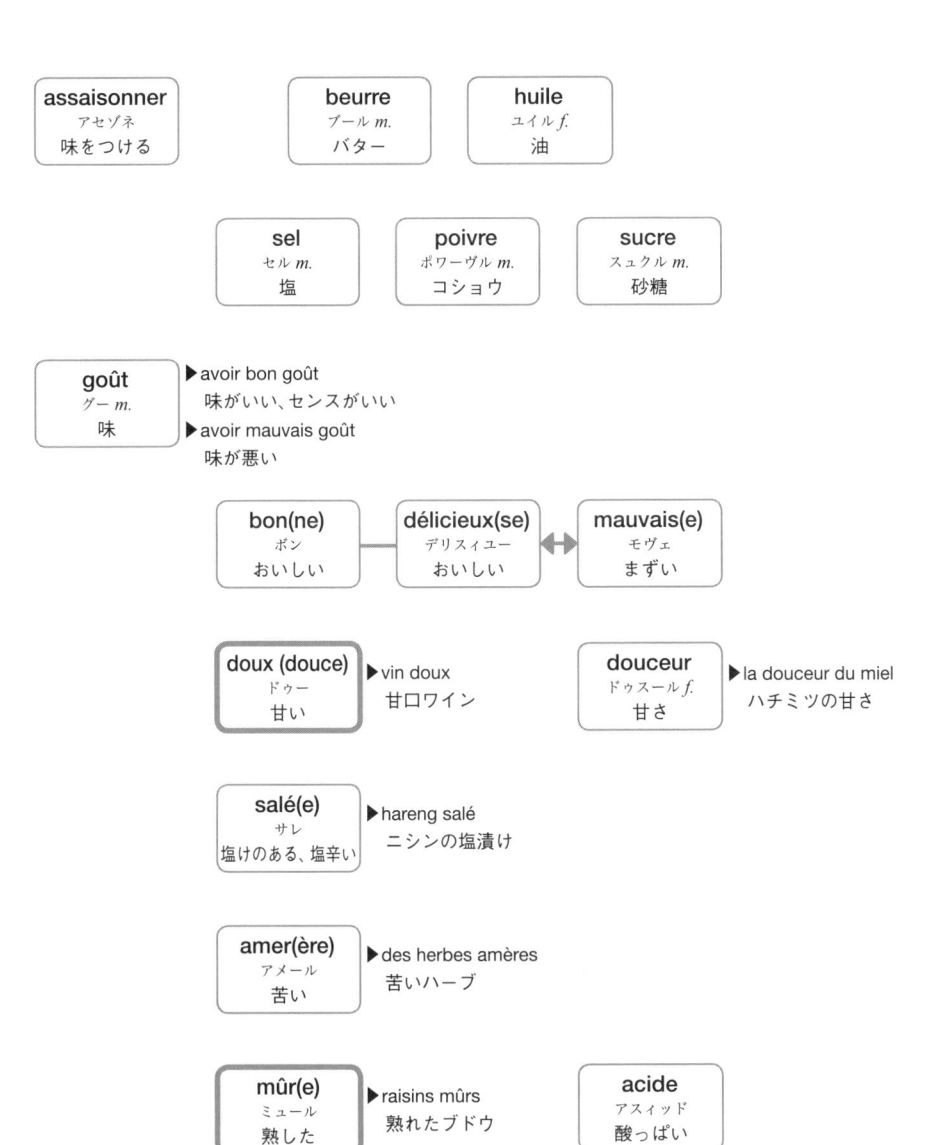

- **assaisonner** アセゾネ 味をつける
- **beurre** ブール *m.* バター
- **huile** ユイル *f.* 油
- **sel** セル *m.* 塩
- **poivre** ポワーヴル *m.* コショウ
- **sucre** スュクル *m.* 砂糖

- **goût** グー *m.* 味
  - ▶ avoir bon goût 味がいい、センスがいい
  - ▶ avoir mauvais goût 味が悪い

- **bon(ne)** ボン おいしい ― **délicieux(se)** デリスィユー おいしい ⇔ **mauvais(e)** モヴェ まずい

- **doux (douce)** ドゥー 甘い
  - ▶ vin doux 甘口ワイン
- **douceur** ドゥスール *f.* 甘さ
  - ▶ la douceur du miel ハチミツの甘さ

- **salé(e)** サレ 塩けのある、塩辛い
  - ▶ hareng salé ニシンの塩漬け

- **amer(ère)** アメール 苦い
  - ▶ des herbes amères 苦いハーブ

- **mûr(e)** ミュール 熟した
  - ▶ raisins mûrs 熟れたブドウ
- **acide** アスィッド 酸っぱい

5-7 レストラン

- **restaurant** レストラン *m.* / レストラン
- **brasserie** ブラスリー *f.* / カフェレストラン
- **bistrot** ビストロ *m.* / ビストロ
- **buffet** ビュフェ *m.* / 駅の軽食堂

- **service** セルヴィス *m.* / サービス、給仕
- **servir** セルヴィール / (料理・飲物を)出す、給仕する

- **garçon** ガルソン *m.* / ウエイター
- **sommelier(ère)** ソムリエ *m., f.* / ソムリエ
- **pâtissier(ère)** パティスィエ *m., f.* / パティシエ

- **menu** ムニュ *m.* / メニュー ▶ menu du jour 本日の定食
- **carte** カルト *f.* / メニュー、カード ▶ manger à la carte アラカルトで食事をする

- **cuisine** キュイズィーヌ *f.* / 料理
- **plat** プラ *m.* / (皿に盛った)料理、メインディッシュ

- **spécialité** スペスィヤリテ *f.* / 特産品
- **hors-d'œuvre** オルドゥーヴル *m.* / オードブル、前菜
- **entrée** アントレ *f.* / アントレ

- **soupe** スープ *f.* / スープ
- **salade** サラード *f.* / サラダ
- **baguette** バゲット *f.* / バゲット

- **steak** ステック *m.* / ステーキ
- **omelette** オムレット *f.* / オムレツ

dessert
デセール m.
デザート

gâteau
ガトー m.
菓子、ケーキ

pâtisserie
パティスリー f.
菓子

glace
グラス f.
アイスクリーム

éclair
エクレール m.
エクレア

addition
アディスィヨン f.
勘定(書)

▶ L'addition, s'il vous plaît.
お勘定をお願いします

5-8 ショッピング

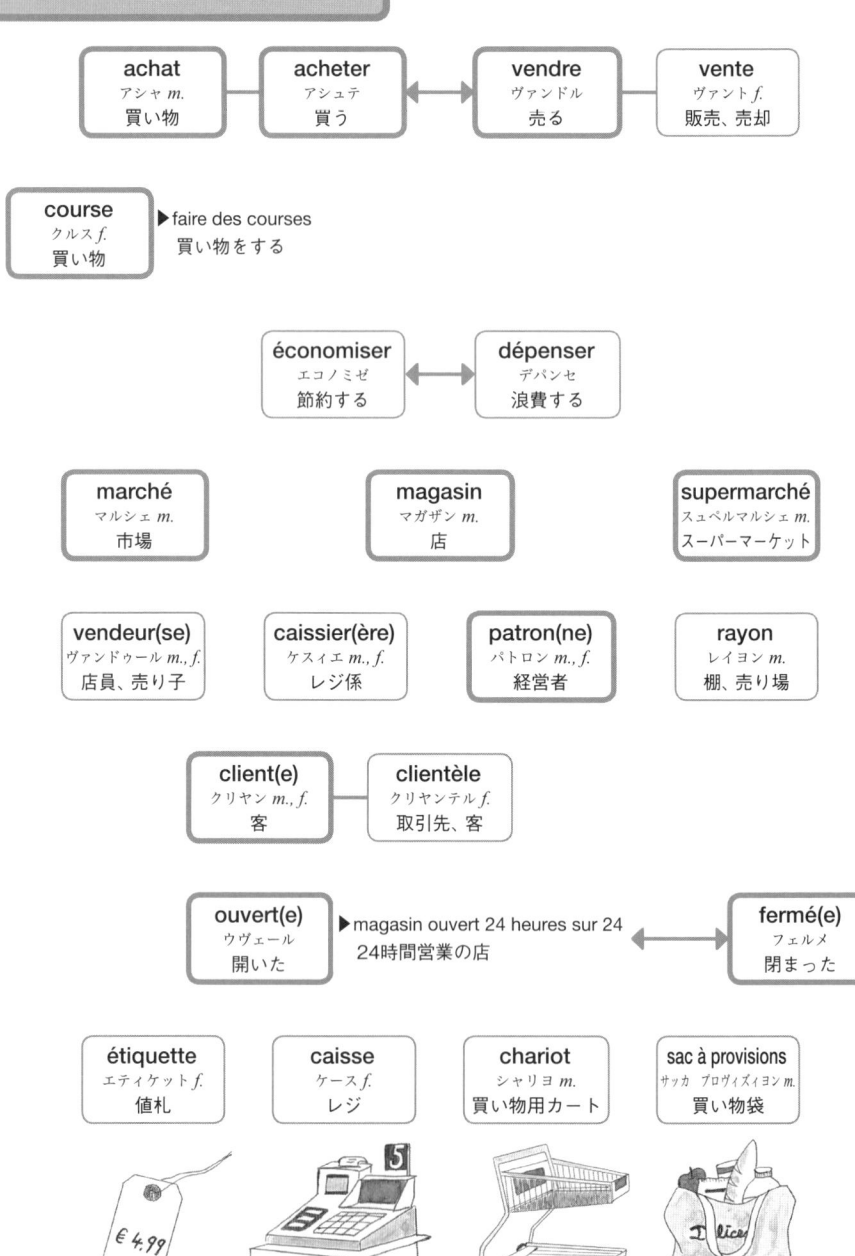

- **achat** アシャ m. 買い物
- **acheter** アシュテ 買う
- **vendre** ヴァンドル 売る
- **vente** ヴァント f. 販売、売却

- **course** クルス f. 買い物
  ▶ faire des courses 買い物をする

- **économiser** エコノミゼ 節約する ⇔ **dépenser** デパンセ 浪費する

- **marché** マルシェ m. 市場
- **magasin** マガザン m. 店
- **supermarché** スュペルマルシェ m. スーパーマーケット

- **vendeur(se)** ヴァンドゥール m., f. 店員、売り子
- **caissier(ère)** ケスィエ m., f. レジ係
- **patron(ne)** パトロン m., f. 経営者
- **rayon** レイヨン m. 棚、売り場

- **client(e)** クリヤン m., f. 客
- **clientèle** クリヤンテル f. 取引先、客

- **ouvert(e)** ウヴェール 開いた
  ▶ magasin ouvert 24 heures sur 24　24時間営業の店
  ⇔ **fermé(e)** フェルメ 閉まった

- **étiquette** エティケット f. 値札
- **caisse** ケース f. レジ
- **chariot** シャリヨ m. 買い物用カート
- **sac à provisions** サッカ プロヴィズィヨン m. 買い物袋

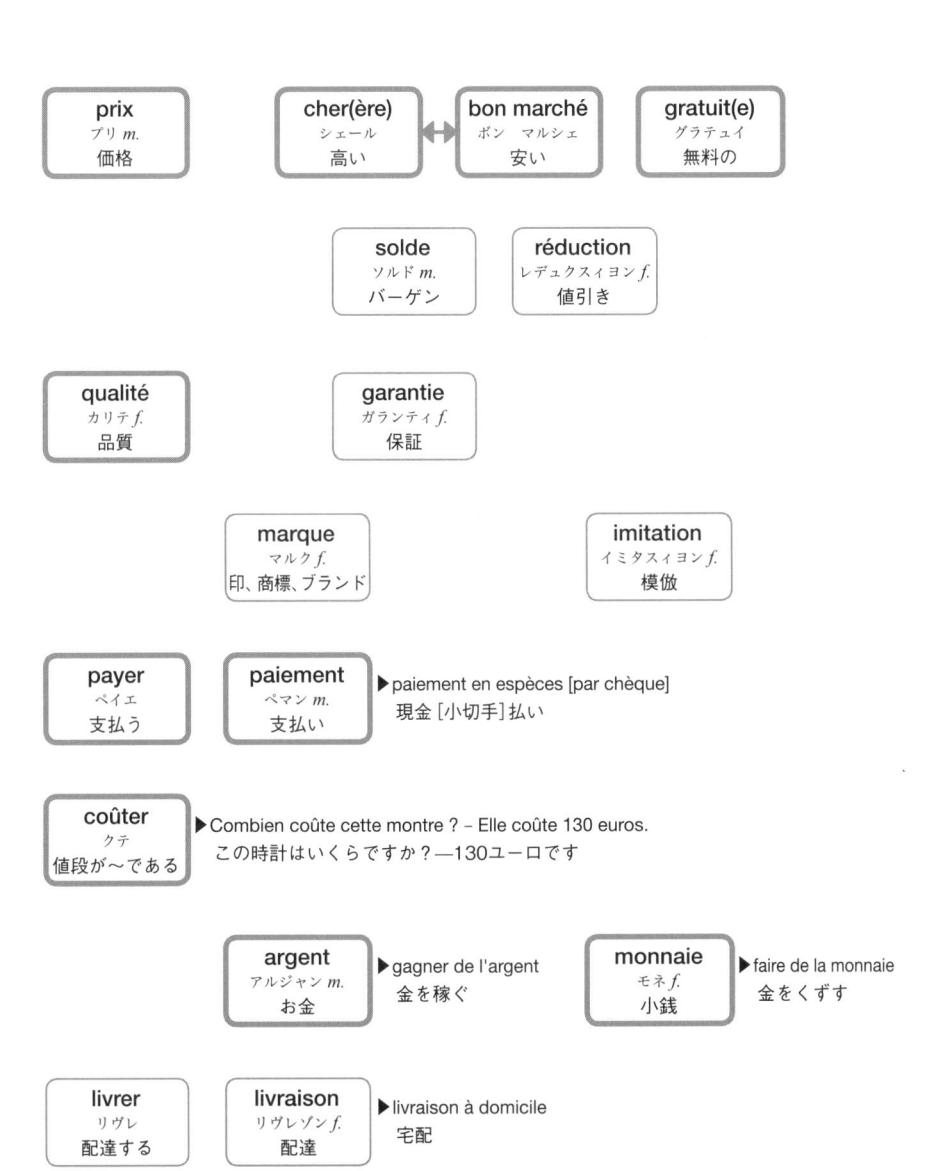

prix	プリ m.	価格
cher(ère)	シェール	高い
bon marché	ボン マルシェ	安い
gratuit(e)	グラテュイ	無料の
solde	ソルド m.	バーゲン
réduction	レデュクスィヨン f.	値引き
qualité	カリテ f.	品質
garantie	ガランティ f.	保証
marque	マルク f.	印、商標、ブランド
imitation	イミタスィヨン f.	模倣
payer	ペイエ	支払う
paiement	ペマン m.	支払い

▶ paiement en espèces [par chèque]
現金 [小切手] 払い

coûter	クテ	値段が〜である

▶ Combien coûte cette montre ? – Elle coûte 130 euros.
この時計はいくらですか？—130ユーロです

argent	アルジャン m.	お金

▶ gagner de l'argent
金を稼ぐ

monnaie	モネ f.	小銭

▶ faire de la monnaie
金をくずす

| livrer | リヴレ | 配達する |
| livraison | リヴレゾン f. | 配達 |

▶ livraison à domicile
宅配

| réclamation | レクラマスィヨン f. | クレーム |
| remboursement | ランブルスマン m. | 払い戻し |

5-9 衣服

porter	mettre	enlever
ポルテ	メットル	アンルヴェ
身につけている、着ている	身につける、着る	脱ぐ

essayer
エセイエ
試着する
▶ essayer des chaussures
靴を試着する

cabine d'essayage
カビーヌ デセイヤージュ f.
試着室

vêtement
ヴェットマン m.
衣服

manteau
マントー m.
コート

imperméable
アンペルメアーブル m.
レインコート

costume
コステュム m.
スーツ

blouse
ブルーズ f.
ブラウス

pull-over
ピュロヴェール m.
セーター

robe
ローブ f.
ドレス

veste
ヴェスト f.
上着

complet
コンプレ m.
スリーピース(三つ揃いの背広)

gilet
ジレ m.
ベスト

pantalon	パンタロン m.	ズボン
chemise	シュミーズ f.	シャツ
jean(s)	ジーン(ズ) m.	ジーンズ
T-shirt	ティシュルト m.	Tシャツ
jupe	ジュップ f.	スカート
chaussettes	ショセット f.pl.	靴下
caleçon	カルソン m.	トランクス
slip	スリップ m.	ブリーフ、ショーツ
lingerie	ランジュリー f.	(女性用)下着
soutien-gorge	スティヤンゴルジュ m.	ブラジャー
bas	バ m.	ストッキング、(長)靴下
collants	コラン m.pl.	パンティーストッキング、タイツ
chaussures	ショスュール f.pl.	靴
bottes	ボット f.pl.	ブーツ
sandales	サンダル f.pl.	サンダル
poche	ポッシュ f.	ポケット
manche	マーンシュ f.	袖

▶ à manches longues [courtes]
　長袖[半袖]の

pyjama	ピジャマ m.	パジャマ
maillot de bain	マイヨ ドゥ バン m.	水着
mode	モード f.	流行

▶ à la mode
　流行している

5-10 アクセサリー

marque マルク *f.* 印、商標、ブランド
▶ produit de marque (一流)銘柄品

chapeau シャポー *m.* 帽子

collier コリエ *m.* ネックレス、首飾り

boucle d'oreille ブークル ドレイユ *f.* イヤリング、ピアス

lunettes リュネット *f.pl.* 眼鏡
▶ Elle porte des lunettes. 彼女は眼鏡をかけている

lunettes de soleil リュネット ドゥ ソレイユ *f.pl.* サングラス

foulard フラール *m.* スカーフ

pendentif パンダンティフ *m.* ペンダント

cravate クラヴァット *f.* ネクタイ
▶ porter [nouer] une cravate ネクタイをする [結ぶ]

portefeuille ポルトゥフイユ *m.* 財布、札入れ

sac サック *m.* バッグ

sac à dos サッカド *m.* リュックサック

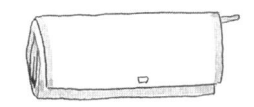

ceinture サンテュール *f.* ベルト
▶ ceinture en cuir 革ベルト

sac à main サッカマン *m.* ハンドバッグ

bijou ビジュー *m.* 宝石		

or オール *m.* 金   ▶ or pur [fin] 純金

argent アルジャン *m.* 銀

diamant ディヤマン *m.* ダイヤモンド

perle ペルル *f.* 真珠、パール

cristal クリスタル *m.* 水晶

bague バーグ *f.* (宝石のついた)指輪   ▶ bague de mariage 結婚指輪

bracelet ブラスレ *m.* ブレスレット、腕輪

gants ガン *m.pl.* 手袋

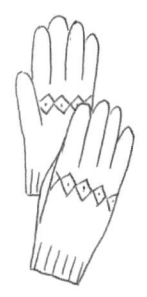

briquet ブリケ *m.* ライター

porte-clés ポルトゥクレ *m.* キーホルダー

montre モントル *f.* 腕時計   ▶ mettre sa montre à l'heure 時計を時間に合わせる

parapluie パラプリュイ *m.* 雨傘

mouchoir ムショワール *m.* ハンカチ   ▶ mouchoir de papier ティッシュペーパー

parfum パルファン *m.* 香水   ▶ se mettre du parfum 香水をつける

まとめの問題⑤

イラストをヒントに、空欄を埋めて単語を完成させよう。

① __ __ __ rouge

② caf __ au l __ __ __

③ e __ __ minérale

④ b __ __ __ e

⑤ j __ __ de pomme

⑥ j __ __ __

⑦ p __ __ t __ __ __ n

⑧ m __ __ t __ __ u

⑨ c __ em __ __ __

⑩ ro __ __

⑪ ch __ __ s __ __ t __ __ s

⑫ g __ __ ts

⑬ ch __ __ __ __ u

⑭ ce __ __ t __ __ e

⑮ cr __ __ __ t __

⑯ l __ n __ t __ __ s

---

①vin rouge ②café au lait ③eau minérale ④bière ⑤jus de pomme ⑥jupe ⑦pantalon ⑧manteau ⑨chemise ⑩robe ⑪chaussettes ⑫gants ⑬chapeau ⑭ceinture ⑮cravate ⑯lunettes

第6章

教育

6-1 学校

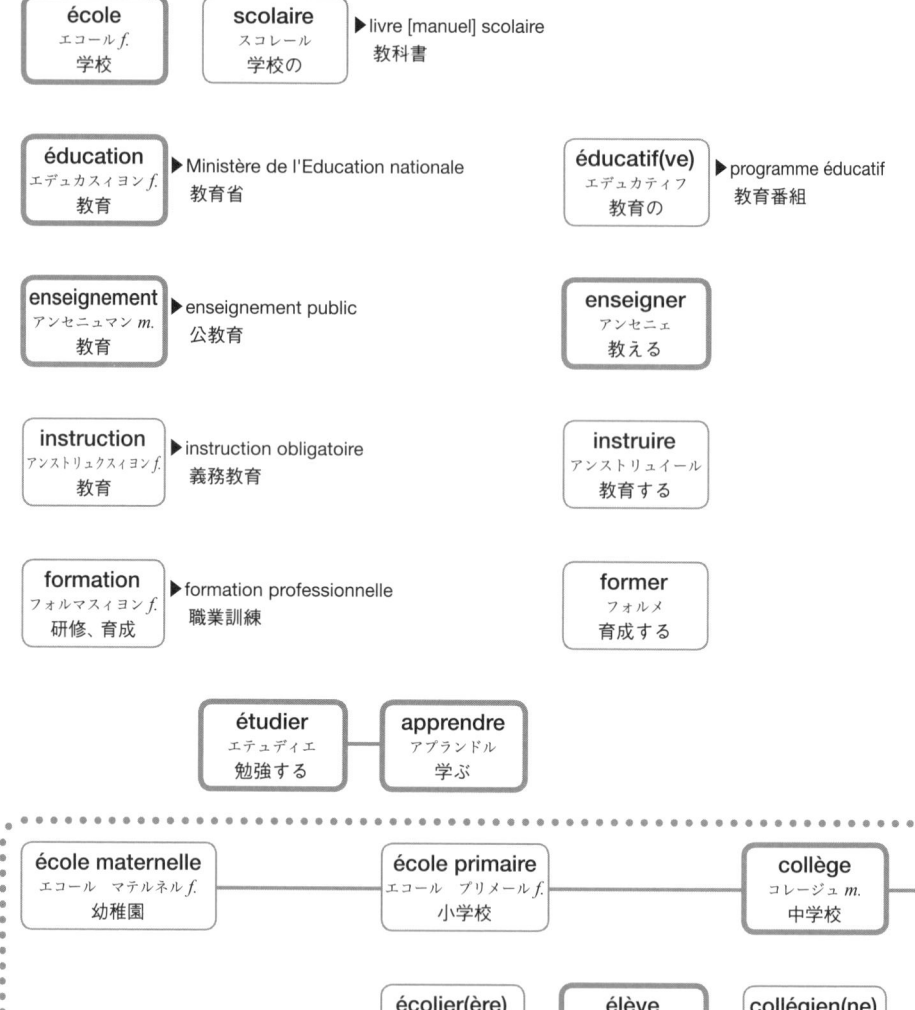

- **école** エコール f. 学校
- **scolaire** スコレール 学校の
  - ▶ livre [manuel] scolaire 教科書

- **éducation** エデュカスィヨン f. 教育
  - ▶ Ministère de l'Education nationale 教育省
- **éducatif(ve)** エデュカティフ 教育の
  - ▶ programme éducatif 教育番組

- **enseignement** アンセニュマン m. 教育
  - ▶ enseignement public 公教育
- **enseigner** アンセニェ 教える

- **instruction** アンストリュクスィヨン f. 教育
  - ▶ instruction obligatoire 義務教育
- **instruire** アンストリュイール 教育する

- **formation** フォルマスィヨン f. 研修、育成
  - ▶ formation professionnelle 職業訓練
- **former** フォルメ 育成する

- **étudier** エテュディエ 勉強する
- **apprendre** アプランドル 学ぶ

- **école maternelle** エコール マテルネル f. 幼稚園
- **école primaire** エコール プリメール f. 小学校
- **collège** コレージュ m. 中学校

- **écolier(ère)** エコリエ m., f. 小学生
- **élève** エレーヴ m., f. 生徒
- **collégien(ne)** コレジャン m., f. 中学生

- **instituteur(trice)** アンスティテュトゥール m., f. (小学校・幼稚園の)教諭
- **maître(sse)** メートル m., f. 先生
- **enseignant(e)** アンセニャン m., f. 教員、教師

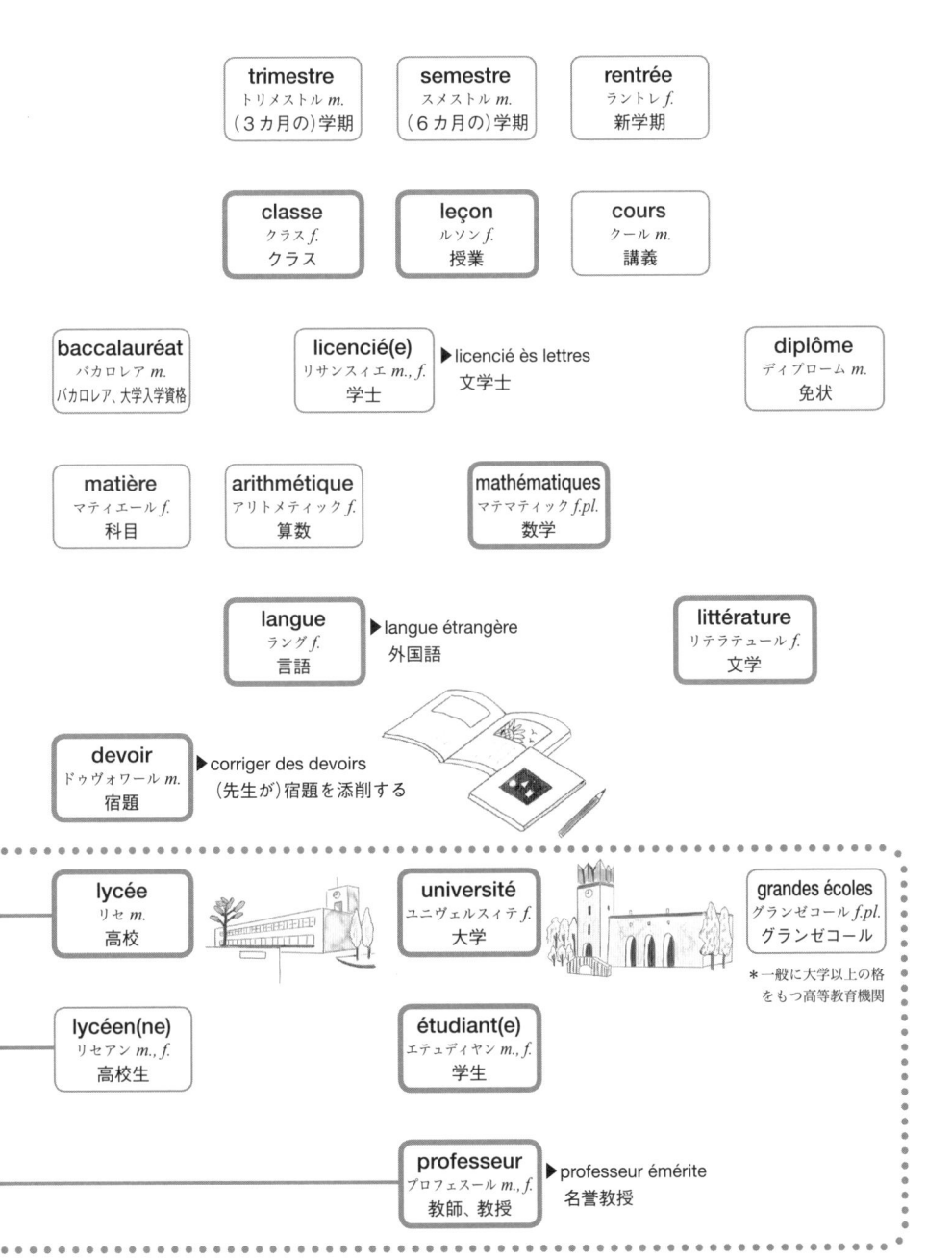

trimestre
トリメストル *m.*
（3カ月の）学期

semestre
スメストル *m.*
（6カ月の）学期

rentrée
ラントレ *f.*
新学期

classe
クラス *f.*
クラス

leçon
ルソン *f.*
授業

cours
クール *m.*
講義

baccalauréat
バカロレア *m.*
バカロレア、大学入学資格

licencié(e)
リサンスィエ *m., f.*
学士

▶ licencié ès lettres
文学士

diplôme
ディプローム *m.*
免状

matière
マティエール *f.*
科目

arithmétique
アリトメティック *f.*
算数

mathématiques
マテマティック *f.pl.*
数学

langue
ラング *f.*
言語

▶ langue étrangère
外国語

littérature
リテラテュール *f.*
文学

devoir
ドゥヴォワール *m.*
宿題

▶ corriger des devoirs
（先生が）宿題を添削する

lycée
リセ *m.*
高校

université
ユニヴェルスィテ *f.*
大学

grandes écoles
グランゼコール *f.pl.*
グランゼコール

＊一般に大学以上の格をもつ高等教育機関

lycéen(ne)
リセアン *m., f.*
高校生

étudiant(e)
エテュディヤン *m., f.*
学生

professeur
プロフェスール *m., f.*
教師、教授

▶ professeur émérite
名誉教授

6-2 文房具

cartable カルターブル m. ランドセル

tableau noir タブロー ノワール m. 黒板

bâton de craie バトン ドゥ クレ m. チョーク

papeterie パペ[プ]トリー f. 文房具、文房具店

stylo スティロ m. 万年筆

stylo-bille スティロビーユ m. ボールペン

portemine ポルトミーヌ m. シャープペンシル

crayon クレイヨン m. 鉛筆

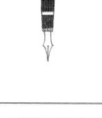

▶ écrire au crayon
鉛筆で書く

marqueur マルクール m. マーカー

pastel パステル m. クレヨン

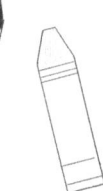

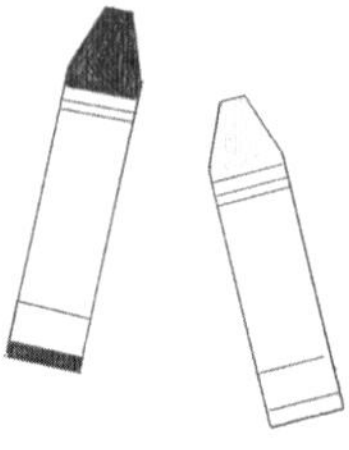

gomme ゴム f. 消しゴム

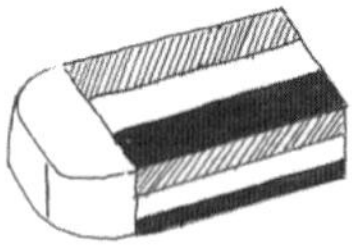

correcteur コレクトゥール m. 修正液

▶ stylo correcteur
修正ペン

taille-crayon タイユクレイヨン m. 鉛筆削り

feutre フートル m. フェルトペン、サインペン、マジック

papier	パピエ *m.*	紙
cahier	カイエ *m.*	ノート
		▶ cahier d'exercices (小学生の)課題帳
note	ノット *f.*	ノート
		▶ prendre des notes ノート(メモ)を取る
feuille mobile	フイユ モビール *f.*	ルーズリーフ
classeur	クラスール *m.*	バインダー
carnet	カルネ *m.*	手帳
agenda	アジャンダ *m.*	手帳
marquer	マルケ	印をつける
		▶ marquer une croix ×印をつける
ciseaux	スィゾー *m.pl.*	ハサミ
cutter	キュテール *m.*	カッター
règle	レーグル *f.*	定規、ルール
colle	コル *f.*	糊、接着剤
agrafeuse	アグラフーズ *f.*	ホッチキス
trombone	トロンボーヌ *m.*	クリップ
punaise	ピュネーズ *f.*	画鋲
ruban adhésif	リュバン アデズィフ *m.*	セロハンテープ
calculatrice	カルキュラトリス *f.*	電卓
trousse d'écolier	トルース デコリエ *f.*	筆箱
compas	コンパ *m.*	コンパス
cartouche	カルトゥーシュ *f.*	カートリッジ
scotch	スコッチ *m.*	セロハンテープ

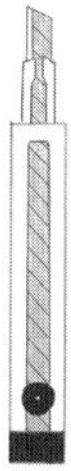

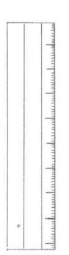

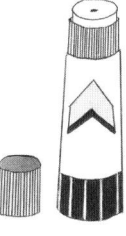

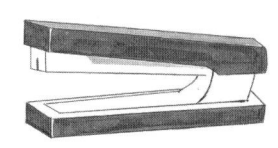

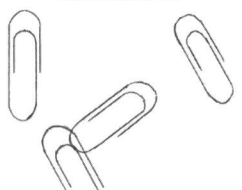

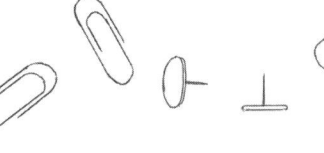

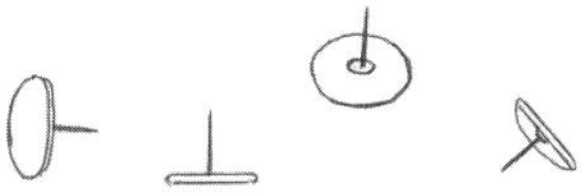

6-3 大学

université ユニヴェルスィテ *f.* 大学 ▶ universitaire 大学の

cantine カンティーヌ *f.* 学食

bibliothèque ビブリヨテック *f.* 図書館

article アルティクル *m.* 論文

cours d'été クール デテ *m.* 夏期講座

faculté
ファキュルテ f.
学部

- ▶faculté des lettres
  文学部
- ▶faculté de droit
  法学部
- ▶faculté des sciences économiques
  経済学部
- ▶faculté de commerce
  商学部
- ▶faculté d'agriculture
  農学部
- ▶faculté de médecine
  医学部
- ▶faculté de pharmacie
  薬学部
- ▶faculté de technologie
  工学部

spécialité
スペスィヤリテ f.
専門、専攻

- linguistique ランギュイスティック f. 言語学
- pédagogie ペダゴジー f. 教育学
- philosophie フィロゾフィ f. 哲学
- psychologie プスィコロジー f. 心理学
- science politique スィヤンス ポリティック f. 政治学
- sociologie ソスィヨロジー f. 社会学
- géographie ジェオグラフィ f. 地理学
- histoire イストワール f. 歴史学
- anthropologie アントロポロジー f. 人類学
- archéologie アルケオロジー f. 考古学
- physique フィズィック f. 物理学
- chimie シミー f. 化学
- biologie ビヨロジー f. 生物学
- géologie ジェオロジー f. 地質学
- astronomie アストロノミー f. 天文学

examen
エグザマン m.
テスト

note
ノット f.
点数、成績

mention
マンスィヨン f.
成績

- très bien トレ ビヤン 優
- bien ビヤン 良
- passable パサーブル 可
- insuffisant(e) アンスュフィザン 不可

まとめの問題⑥

イラストをヒントに、空欄を埋めて単語を完成させよう。

① co＿＿＿

② c＿＿y＿＿

③ pa＿＿＿＿

④ a＿＿＿f＿＿＿＿

⑤ g＿＿＿e

⑥ st＿＿＿

⑦ po＿t＿＿＿ne

⑧ st＿＿＿-bi＿＿＿

⑨ c＿s＿＿＿x

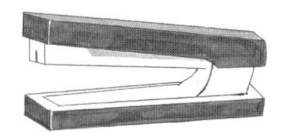

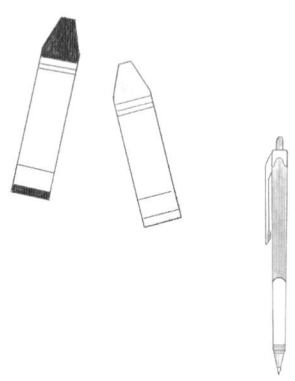

下記の語句を適切な順序に並べ替えよう。

école maternelle – (⑩　　　) – (⑪　　　) – (⑫　　　) – université

　[collège, lycée, école primaire]

(⑬　　　) – élève – (⑭　　　) – (⑮　　　) – (⑯　　　)

　[lycéen, écolier, étudiant, collégien]

①colle ②crayon ③pastel ④agrafeuse ⑤gomme ⑥stylo ⑦portemine ⑧stylo-bille ⑨ciseaux ⑩école primaire ⑪collège ⑫lycée ⑬écolier ⑭collégien ⑮lycéen ⑯étudiant

第7章
仕事

7-1 会社

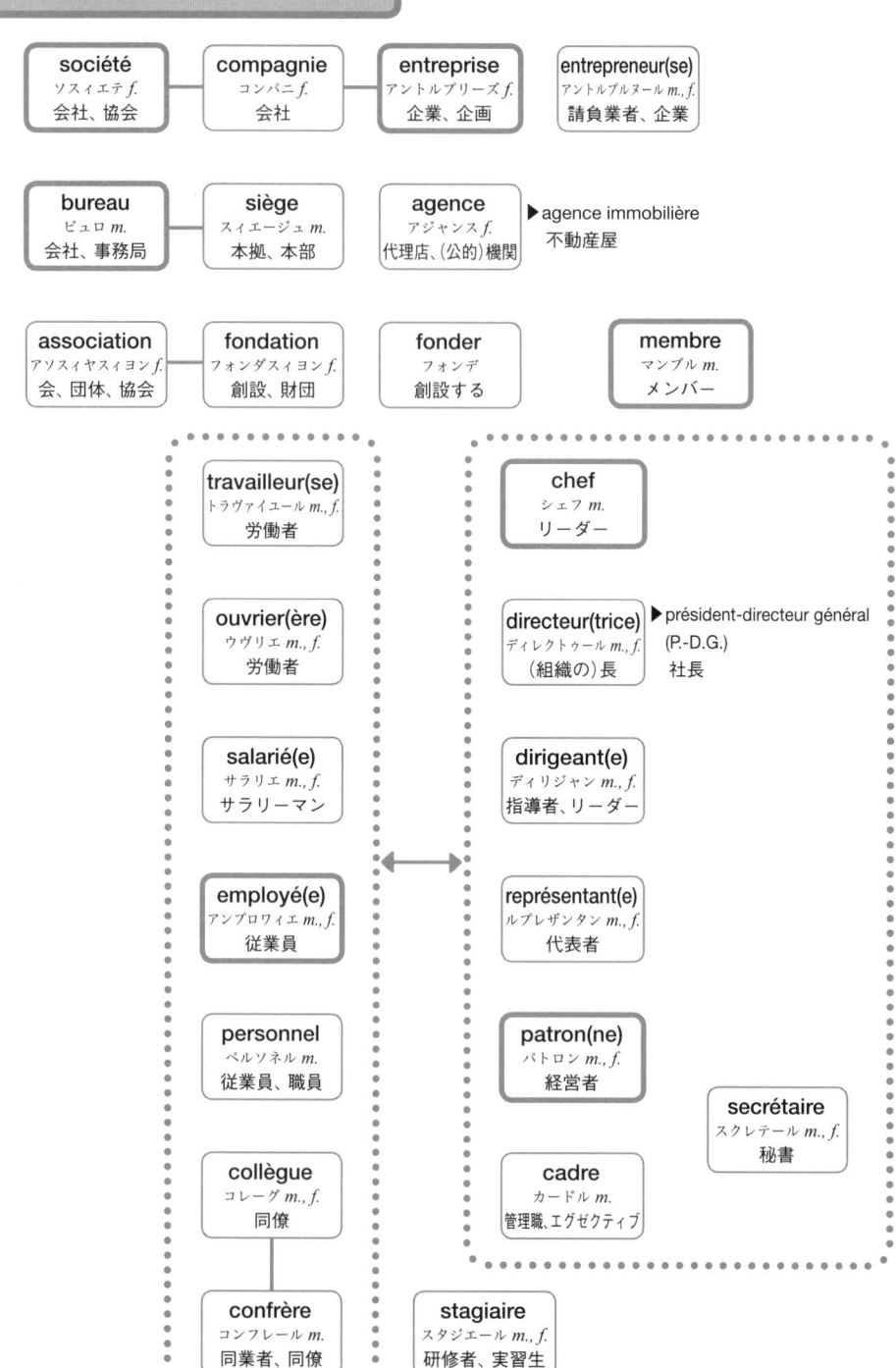

仏語	カナ	意味
société	ソスィエテ f.	会社、協会
compagnie	コンパニ f.	会社
entreprise	アントルプリーズ f.	企業、企画
entrepreneur(se)	アントルプルヌール m., f.	請負業者、企業
bureau	ビュロ m.	会社、事務局
siège	スィエージュ m.	本拠、本部
agence	アジャンス f.	代理店、(公的)機関
association	アソスィヤスィヨン f.	会、団体、協会
fondation	フォンダスィヨン f.	創設、財団
fonder	フォンデ	創設する
membre	マンブル m.	メンバー

▶ agence immobilière 不動産屋

従業員側

仏語	カナ	意味
travailleur(se)	トラヴァイユール m., f.	労働者
ouvrier(ère)	ウヴリエ m., f.	労働者
salarié(e)	サラリエ m., f.	サラリーマン
employé(e)	アンプロワイエ m., f.	従業員
personnel	ペルソネル m.	従業員、職員
collègue	コレーグ m., f.	同僚
confrère	コンフレール m.	同業者、同僚

経営者側

chef	シェフ m.	リーダー
directeur(trice)	ディレクトゥール m., f.	(組織の)長
dirigeant(e)	ディリジャン m., f.	指導者、リーダー
représentant(e)	ルプレザンタン m., f.	代表者
patron(ne)	パトロン m., f.	経営者
cadre	カードル m.	管理職、エグゼクティブ

▶ président-directeur général (P.-D.G.) 社長

secrétaire	スクレテール m., f.	秘書
stagiaire	スタジエール m., f.	研修者、実習生

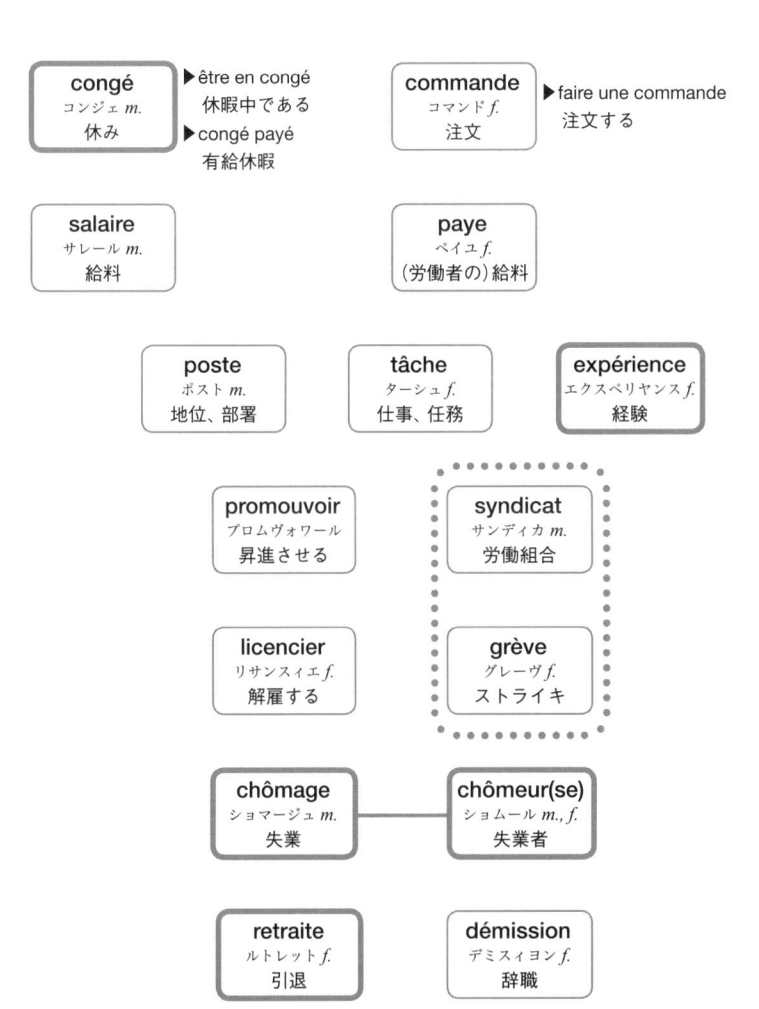

- **congé** コンジェ m. 休み
  - ▶être en congé 休暇中である
  - ▶congé payé 有給休暇
- **commande** コマンド f. 注文
  - ▶faire une commande 注文する
- **salaire** サレール m. 給料
- **paye** ペイユ f. (労働者の)給料
- **poste** ポスト m. 地位、部署
- **tâche** ターシュ f. 仕事、任務
- **expérience** エクスペリヤンス f. 経験
- **promouvoir** プロムヴォワール 昇進させる
- **syndicat** サンディカ m. 労働組合
- **licencier** リサンスィエ f. 解雇する
- **grève** グレーヴ f. ストライキ
- **chômage** ショマージュ m. 失業
- **chômeur(se)** ショムール m., f. 失業者
- **retraite** ルトレット f. 引退
- **démission** デミスィヨン f. 辞職

7-2 職業

profession プロフェスィヨン *f.* 職業

fonctionnaire フォンクスィヨネール *m., f.* 公務員

marchand(e) マルシャン *m., f.* 商人

commerçant(e) コメルサン *m., f.* 商人

militaire ミリテール *m.* 軍人

artisan(e) アルティザン *m., f.* 職人

artiste アルティスト *m., f.* 芸術家

spécialiste スペスィヤリスト *m., f.* 専門家、スペシャリスト

métier メティエ *m.* 職業

---

boulanger(ère) ブーランジェ *m., f.* パン屋(の主人)
boulangerie ブーランジュリー *f.* パン屋(の店)
pâtissier(ère) パティスィエ *m., f.* ケーキ屋、ケーキ職人
épicier(ère) エピスィエ *m., f.* 食料品屋
épicerie エピスリー *f.* 食料品店
coiffeur(se) コワフール *m., f.* 美容師
boucher(ère) ブーシェ *m., f.* 精肉店の店主
boucherie ブーシュリー *f.* 精肉店

fleuriste フルリスト *m., f.* 花屋
libraire リブレール *m., f.* 本屋
librairie リブレリー *f.* 本屋
facteur ファクトゥール *m.* 郵便配達人
agent アジャン *m.* 警官、代理人、職員
gendarme ジャンダルム *m.* 憲兵
pompier ポンピエ *m.* 消防士
cuisinier(ère) キュイズィニエ *m., f.* 料理人、コック

dentiste ダンティスト m., f.　歯科医
avocat(e) アヴォカ m., f.　弁護士
secrétaire スクレテール m., f.　秘書
ingénieur アンジェニユール m.　技師
chanteur(se) シャントゥール m., f.　歌手
interprète アンテルプレート m., f.　通訳、演奏家
architecte アルシテクト m., f.　建築家
électricien(ne) エレクトリスィヤン m., f.　電気技師
mécanicien(ne) メカニスィヤン m., f.　修理工
charpentier シャルパンティエ m.　大工
agriculteur(trice) アグリキュルトゥール m., f.　農業従事者
expert-comptable エクスペールコンタープル m.　公認会計士
consultant(e) fiscal コンスュルタン フィスカル m., f.　税理士
cheminot シュミノー m.　鉄道員
notaire ノテール m.　公証人、司法書士
couturier(ère) クテュリエ m., f.　高級婦人服デザイナー
styliste スティリスト m., f.　ファッションデザイナー
mannequin マヌカン m.　ファッションモデル

7-3 会議

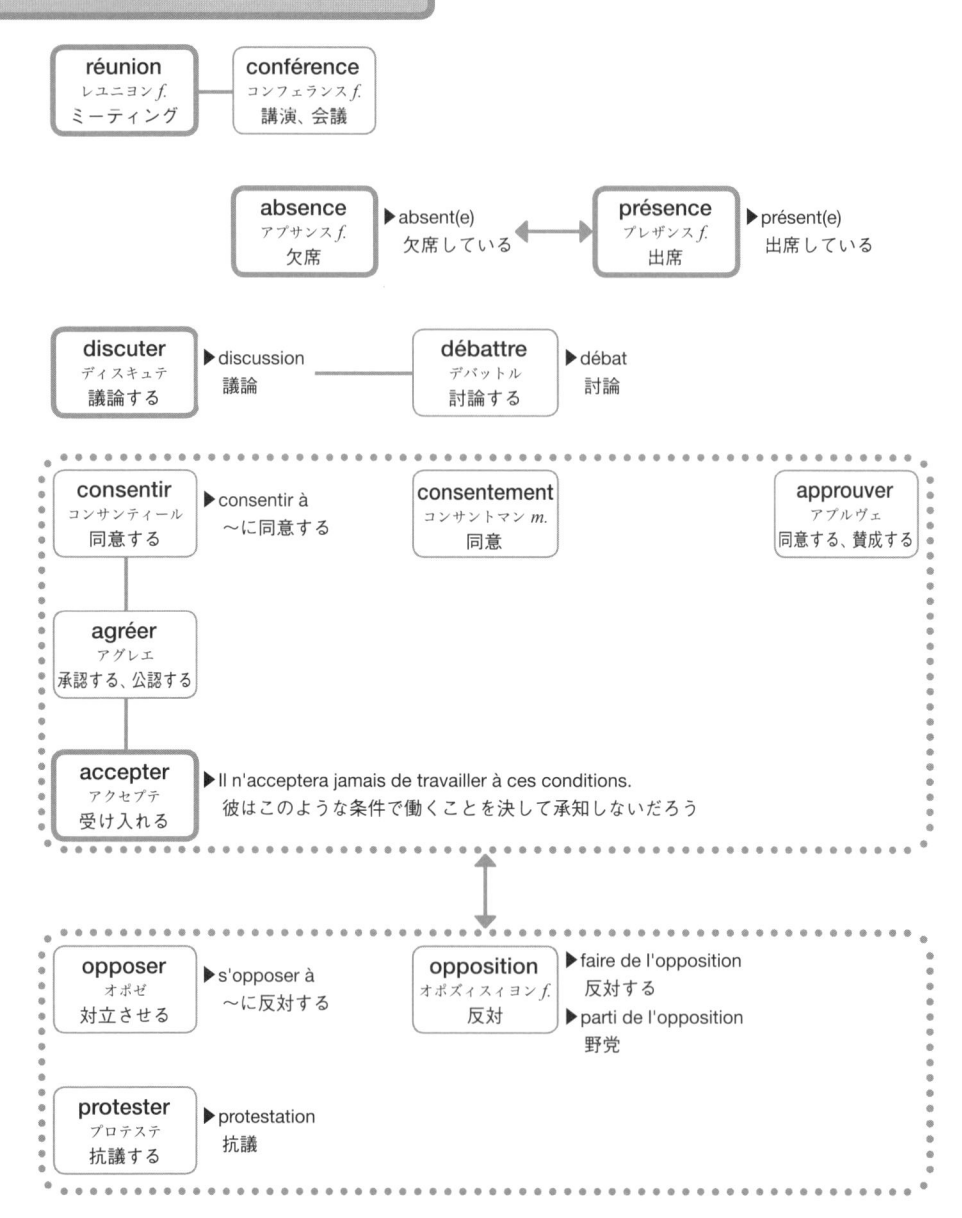

- **réunion** レユニヨン f. ミーティング
- **conférence** コンフェランス f. 講演、会議

- **absence** アブサンス f. 欠席
  - ▶ absent(e) 欠席している
- **présence** プレザンス f. 出席
  - ▶ présent(e) 出席している

- **discuter** ディスキュテ 議論する
  - ▶ discussion 議論
- **débattre** デバットル 討論する
  - ▶ débat 討論

- **consentir** コンサンティール 同意する
  - ▶ consentir à ～に同意する
- **consentement** コンサントマン m. 同意
- **approuver** アプルヴェ 同意する、賛成する
- **agréer** アグレエ 承認する、公認する
- **accepter** アクセプテ 受け入れる
  - ▶ Il n'acceptera jamais de travailler à ces conditions.
    彼はこのような条件で働くことを決して承知しないだろう

- **opposer** オポゼ 対立させる
  - ▶ s'opposer à ～に反対する
- **opposition** オポズィスィヨン f. 反対
  - ▶ faire de l'opposition 反対する
  - ▶ parti de l'opposition 野党
- **protester** プロテステ 抗議する
  - ▶ protestation 抗議

participation パルティスィパスィヨン f. 参加
participer パルティスィペ 参加する
sujet スュジェ m. 主題
problème プロブレーム m. 問題
insister アンスィステ 強調する
solution ソリュスィヨン f. 解決
débutant(e) デビュタン m., f. 初心者
organiser オルガニゼ 組織する
président(e) プレズィダン m., f. 議長、司会者
présider プレズィデ 司会(議長)を務める
document ドキュマン m. 資料
assistant(e) アスィスタン m., f. 出席者
distribuer ディストリビュエ 配布する
présentation プレザンタスィヨン f. プレゼンテーション
congrès コングレ m. (外交・学術などの)会議
comité コミテ m. 委員会
s'assembler ササンブレ 集まる、招集される
unanime ユナニム 全員一致の

7-4 計画

projet プロジェ m. 計画

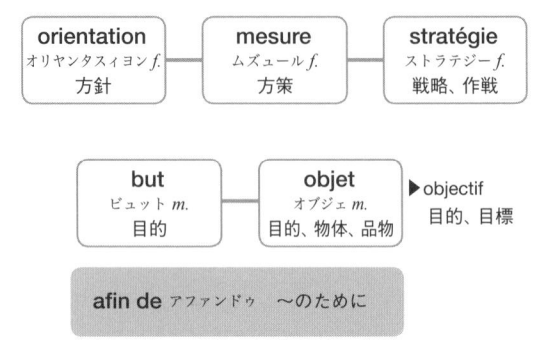

orientation オリヤンタスィヨン f. 方針
mesure ムズュール f. 方策
stratégie ストラテジー f. 戦略、作戦

but ビュット m. 目的
objet オブジェ m. 目的、物体、品物
▶ **objectif** 目的、目標

afin de アファンドゥ ～のために

pratiquer プラティケ 実行する、行う

- **exercer** エグゼルセ 行使する
- **exécuter** エグゼキュテ 果たす
- **action** アクスィヨン f. 行動
- **activité** アクティヴィテ f. 活動
- **réaliser** レアリゼ 実現する
- **réalisation** レアリザスィヨン f. 実現
- **accomplir** アコンプリール 達成する
- **atteindre** アターンドル 達成する
- **aboutir** アブティール 成立する
- **accéder** アクセデ （情報を）手に入れる
- **achever** アシュヴェ 完成させる
- **créer** クレエ 創造する
- **création** クレアスィヨン f. 創造、創作
- **établir** エタブリール 設置する、確立する
- **se débrouiller** ス デブルイエ 何とかやってのける

essayer
エセイエ
試す

essai エセ m. 試み
tenter タンテ 試みる、企てる
tentative タンタティーヴ f. 試み、企て
s'efforcer de セフォルセ ドゥ 〜しようと努める
entreprendre アントルプランドル 企てる、取りかかる
oser オゼ 思い切って〜する
préparer プレパレ 準備をする
prêt(e) プレ 準備ができた

その他

découvrir デクヴリール 発見する
découverte デクヴェルト f. 発見
inventer アンヴァンテ 発明する
progresser プログレセ 進歩する
progrès プログレ m. 進歩
contribuer コントリビュエ 貢献する
contribution コントリビュスィヨン f. 貢献
choisir ショワズィール 選ぶ
choix ショワ m. 選択
capacité カパスィテ f. 能力、才能、容量
talent タラン m. 才能

7-5 成功

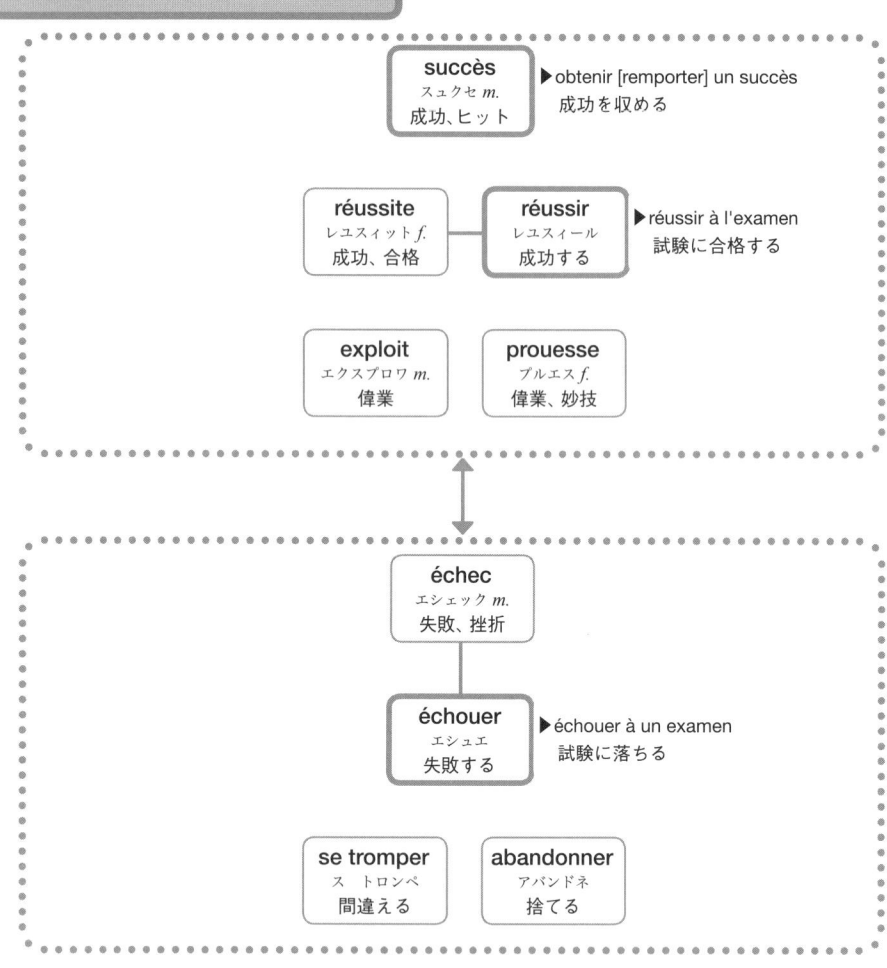

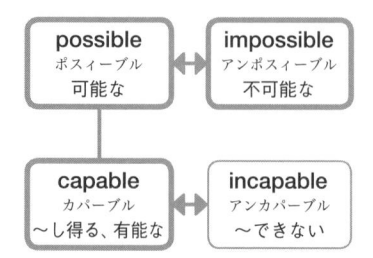

succès スュクセ *m.* 成功、ヒット
▶ obtenir [remporter] un succès 成功を収める

réussite レユスィット *f.* 成功、合格

réussir レユスィール 成功する
▶ réussir à l'examen 試験に合格する

exploit エクスプロワ *m.* 偉業

prouesse プルエス *f.* 偉業、妙技

échec エシェック *m.* 失敗、挫折

échouer エシュエ 失敗する
▶ échouer à un examen 試験に落ちる

se tromper ス トロンペ 間違える

abandonner アバンドネ 捨てる

possible ポスィーブル 可能な

impossible アンポスィーブル 不可能な

capable カパーブル ～し得る、有能な

incapable アンカパーブル ～できない

probable プロバーブル ありそうな ▶ probabilité 見込み、確率

probablement プロバブルマン　おそらく、たぶん
sûrement スュルマン　必ず
sûr(e) スュール　確かな
certainement セルテヌマン　確かに
certain(e) セルタン　確かな
nécessaire ネセセール　必要な
nécessité ネセスィテ f.　必要性
nécessairement ネセセルマン　どうしても、きっと
falloir ファロワール　〜が必要である
devoir ドゥヴォワール　〜すべきである
peut-être プテートル　もしかすると
hasard アザール m.　偶然
invraisemblable アンヴレサンブラーブル　ありそうにない
disponible ディスポニーブル　自由に使える、暇がある
disposer ディスポゼ　配置する、自由に使える
disposition ディスポズィスィヨン f.　配置、自由に使えること
occasion オカズィヨン f.　機会
chance シャーンス f.　幸運
potentiel(le) ポタンスィエル　潜在的な
effort エフォール m.　努力
assurer アスュレ　保証する
sécurité セキュリテ f.　安全、安全保障

まとめの問題⑦

フランス語の職業名を選ぼう。

① 料理人、シェフ　　（　　　）

② 郵便配達人　　　　（　　　）

③ 歯科医　　　　　　（　　　）

④ パン屋　　　　　　（　　　）

⑤ 弁護士　　　　　　（　　　）

⑥ 歌手　　　　　　　（　　　）

⑦ 花屋　　　　　　　（　　　）

⑧ ケーキ屋　　　　　（　　　）

⑨ 美容師　　　　　　（　　　）

⑩ 消防士　　　　　　（　　　）

[a. coiffeur(se) b. fleuriste c. facteur
  d. chanteur(se) e. dentiste f. boulanger(ère)
  g. avocat(e) h. pompier i. pâtissier(ère) j. cuisinier(ère)]

日本語にあわせて空欄を埋めて綴りを完成させよう。

⑪ 成功、ヒット　　　s__c__ __ __

⑫ 成功する　　　　　réu__ __ __ __

⑬ 失敗、挫折　　　　é__ __ __ __

⑭ 失敗する　　　　　é__ __ __ __er

①j. ②c. ③e. ④f. ⑤g. ⑥d. ⑦b. ⑧i. ⑨a. ⑩h.
⑪succès ⑫réussir ⑬échec ⑭échouer

第8章
旅行・交通

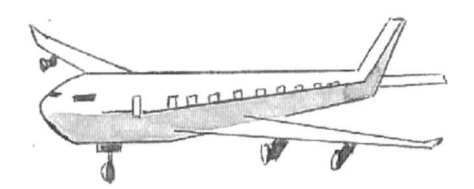

8-1 観光

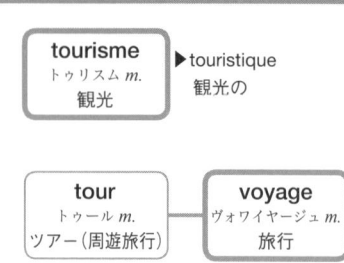

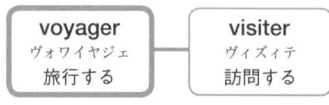

- **tourisme** トゥリスム m. 観光
  - ▶ touristique 観光の

- **tour** トゥール m. ツアー（周遊旅行）
- **voyage** ヴォワイヤージュ m. 旅行
  - ▶ Bon voyage !　よい旅行を！
  - ▶ voyage organisé　団体旅行

- **touriste** トゥリスト m., f. 観光客
- **voyageur(se)** ヴォワイヤジュール m., f. 旅行者
- **vacancier(ère)** ヴァカンスィエ m., f. 行楽客

- **voyager** ヴォワイヤジェ 旅行する
- **visiter** ヴィズィテ 訪問する

---

excursion エクスキュルスィヨン f.　遠足
visite ヴィズィット f.　訪問
séjourner セジュルネ　滞在する
séjour セジュール m.　滞在
arriver アリヴェ　着く
arrivée アリヴェ f.　到着
retour ルトゥール m.　帰り

agence de voyage アジャンス ドゥ ヴォワイヤージュ f.　旅行代理店
office de tourisme オフィス ドゥ トゥリスム m.　観光協会
souvenir スヴニール m.　おみやげ
spécialité スペスィヤリテ f.　特産品

destination デスティナスィヨン f. 目的地、旅先
via ヴィア ～経由で
annuler アニュレ 取り消す
confirmer コンフィルメ 確認する
reconfirmer ルコンフィルメ 再確認する

change シャンジュ m. 両替、両替所
décalage horaire デカラージュ オレール m. 時差
douane ドゥワンヌ f. 税関
affaires アフェール f.pl. 所持品
passeport パスポール m. パスポート
valise ヴァリーズ f. スーツケース

hôtel オテル m. ホテル
réception レセプスィヨン f. （ホテルの）フロント
réservation レゼルヴァスィヨン f. 予約
réserver レゼルヴェ 予約する
double ドゥーブル ダブルの
complet(ète) コンプレ 満員の
supplément スュプレマン m. 追加
supplémentaire スュプレマンテール 追加の

guide ギッド m., f. ガイド
vue ヴュ f. 見ること、見晴らし
château シャトー m. 城
palais パレ m. 宮殿

8-2 車

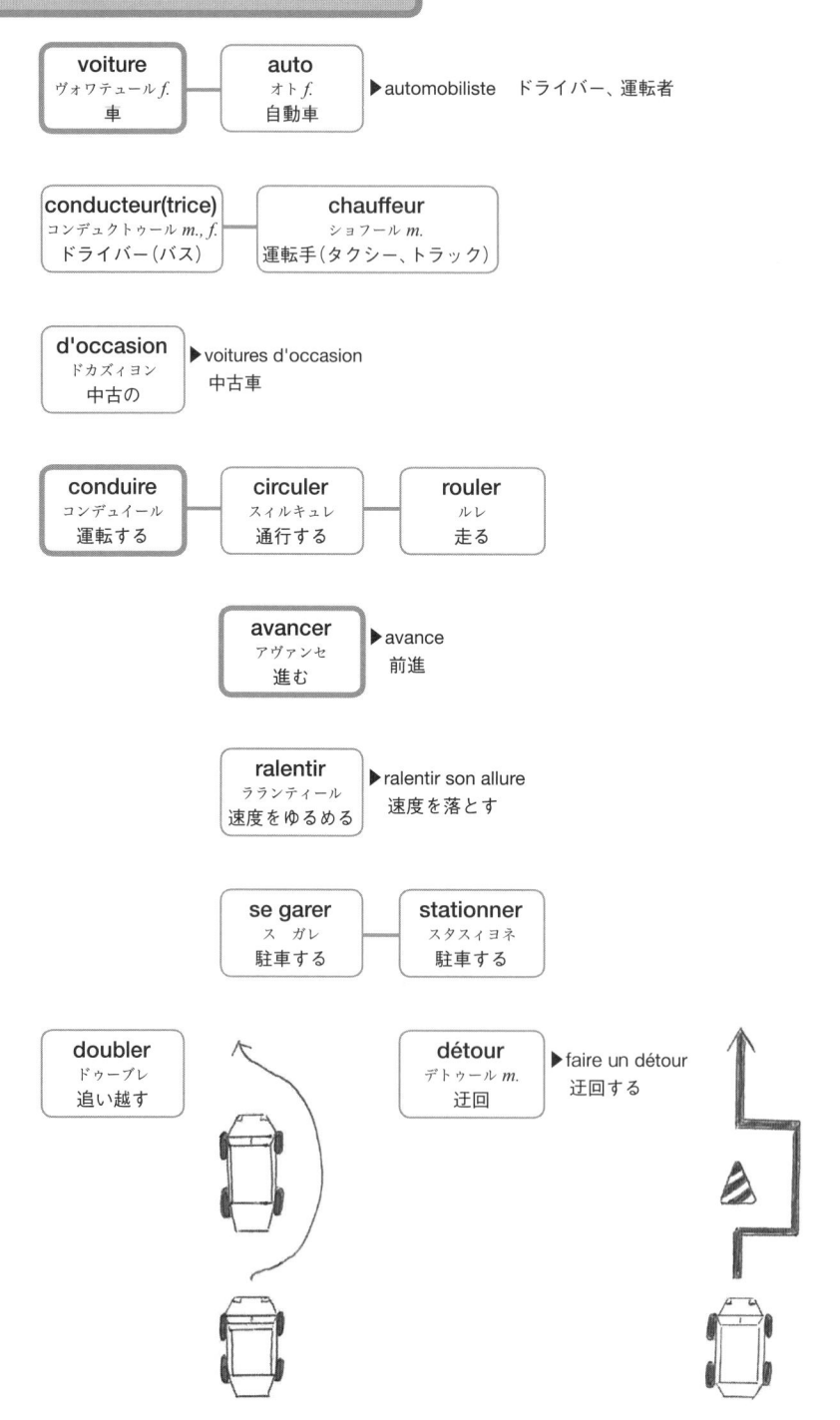

voiture
ヴォワテュール f.
車

auto
オト f.
自動車

▶ automobiliste　ドライバー、運転者

conducteur(trice)
コンデュクトゥール m., f.
ドライバー（バス）

chauffeur
ショフール m.
運転手（タクシー、トラック）

d'occasion
ドカズィヨン
中古の

▶ voitures d'occasion
中古車

conduire
コンデュイール
運転する

circuler
スィルキュレ
通行する

rouler
ルレ
走る

avancer
アヴァンセ
進む

▶ avance
前進

ralentir
ラランティール
速度をゆるめる

▶ ralentir son allure
速度を落とす

se garer
ス ガレ
駐車する

stationner
スタスィヨネ
駐車する

doubler
ドゥーブレ
追い越す

détour
デトゥール m.
迂回

▶ faire un détour
迂回する

moteur モトゥール m. エンジン

rétroviseur レトロヴィズール m. バックミラー

portière ポルティエール f. ドア

coffre コフル m. (車の)トランク

phare ファール m. ヘッドライト

pare-chocs パルショック m. バンパー

clignotant クリニョタン m. ウインカー

pneu プヌー m. タイヤ

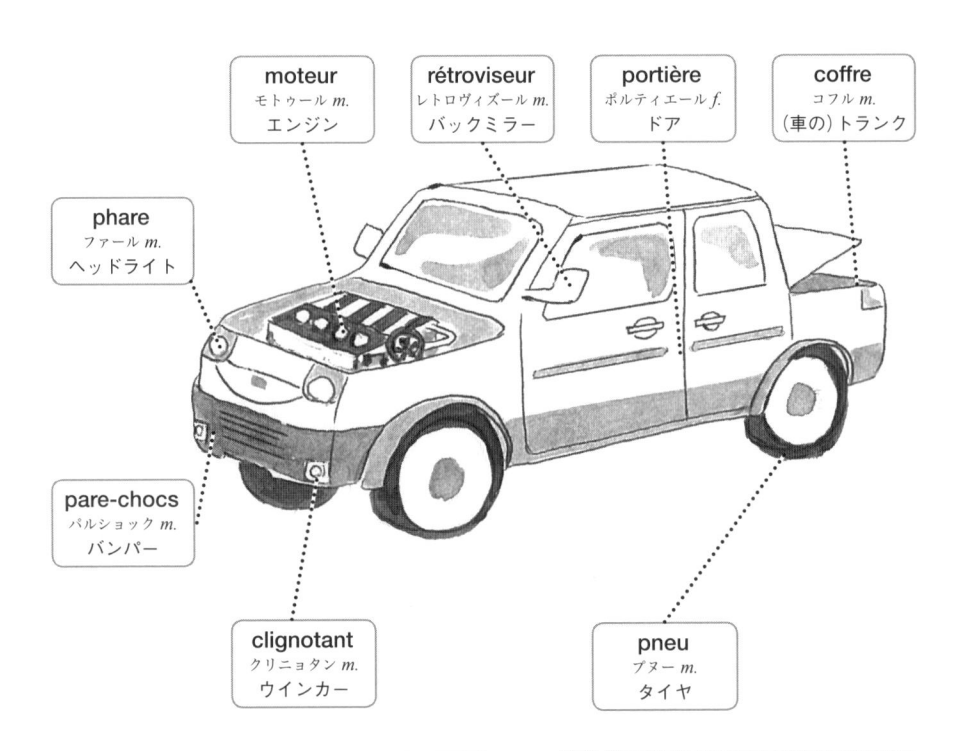

accélérateur アクセレラトゥール m. アクセル
frein フラン m. ブレーキ
volant ヴォラン m. ハンドル
batterie バトリー f. バッテリー
klaxon クラクソン m. クラクション
ceinture de sécurité サンテュール ドゥ セキュリテ f. シートベルト
essuie-glace エスュイグラス m. ワイパー

permis de conduire ペルミ ドゥ コンデュイール m. 運転免許
licence リサンス f. 免許
autoroute オトルート f. 高速道路
vitesse ヴィテス f. 速さ
garage ガラージュ m. ガレージ
essence エサンス f. ガソリン
embouteillage アンブテイヤージュ m. 交通渋滞
panne パンヌ f. 故障

panneau パノー m. 標識
▶ "Défense de circuler" 「通行禁止」
▶ "Défense de doubler" 「追越禁止」
▶ "Défense de stationner" 「駐車禁止」

8-3 鉄道

chemin de fer シュマン ドゥ フェール m.
鉄道

train トラン m.
列車

express エクスプレス m.
急行列車

rapide ラピッド m.
特急列車

TGV テージェーヴェー m.
テー・ジェー・ヴェー、フランス新幹線

métro メトロ m.
地下鉄

tram トラム m.
市電

monorail モノラーユ m.
モノレール

compartiment コンパルティマン m.
コンパートメント、車室

contrôleur(se) コントロルール m., f.
車掌

filet à bagages フィレ ア バガージュ m.
網棚

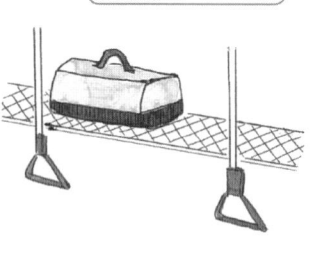

billet ビィエ m.
切符

ticket ティケ m.
切符

aller アレ m.
行きの切符

aller-retour アレルトゥール m.
往復切符

correspondance コレスポンダンス f.
連絡、乗り換え

destination デスティナスィヨン f.
行き先、目的地

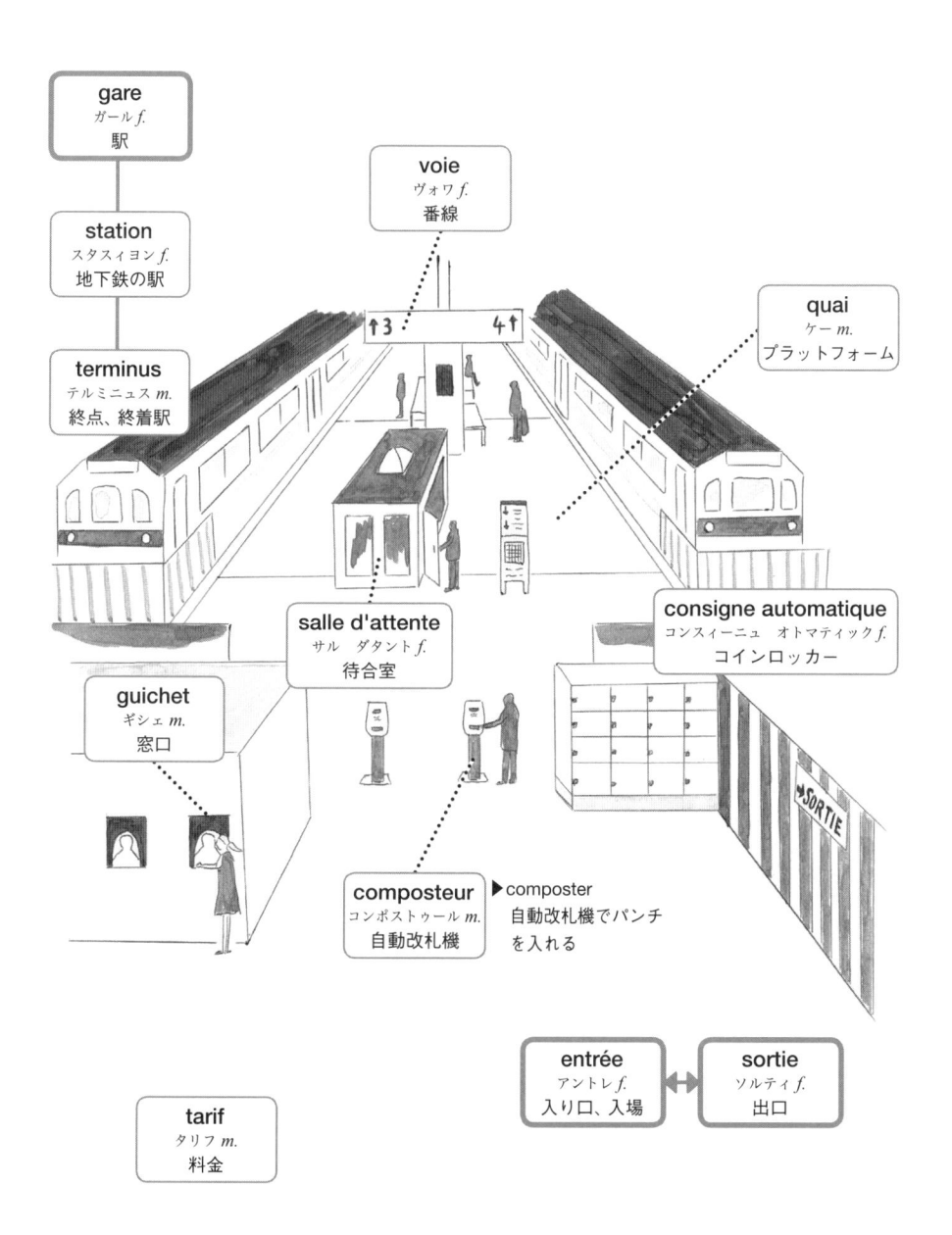

gare	ガール f.	駅
station	スタスィヨン f.	地下鉄の駅
terminus	テルミニュス m.	終点、終着駅
voie	ヴォワ f.	番線
quai	ケー m.	プラットフォーム
salle d'attente	サル ダタント f.	待合室
consigne automatique	コンスィーニュ オトマティック f.	コインロッカー
guichet	ギシェ m.	窓口
composteur	コンポストゥール m.	自動改札機
▶composter		自動改札機でパンチを入れる
entrée	アントレ f.	入り口、入場
sortie	ソルティ f.	出口
tarif	タリフ m.	料金

8-4 飛行機

- **avion** アヴィヨン m. 飛行機
- **air** エール m. 空、航空
- **aérien(ne)** アエリヤン 航空の 
- **siège** スィエージュ m. 座席
- **classe économique** クラス エコノミック f. エコノミークラス
- **classe affaires** クラス アフェール f. ビジネスクラス
- **première classe** プルミエール クラス f. ファーストクラス
- **repas de bord** ルパ ドゥ ボール m. 機内食
- **pilote** ピロット m., f. パイロット 
- **hôtesse de l'air** オテス ドゥ レール f. 客室乗務員（女性） 
- **sortie de secours** ソルティ ドゥ スクール f. 非常口
- **gilet de sauvetage** ジレ ドゥ ソヴタージュ m. 救命胴衣
- **masque à oxygène** マスク ア オクスィジェンヌ m. 酸素マスク
- **voler** ヴォレ 飛行する ▶ **vol** 便、フライト
- **altitude** アルティテュード f. 高度  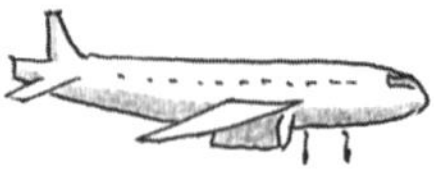 
- **atterrir** アテリール 着陸する ▶ **atterrissage** 着陸
- **décoller** デコレ 離陸する ▶ **décollage** 離陸

aéroport	piste	▶ piste d'atterrissage
アエロポール m.	ピスト f.	着陸滑走路
空港	滑走路	

départ デパール m. 出発 ⇄ **arrivée** アリヴェ f. 到着

compagnie aérienne コンパニ アエリエンヌ f. 航空会社

ligne internationale リーニュ アンテルナスィヨナル f. 国際線 ⇄ **ligne nationale** リーニュ ナスィヨナル f. 国内線

transit トランズィット m. トランジット

escale エスカル f. 寄航地 ▶ vol sans escale 直行便

chariot シャリヨ m. カート

bagage バガージュ m. 荷物

articles détaxés アルティクル デタクセ m.pl. 免税品

enregistrer アンルジストレ チェックインする

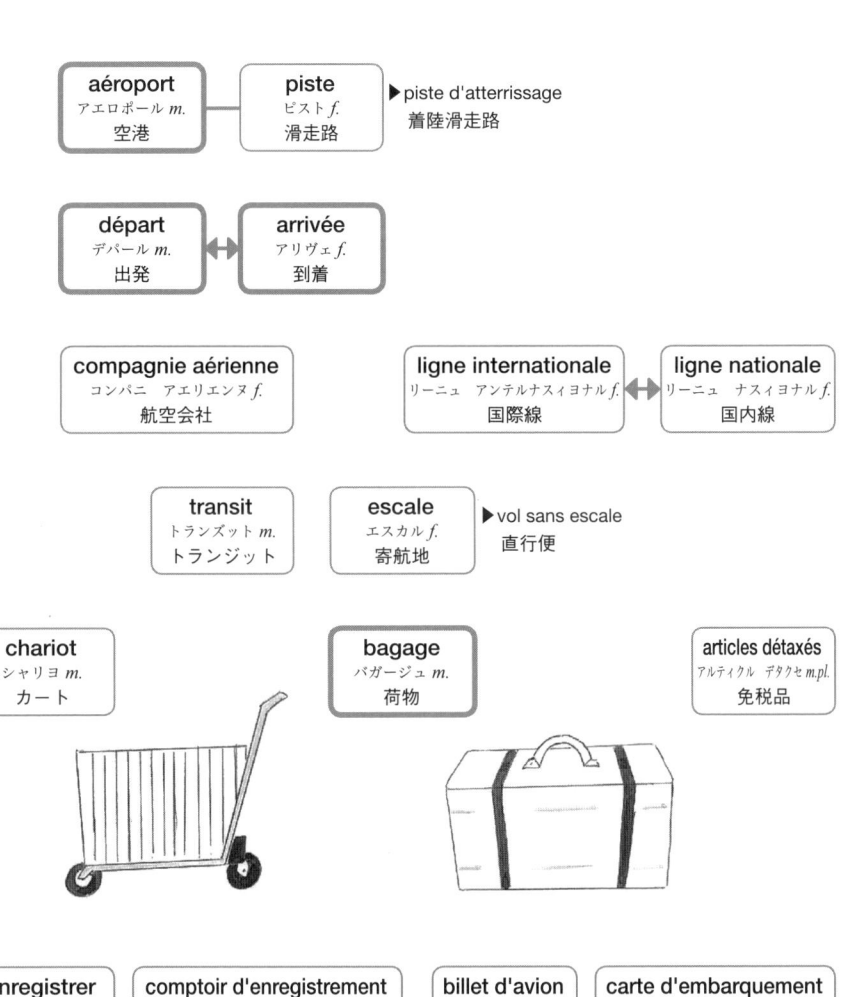

comptoir d'enregistrement コントワール ダンルジストルマン m. チェックインカウンター

billet d'avion ビィエ ダヴィヨン m. 航空券

carte d'embarquement カルト ダンバルクマン f. 搭乗券

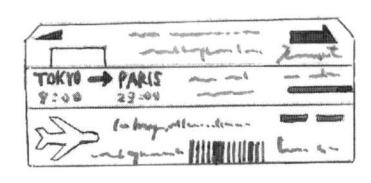

8-5 乗り物

véhicule
ヴェイキュル m.
乗り物、車

bus
ビュス m.
バス

camion
カミヨン m.
トラック

- autobus オトビュス m.　バス(市内を走る路線バス)
- autocar オトカール m.　長距離バス
- noctambus ノクタンビュス m.　深夜バス
- navette ナヴェット f.　シャトルバス

- camionnette カミヨネット f.　軽トラック
- fourgonnette フルゴネット f.　ライトバン
- fourgon フルゴン m.　バン
- remorque ルモルク f.　トレーラー

taxi
タクスィ m.
タクシー

limousine
リムズィーヌ f.
リムジン

ambulance
アンビュランス f.
救急車

voiture de pompiers
ヴォワテュール ドゥ ポンピエ f.
消防車

tout-terrain
トゥテラン m.
オフロード車

camping-car
カンピングカール m.
キャンピングカー

vélo
ヴェロ m.
自転車

▶ aller à [en] vélo
自転車で行く

bicyclette
ビスィクレット f.
自転車

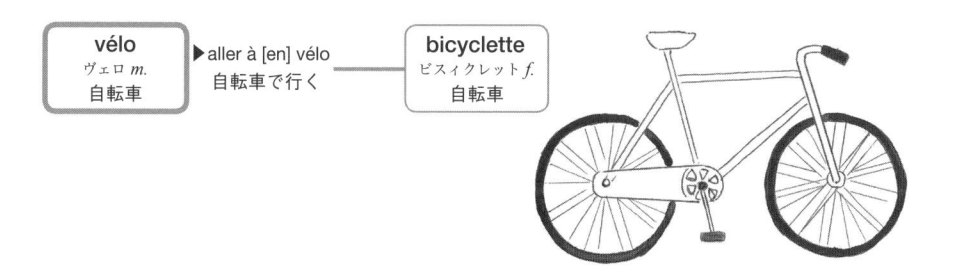

moto
モト f.
オートバイ

vélomoteur ヴェロモトゥール m.　125cc以下のバイク
cyclomoteur スィクロモトゥール m.　50cc以下のミニバイク
scooter スクトゥール m.　スクーター

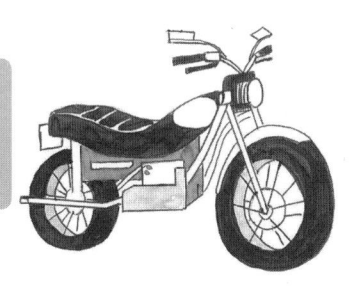

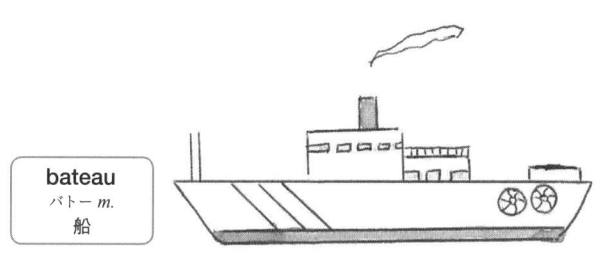

bateau
バトー m.
船

port ポール m.　港
paquebot パクボー m.　客船
cargo カルゴ m.　貨物船
pétrolier ペトロリエ m.　(石油)タンカー
voilier ヴォワリエ m.　ヨット
barque バルク f.　小船
bateau-mouche バトームーシュ m.
　セーヌ川の遊覧船
canoë カノエ m.　カヌー
radeau ラドー m.　いかだ

tarder タルデ　遅れる
retard ルタール m.　遅れ
manquer マンケ　乗り遅れる
rater ラテ　乗り遅れる
transporter トランスポルテ　運ぶ
transport トランスポール m.　運送
charger シャルジェ　荷を積む
chargement シャルジュマン m.　荷を積むこと
décharger デシャルジェ　荷を降ろす

8-6 事故・災害

- **accident** アクスィダン m. 事故
- **affaire** アフェール f. 事件
- **évènement** エヴェーヌマン m. 大事件
- **incident** アンスィダン m. 小事件

- **désastre** デザストル m. 災害
- **catastrophe** カタストロフ f. 大災害
- **sinistre** スィニストル m. (具体的な)災害、被害

- **secourir** スクリール 救助する
- **secours** スクール m. 救助
  ▶ Au secours ! 助けてくれ！
- **victime** ヴィクティム f. 犠牲者
- **identifier** イダンティフィエ 身元を確認する

- **écraser** エクラゼ (車で)ひく

- **collision** コリズィヨン f. 衝突
- **heurter** ウルテ 衝突する
  ▶ heurt par l'arrière 追突

- **déraper** デラペ スリップする
- **caler** カレ (エンジンが)止まる
- **crevé** クルヴェ パンクした
  ▶ pneu crevé パンクしたタイヤ

incendie アンサンディ m. 火事	**feu** フー m. 火	**exploser** エクスプロゼ 爆発する	▶explosion 爆発 ▶explosif(ve) 爆発性の

tempête タンペート f. 嵐 ▶tempête de neige 吹雪、ブリザード

tremblement de terre トランブルマン ドゥ テール m. 地震

séisme セイスム m. 地震

éruption エリュプスィヨン f. 噴火	**avalanche** アヴァランシュ f. なだれ	**sécheresse** セシュレス f. 干ばつ	**famine** ファミーヌ f. ききん

naufrage ノフラージュ m. 難破	**chavirer** シャヴィレ 転覆する	**couler** クーレ 沈没する

まとめの問題⑧

イラストをヒントに、空欄を埋めて単語を完成させよう。

① g＿＿c＿＿t

② v＿＿e

③ m＿t＿＿

④ c＿＿pos＿＿＿＿

⑤ q＿＿＿

⑥ g＿＿＿

⑦ t＿＿m

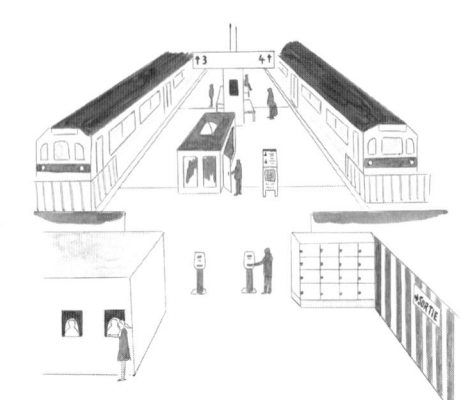

下の語群から適切な単語を選ぼう。

⑧ ヨット　　　　（　　　）

⑨ 自転車　　　　（　　　）

⑩ トラック　　　（　　　）

⑪ オートバイ　　（　　　）

⑫ バス　　　　　（　　　）

⑬ 船　　　　　　（　　　）

[moto, voilier, bateau, autobus, vélo, camion]

---

①guichet ②voie ③métro ④composteur ⑤quai ⑥gare ⑦tram
⑧voilier ⑨vélo ⑩camion ⑪moto ⑫autobus ⑬bateau

第9章

余暇

9-1 余暇・趣味

loisir ロワズィール *m.* 余暇、レジャー

passe-temps パスタン *m.* 暇つぶし、趣味

amusement アミュズマン *m.* 娯楽

collection コレクスィヨン *f.* 収集、コレクション
▶ collection de timbres 切手収集

collectionner コレクスィヨネ 収集する

goût グー *m.* 好み、趣味
▶ avoir des goûts difficiles 好みがうるさい

favori(te) ファヴォリ お気に入りの
▶ ses restaurants favoris ひいきにしているレストラン

se distraire ス ディストレール 気晴らしをする
▶ aller se promener pour se distraire 気晴らしに散歩に行く

vacances ヴァカンス *f.pl.* バカンス
▶ les vacances de Noël クリスマス休暇
▶ Bonnes vacances! 良い夏休みを

parc d'attractions パルク ダトラクスィヨン *m.* 遊園地

montagnes russes モンターニュ リュス *f.pl.* ジェットコースター

grande roue グランド ルー *f.* 観覧車

cirque スィルク *m.* サーカス

zoo ゾー *m.* 動物園

jardin botanique ジャルダン ボタニック *m.* 植物園

aquarium アクワリョム *m.* 水族館

planétarium プラネタリョム *m.* プラネタリウム

屋内

lecture
レクチュール *f.*
読書

mots croisés
モ クロワゼ *m.pl.*
クロスワード・パズル

carte
カルト *f.*
トランプ
▶ jouer aux cartes
　カードゲーム[トランプ]をする

échecs
エシェック *m.pl.*
チェス
▶ jouer aux échecs
　チェスをする

tricot
トリコ *m.*
編み物
▶ faire du tricot
　編み物をする

céramique
セラミック *f.*
陶芸

bibelot
ビブロ *m.*
工芸品、骨董品

billard
ビヤール *m.*
ビリヤード
▶ faire une partie de billard
　ビリヤードを1勝負する

bowling
ブーリング *m.*
ボーリング
▶ jouer au bowling
　ボーリングをする

tabac
タバ *m.*
タバコ
▶ fumer du tabac
　煙草を吸う

fumeur(se)
フュムール *m., f.*
喫煙者
▶ grand [gros] fumeur
　ヘビースモーカー
▶ fumeur passif
　間接喫煙者

屋外

promener
プロムネ
散歩させる
▶ promener son chien
　犬を散歩させる
▶ aller se promener
　出かける、外出する

randonnée
ランドネ *f.*
ハイキング
▶ faire une randonnée à pied
　ハイキングに出かける

camper
カンペ
キャンプをする

alpinisme
アルピニスム *m.*
登山
▶ pratiquer [faire de] l'alpinisme
　登山をする

pétanque
ペタンク *f.*
ペタンク
▶ jouer à la pétanque
　ペタンクをする

jardinage
ジャルディナージュ *m.*
庭いじり、ガーデニング
▶ faire du jardinage
　庭いじりする

9-2 芸術

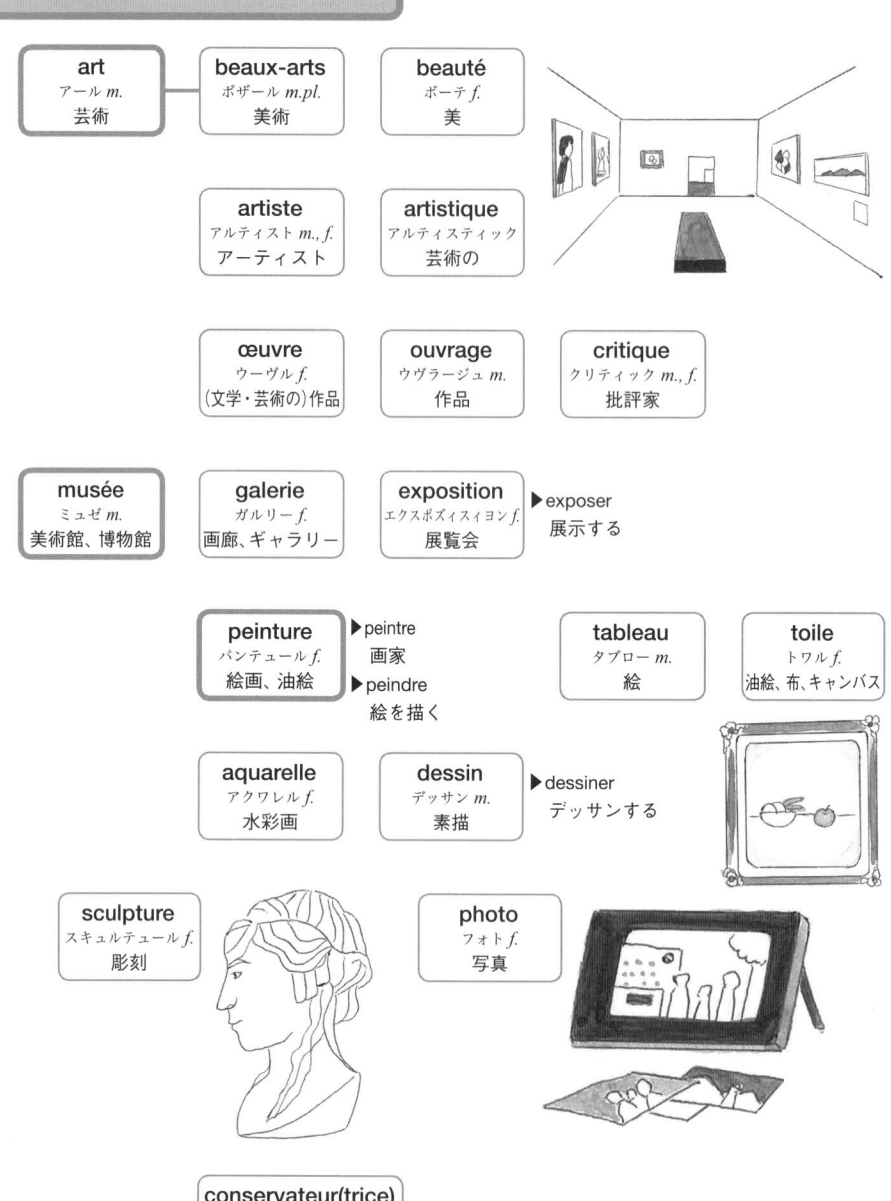

- **art** アール m. 芸術
- **beaux-arts** ボザール m.pl. 美術
- **beauté** ボーテ f. 美
- **artiste** アルティスト m., f. アーティスト
- **artistique** アルティスティック 芸術の
- **œuvre** ウーヴル f. (文学・芸術の)作品
- **ouvrage** ウヴラージュ m. 作品
- **critique** クリティック m., f. 批評家
- **musée** ミュゼ m. 美術館、博物館
- **galerie** ガルリー f. 画廊、ギャラリー
- **exposition** エクスポズィスィヨン f. 展覧会
  - ▶ exposer 展示する
- **peinture** パンテュール f. 絵画、油絵
  - ▶ peintre 画家
  - ▶ peindre 絵を描く
- **tableau** タブロー m. 絵
- **toile** トワル f. 油絵、布、キャンバス
- **aquarelle** アクワレル f. 水彩画
- **dessin** デッサン m. 素描
  - ▶ dessiner デッサンする
- **sculpture** スキュルテュール f. 彫刻
- **photo** フォト f. 写真
- **conservateur(trice)** コンセルヴァトゥール m., f. 学芸員

仏	カナ	和
cinéma	スィネマ m.	映画(館)
film	フィルム m.	映画
réalisateur(trice)	レアリザトゥール m., f.	監督
animation	アニマスィヨン f.	アニメーション
théâtre	テアトル m.	劇場、演劇
pièce	ピエス f.	戯曲、劇作品
comédie	コメディ f.	喜劇
acteur(trice)	アクトゥール m., f.	俳優
dramaturge	ドラマテュルジュ m., f.	劇作家、脚本家
scène	セーヌ f.	舞台
rôle	ロール m.	役

▶ jouer [interpréter] un rôle
ある役を演じる

répétition	レペティスィヨン f.	リハーサル
interpréter	アンテルプレテ	演じる

▶ interpréter Hamlet
ハムレットを演じる

9-3 音楽

musique	ミュズィック f.	音楽
classique	クラスィック m.	クラシック
jazz	ジャズ m.	ジャズ
rock	ロック m.	ロック
concert	コンセール m.	音楽会
matinée	マティネ f.	昼の公演(マチネー)
soirée	ソワレ f.	夜の公演(ソワレ)
concours	コンクール m.	コンクール
musicien(ne)	ミュズィスィヤン m., f.	音楽家
interprète	アンテルプレート m., f.	演奏家、役者
chanson	シャンソン f.	歌
chanteur(se)	シャントゥール m., f.	歌手
chœur	クール m.	合唱団、コーラス
chorale	コラル f.	合唱団
opéra	オペラ m.	オペラ
symphonie	サンフォニー f.	交響曲

instrument アンストリュマン m. 楽器	**piano** ピヤノ m. ピアノ	**orgue** オルグ m. パイプオルガン	**tambour** タンブール m. 太鼓、ドラム

orchestre オルケストル m. オーケストラ	**guitare** ギタール f. ギター

▶ jouer de la guitare
　ギターを演奏する

trompette トロンペット f. トランペット

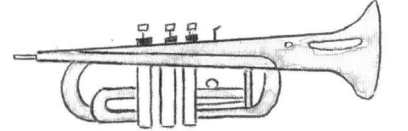

flûte フリュート f. フルート

▶ jouer de la flûte
　フルートを吹く

violon ヴィヨロン m. ヴァイオリン

---

composer コンポゼ　作曲する

paroles パロール f.pl.　歌詞

disque ディスク m.　レコード

accompagnement アコンパニュマン m.　伴奏

rythme リトム m. リズム

morceau モルソー m.　楽曲

pièce ピエス f.　作品

partition パルティスィヨン f.　楽譜

note ノット f.　音符

9-4 メディア

mass-média マスメディヤ m.pl. マスメディア

information アンフォルマスィヨン f. 情報

renseignement ランセニュマン m. 情報、案内所
▶ **renseigner** 情報を与える

nouvelle ヌーヴェル f. ニュース

opinion オピニヨン f. 意見

enquête アンケート f. 調査、アンケート

annoncer アノンセ 知らせる、発表する

journal ジュルナル m. 新聞

- **journalisme** ジュルナリスム m. ジャーナリズム
- **journaliste** ジュルナリスト m., f. ジャーナリスト
- **quotidien** コティディヤン m. 日刊新聞
- **article** アルティクル m. 記事
- **titre** ティートル m. 見出し
- **éditorial** エディトリヤル m. 社説
- **imprimer** アンプリメ 印刷する
- **lecteur(trice)** レクトゥール m., f. 読者
- **envoyé(e) spécial(e)** アンヴォワイエ スペスィヤル m., f. 特派員

presse プレス f. 出版物、報道関係者

- **publication** ピュブリカスィヨン f. 出版
- **publier** ピュブリエ 出版する
- **livre** リーヴル m. 本
- **revue** ルヴュ f. 雑誌
- **rédaction** レダクスィヨン f. 編集、編集部
- **éditeur(trice)** エディトゥール m., f. 出版者、出版社
- **maison d'édition** メゾン デディスィヨン f. 出版社

télévision
テレヴィズィヨン f.
テレビ

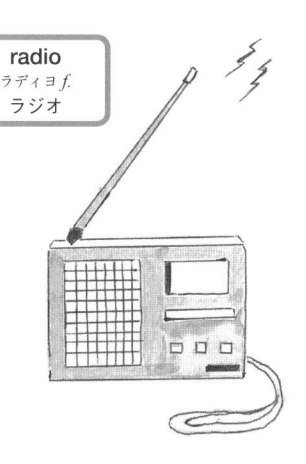

radio
ラディヨ f.
ラジオ

chaîne シェーヌ f. チャンネル

émettre エメートル 放送する

émission エミスィヨン f. 放送、番組

communication コミュニカスィヨン f. コミュニケーション

communiquer コミュニケ 伝達する

documentaire ドキュマンテール m. ドキュメンタリー

programme プログラム m. 番組表

feuilleton フイユトン m. 連続ドラマ

variétés ヴァリエテ f.pl. バラエティー

présentateur(trice) プレザンタトゥール m., f. 司会者、ニュースキャスター

publicité ピュブリスィテ f. 広告、コマーシャル

en direct アン ディレクト 生(放送)の[で]

rediffuser ルディフュゼ 再放送する

téléspectateur(trice) テレスペクタトゥール m., f. 視聴者

audimat オディマト m. 視聴率

indice d'écoute アンディス デクート m. 視聴率

agence アジャンス f. 通信社、代理店

9-5 読書

lecture レクテュール f. 読書

lire リール 読む

livre リーヴル m. 本

littérature リテラテュール f. 文学

littéraire リテレール 文学の
▶ prix littéraires 文学賞

chapitre シャピートル m. 章

phrase フラーズ f. 文、センテンス

personnage ペルソナージュ m. 登場人物、重要人物

héros エロー m. 英雄、主人公

héroïne エロイーヌ f. 女主人公、ヒロイン

---

librairie リブレリー f.　書店
bibliothèque ビブリヨテック f.　図書館
imprimé アンプリメ m.　印刷物
imprimerie アンプリムリー f.　印刷術、印刷所
traduction トラデュクスィヨン f.　翻訳
traduire トラデュイール　翻訳する
chef-d'œuvre シェドゥーヴル m.　傑作、代表作

best-seller ベストセラー m.　ベストセラー
manuscrit マニュスクリ m.　原稿
droits d'auteur ドロワ　ドトゥール m.pl.　印税、著作権使用料
édition pirate エディスィヨン　ピラット f.　海賊版
piratage ピラタージュ m.　著作権侵害

roman ロマン m.
小説

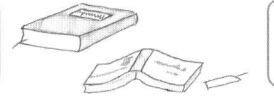

genre ジャンル m.
ジャンル

nouvelle ヌーヴェル f. 中編小説
conte コント m. 短編小説
feuilleton フイユトン m. 新聞連載小説
roman policier ロマン ポリスィエ m.
探偵[推理]小説
roman d'aventure ロマン ダヴァンテュール f.
冒険小説

poème ポエーム m. 詩
autobiographie オトビヨグラフィ f. 自伝
fable ファーブル f. 寓話
mythe ミット m. 神話
fiction フィクスィヨン f. 作り話
science-fiction スィヤンスフィクスィヨン f. ＳＦ
biographie ビヨグラフィ f. 伝記

auteur オトゥール m.
作家、著者

écrivain エクリヴァン m.
作家、文筆家

romancier(ère) ロマンスィエ m., f.
小説家

essayiste エセイスト m., f.
随筆家

biographe ビヨグラフ m., f.
伝記作者

pseudonyme プスドニム m.
ペンネーム

9-6 スポーツ

sport スポール m. スポーツ

sportif(ve) スポルティフ m., f. スポーツ選手

courir クーリール 走る

jouer ジュエ プレーする、試合をする
▶ jouer au foot サッカーをする

nager ナジェ 泳ぐ

---

athlétisme アトレティスム m.　陸上競技
marathon マラトン m.　マラソン
jogging ジョギング m.　ジョギング
course クルス f.　競走、走ること
tennis テニス m.　テニス
base-ball ベズボール m.　野球
ping-pong ピンポング m.　卓球
football フットボール m.　サッカー
foot フット m.　サッカー
rugby リュグビー m.　ラグビー
volley-ball ヴォレボール m.　バレーボール
basket-ball バスケットボール m.　バスケットボール
natation ナタスィヨン f.　水泳
ski スキ m.　スキー
patinage パティナージュ m.　スケート
lutte リュット f.　レスリング
boxe ボクス f.　ボクシング
saut en hauteur ソー アン オトゥール m.　走り高跳び
saut en longueur ソー アン ロングール m.　幅跳び
triple saut トリプル ソー m.　三段跳び

balle バル f. (小さな)ボール

ballon バロン m. (大型の)ボール

raquette ラケット f. ラケット

patins パタン m.pl. スケート靴

gymnase ジムナーズ m. 体育館

stade スタード m. 競技場、スタジアム

piscine ピスィーヌ f. プール

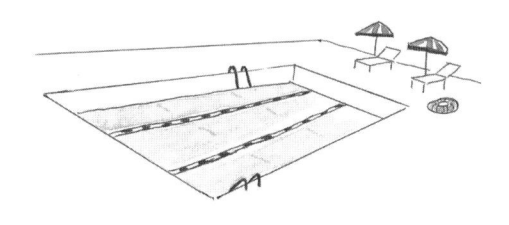

équipe エキップ f. グループ、チーム
finale フィナル f. 決勝戦
coupe クープ f. 優勝杯
médaille メダイユ f. メダル
dopage ドパージュ m. ドーピング
entraînement アントレヌマン m. 訓練、トレーニング
match マッチ m. 試合 ▶match d'entraînement 練習試合
gagner ガニェ 勝つ
règle レーグル f. ルール
record ルコール m. 記録

まとめの問題⑨

イラストをヒントに、空欄を埋めて単語を完成させよう。

① th__ __t__ __

② b__ __ux-__ __ __s

③ o__ __r__

④ m__s__ __

⑤ cin__ __ __

⑥ co__ __e__ __

⑦ fl__ __e

⑧ v__ __l__ __

⑨ g__ __t__ __e

下の語群から適切な単語を選ぼう。

⑩ 小説　　　　　　（　　　　　）

⑪ 英雄、主人公　　（　　　　　）

⑫ 読書　　　　　　（　　　　　）

⑬ 女主人公、ヒロイン（　　　　）

[lecture, héros, héroïne, roman]

⑭ サッカーをする　（　　　　　）au foot

⑮ 走る　　　　　　（　　　　　）

⑯ 泳ぐ　　　　　　（　　　　　）

[jouer, courir, nager]

---

①théâtre ②beaux-arts ③opéra ④musée ⑤cinéma ⑥concert ⑦flûte ⑧violon ⑨guitare
⑩roman ⑪héros ⑫lecture ⑬héroïne ⑭jouer ⑮courir ⑯nager

第10章
テクノロジー

10-1 通信

téléphone テレフォンヌ m. 電話

téléphoner テレフォネ 電話する

appeler アプレ 電話する、呼ぶ

rappeler ラプレ 電話する、かけ直す

numéro ニュメロ m. 番号
▶ numéro de téléphone 電話番号

N° ニュメロ m. 番号

répondeur レポンドゥール m. 留守番電話

occupé(e) オキュペ 話し中だ、忙しい
▶ C'est occupé. お話し中です

quitter キテ 電話を切る

sonner ソネ 鳴る

fil フィル m. コード、電話
▶ donner un coup de fil 電話をかける

portable ポルターブル m. 携帯電話

fax ファクス m. ファックス

télégramme テレグラム m. 電報

télégraphier テレグラフィエ 電信で送る

mail メル m. メール
▶ écrire un mail メールを打つ
▶ envoyer un mail 送信する

courriel クリエル m. メール

recevoir ルスヴォワール 受信する
répondre レポーンドル 返信する
sauvegarder ソヴガルデ 保存する
supprimer シュプリメ 削除する
transférer トランスフェレ 転送する

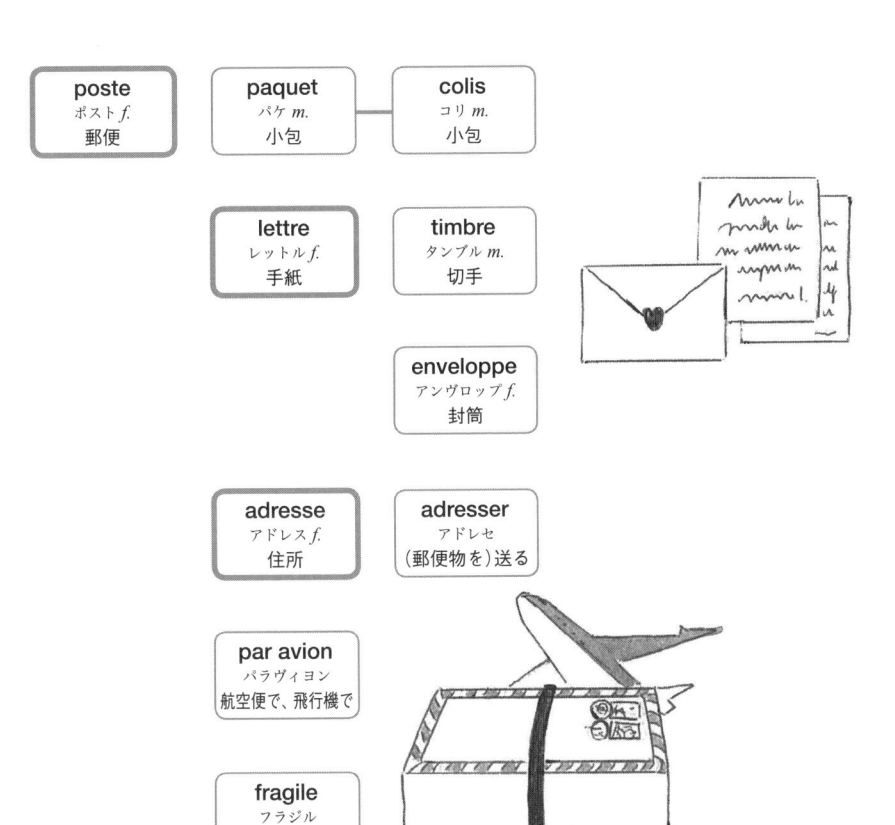

- **poste** ポスト *f.* 郵便
- **paquet** パケ *m.* 小包
- **colis** コリ *m.* 小包
- **lettre** レットル *f.* 手紙
- **timbre** タンブル *m.* 切手
- **enveloppe** アンヴロップ *f.* 封筒
- **adresse** アドレス *f.* 住所
- **adresser** アドレセ （郵便物を）送る
- **par avion** パラヴィヨン 航空便で、飛行機で
- **fragile** フラジル 壊れやすい

10-2 コンピューター

ordinateur
オルディナトゥール m.
コンピューター

message
メサージュ m.
メッセージ

fichier
フィシエ m.
ファイル

entrer
アントレ
入力する

sauvegarder ⇔ **supprimer**
ソヴガルデ / スュプリメ
保存する / 消去する、削除する

insérer
アンセレ
挿入する

introduire
アントロデュイール
〜を差し込む

attacher
アタシェ
添付する

matériel
マテリエル m.
ハードウェア

unité
ユニテ f.
装置、ユニット

disque
ディスク m.
ディスク

logiciel
ロジスィエル m.
ソフトウェア

programme
プログラム m.
プログラム

démarrer ⇔ **arrêter**
デマレ / アレテ
起動させる / プログラムを終了する

Internet
アンテルネット *m.*
インターネット

page
パージュ *f.*
ページ

▶ page d'accueil
ホームページ

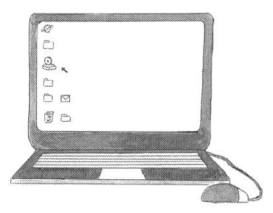

naviguer
ナヴィゲ
ネットサーフィンする

fournisseur d'accès à Internet
フルニスール ダクセ ア アンテルネット *m., f.*
プロバイダー

rechercher
ルシェルシェ
検索する

recherche
ルシェルシュ *f.*
検索

image
イマージュ *f.*
画像

mot de passe
モ ドゥ パース *m.*
パスワード

virus
ヴィリュス *m.*
ウイルス

clic
クリック *m.*
クリック

télécharger
テレシャルジェ
ダウンロードする

10-3 機械

- **machine** マシーヌ f. 機械
- **mécanique** メカニック 機械の
- **mécanicien(ne)** メカニスィヤン m., f. 機械[修理]工

- **fonctionner** フォンクスィヨネ 作動する ⇔ **tomber en panne** トンベ アン パンヌ 故障する

- **opérer** オペレ （操作を）行う
- **réparer** レパレ 修理する
- **régler** レグレ 調整する
- **entretenir** アントルトゥニール 維持する、整備[点検]する

- **installation** アンスタラスィヨン f. 設備、設置工事
- **entretien** アントルティヤン m. 維持、メンテナンス

---

démolir デモリール　解体する
démonter デモンテ　分解する
performances ペルフォルマンス f.pl.　性能
contrôler コントロレ　制御する
automatique オートマティック　自動式の

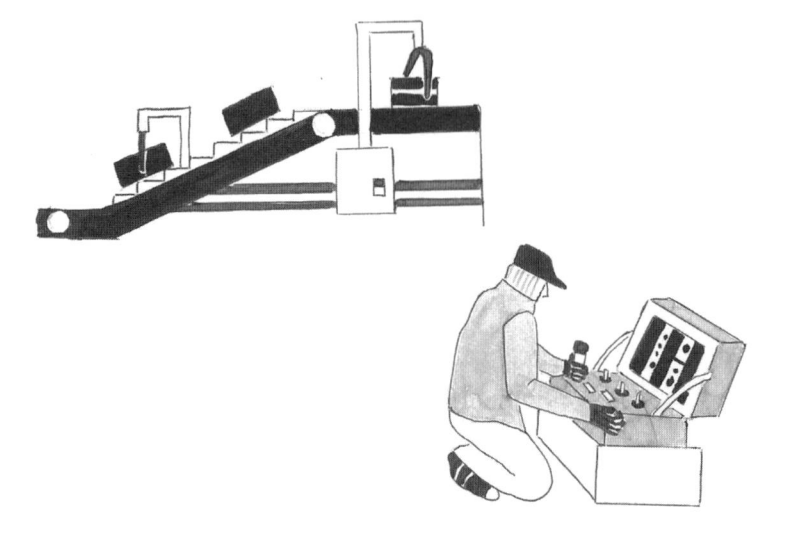

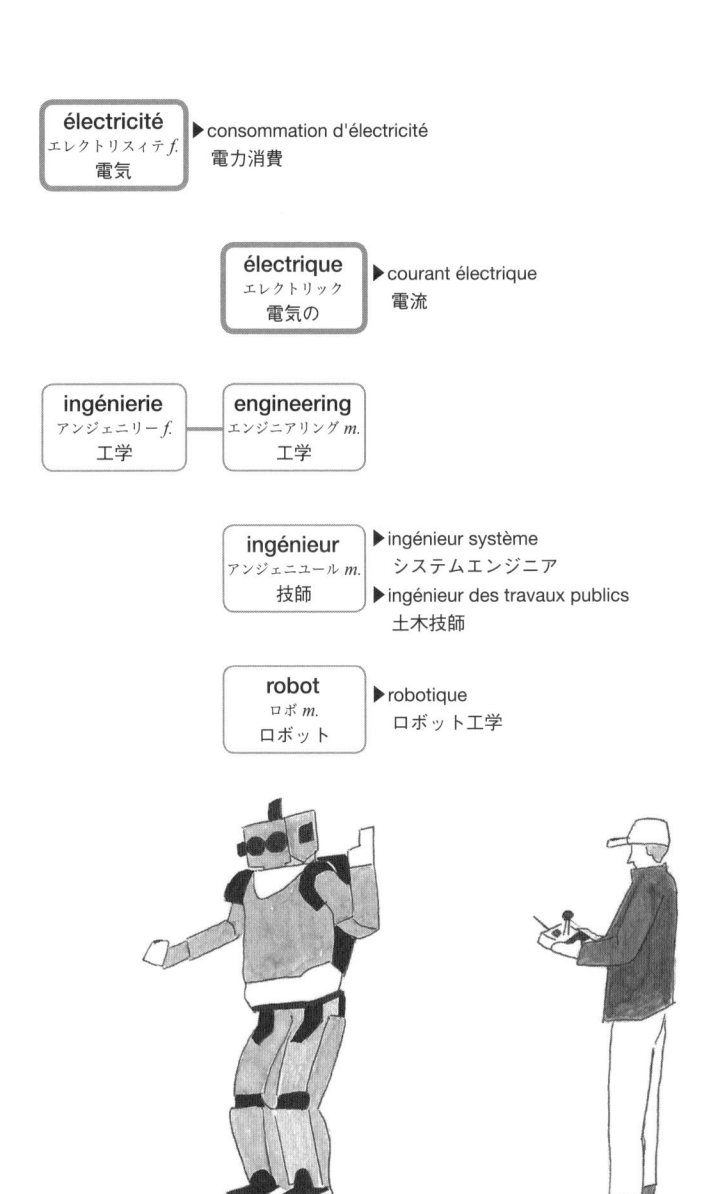

électricité	▶ consommation d'électricité
エレクトリスィテ f.	電力消費
電気	

électrique	▶ courant électrique
エレクトリック	電流
電気の	

ingénierie	**engineering**
アンジェニリー f.	エンジニアリング m.
工学	工学

ingénieur	▶ ingénieur système
アンジェニユール m.	システムエンジニア
技師	▶ ingénieur des travaux publics
	土木技師

robot	▶ robotique
ロボ m.	ロボット工学
ロボット	

まとめの問題⑩

イラストをヒントに、空欄を埋めて単語を完成させよう。

① p＿＿t＿＿＿＿＿
② let＿＿＿
③ t＿l＿p＿＿＿e
④ c＿l＿＿
⑤ ad＿＿＿＿＿
⑥ t＿m＿＿e
⑦ en＿＿l＿＿＿e
⑧ pa＿＿＿＿

下の語群から適切な単語を選ぼう。

⑨ ネットサーフィンする　（　　　）
⑩ ダウンロードする　　　（　　　）
⑪ コンピューター　　　　（　　　）
⑫ パスワード　　　　　　（　　　）
⑬ ファイル　　　　　　　（　　　）
⑭ ソフトウェア　　　　　（　　　）
⑮ プログラムを終了する　（　　　）
⑯ 起動させる　　　　　　（　　　）

[arrêter, démarrer, fichier, logiciel, mot de passe, naviguer, ordinateur, télécharger]

①portable ②lettre ③téléphone ④colis ⑤adresse ⑥timbre ⑦enveloppe ⑧paquet
⑨naviguer ⑩télécharger ⑪ordinateur ⑫mot de passe ⑬fichier ⑭logiciel ⑮arrêter ⑯démarrer

第11章
社会

11-1 国家

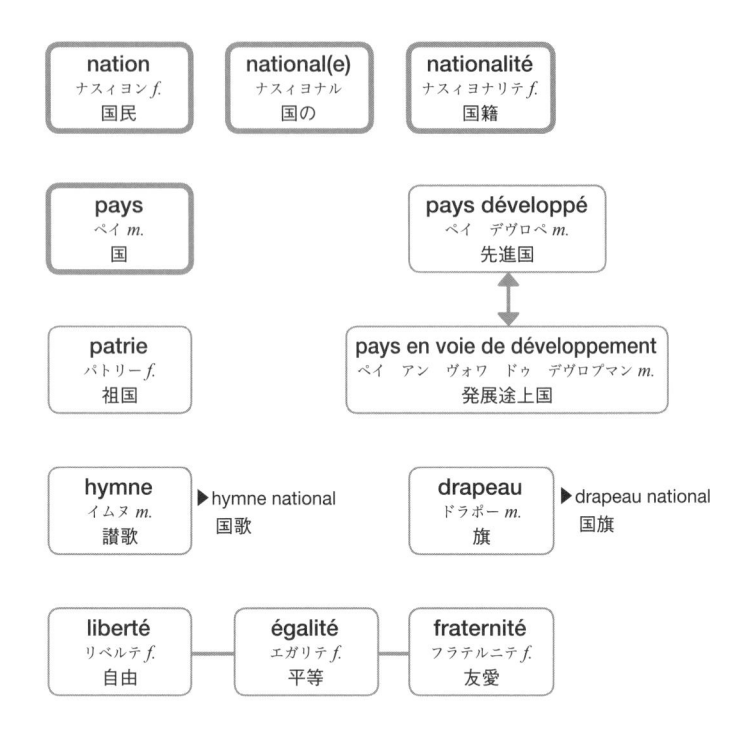

- **État** エタ m. 国家
  - **nation** ナスィヨン f. 国民
  - **national(e)** ナスィヨナル 国の
  - **nationalité** ナスィヨナリテ f. 国籍
- **pays** ペイ m. 国
  - **pays développé** ペイ デヴロペ m. 先進国 ⇔ **pays en voie de développement** ペイ アン ヴォワ ドゥ デヴロプマン m. 発展途上国
- **patrie** パトリー f. 祖国
- **hymne** イムヌ m. 讃歌 ▶ hymne national 国歌
- **drapeau** ドラポー m. 旗 ▶ drapeau national 国旗
- **liberté** リベルテ f. 自由 — **égalité** エガリテ f. 平等 — **fraternité** フラテルニテ f. 友愛

---

individu アンディヴィデュ m. 個人
indépendant(e) アンデパンダン 独立した
autorité オトリテ f. 権威、権力、当局
moderniser モデルニゼ 近代化する

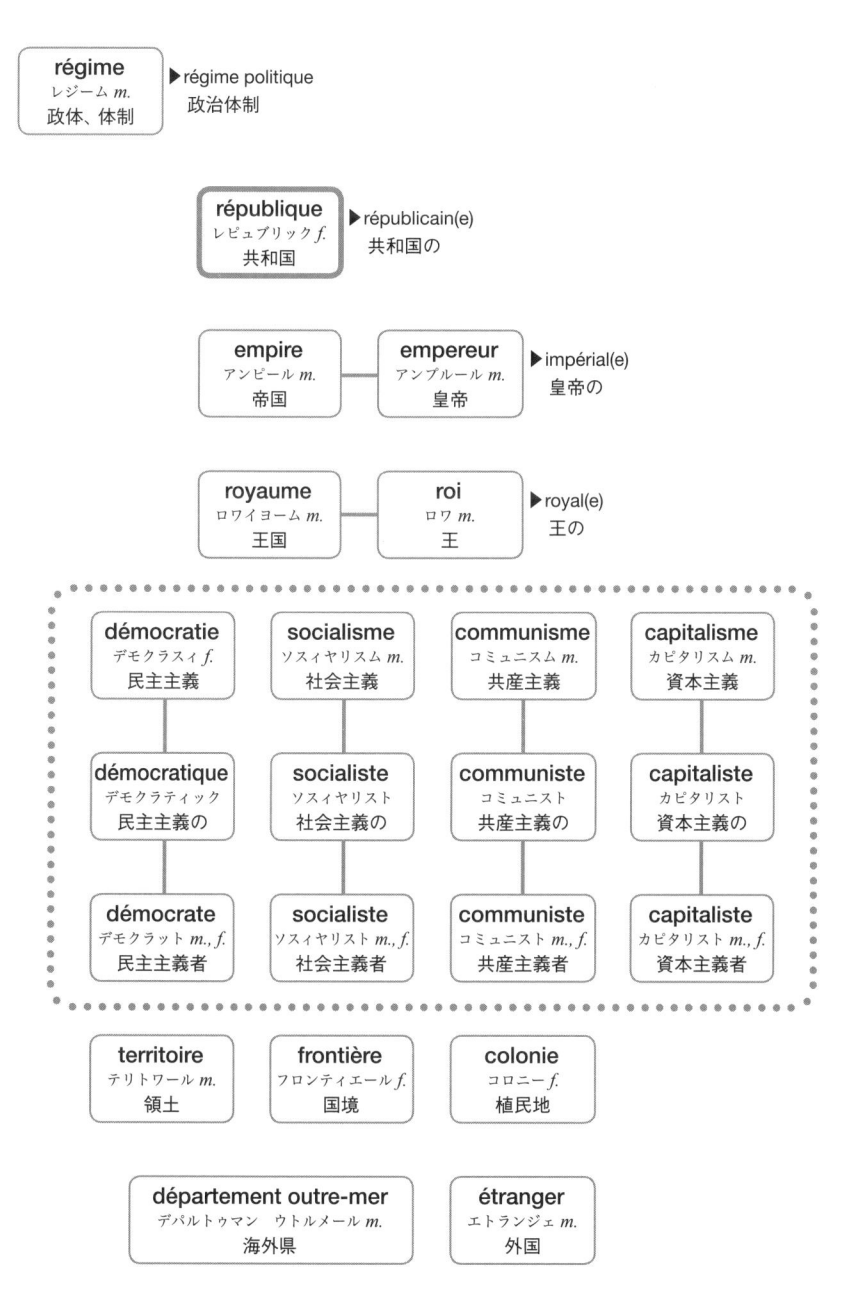

仏語	カナ	日本語
régime	レジーム m.	政体、体制

▶ régime politique 政治体制

仏語	カナ	日本語
république	レピュブリック f.	共和国

▶ républicain(e) 共和国の

仏語	カナ	日本語
empire	アンピール m.	帝国
empereur	アンプルール m.	皇帝

▶ impérial(e) 皇帝の

仏語	カナ	日本語
royaume	ロワイヨーム m.	王国
roi	ロワ m.	王

▶ royal(e) 王の

仏語	カナ	日本語
démocratie	デモクラスィ f.	民主主義
socialisme	ソスィヤリスム m.	社会主義
communisme	コミュニスム m.	共産主義
capitalisme	カピタリスム m.	資本主義
démocratique	デモクラティック	民主主義の
socialiste	ソスィヤリスト	社会主義の
communiste	コミュニスト	共産主義の
capitaliste	カピタリスト	資本主義の
démocrate	デモクラット m., f.	民主主義者
socialiste	ソスィヤリスト m., f.	社会主義者
communiste	コミュニスト m., f.	共産主義者
capitaliste	カピタリスト m., f.	資本主義者

仏語	カナ	日本語
territoire	テリトワール m.	領土
frontière	フロンティエール f.	国境
colonie	コロニー f.	植民地
département outre-mer	デパルトゥマン ウトルメール m.	海外県
étranger	エトランジェ m.	外国

11-2 社会

- **société** ソスィエテ f. 社会
  - **social(e)** ソスィヤル 社会の
  - **sociologie** ソスィヨロジー f. 社会学
  - **culture** キュルテュール f. 文化
  - **civilisation** スィヴィリザスィヨン f. 文明
  - **technologie** テクノロジー f. 科学技術
  - **idées** イデ f.pl. 思想、着想
  - **pensées** パンセ f.pl. 思想
  - **population** ポピュラスィヨン f. 人口 ▶peuple 民衆
  - **humanité** ユマニテ f. 人類、人間性
  - **économie** エコノミー f. 経済
  - **armée** アルメ f. 軍隊

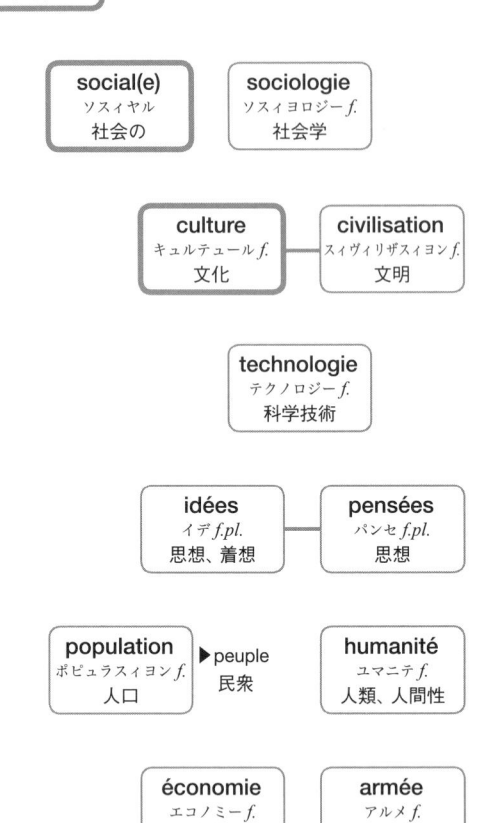

administration
アドミニストラスィヨン f.
行政

administratif(ve)
アドミニストラティフ
行政の

- ▶ droit administratif　行政法
- ▶ écrivain public　行政書士
- ▶ pouvoir exécutif　行政権
- ▶ réforme administrative　行政改革

exécutif(ve)
エグゼキュティフ
行政の

législation
レジスラスィヨン f.
立法

législatif(ve)
レジスラティフ
立法の

- ▶ corps législatif　立法機関
- ▶ pouvoir législatif　立法権

justice
ジュスティス f.
司法

judiciaire
ジュディスィエール
司法の

- ▶ pouvoir judiciaire　司法権
- ▶ concours national d'admission en Centre d'études judiciaires　司法試験
- ▶ système judiciaire　司法制度
- ▶ réforme judiciaire　司法制度改革
- ▶ police judiciaire　刑事警察

11-3 政治

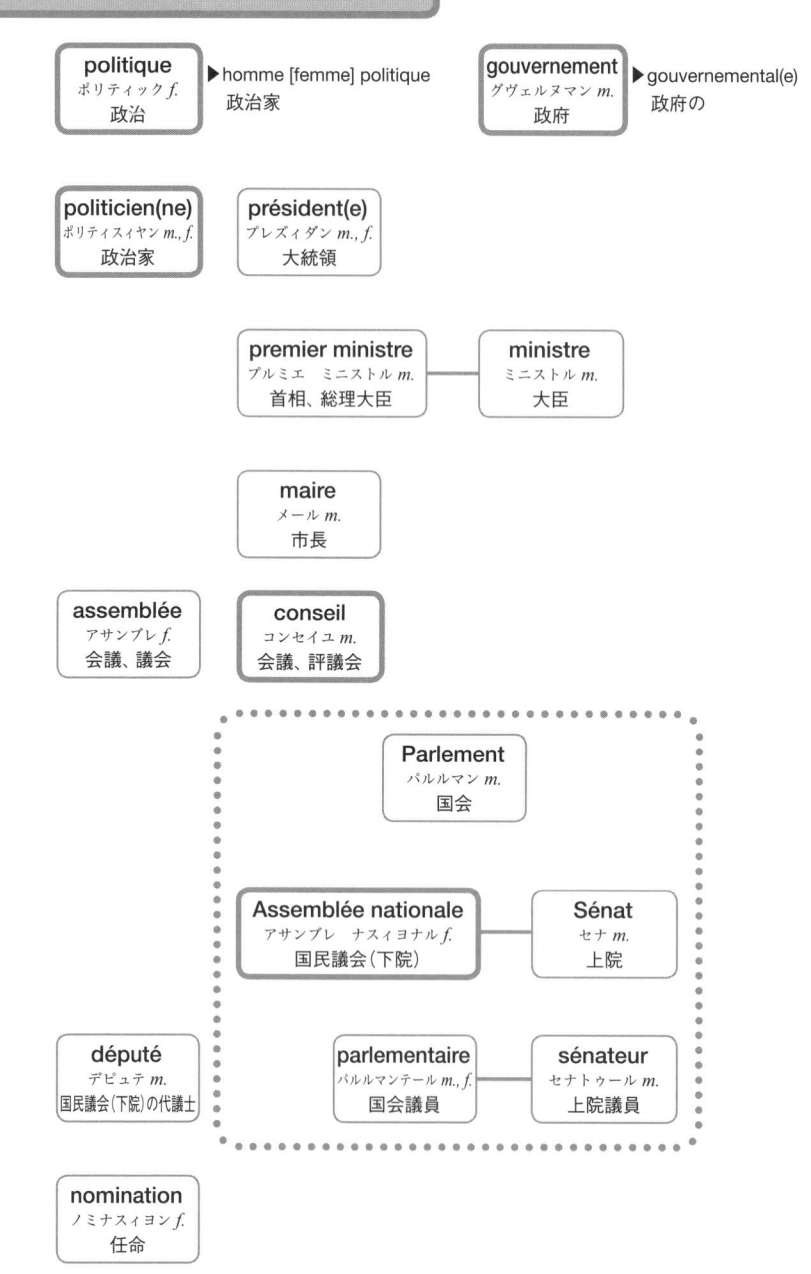

politique ポリティック f. 政治 ▶ homme [femme] politique 政治家

gouvernement グヴェルヌマン m. 政府 ▶ gouvernemental(e) 政府の

politicien(ne) ポリティスィヤン m., f. 政治家

président(e) プレズィダン m., f. 大統領

premier ministre プルミエ ミニストル m. 首相、総理大臣 — **ministre** ミニストル m. 大臣

maire メール m. 市長

assemblée アサンブレ f. 会議、議会

conseil コンセイユ m. 会議、評議会

Parlement パルルマン m. 国会

Assemblée nationale アサンブレ ナスィヨナル f. 国民議会(下院) — **Sénat** セナ m. 上院

député デピュテ m. 国民議会(下院)の代議士

parlementaire パルルマンテール m., f. 国会議員

sénateur セナトゥール m. 上院議員

nomination ノミナスィヨン f. 任命

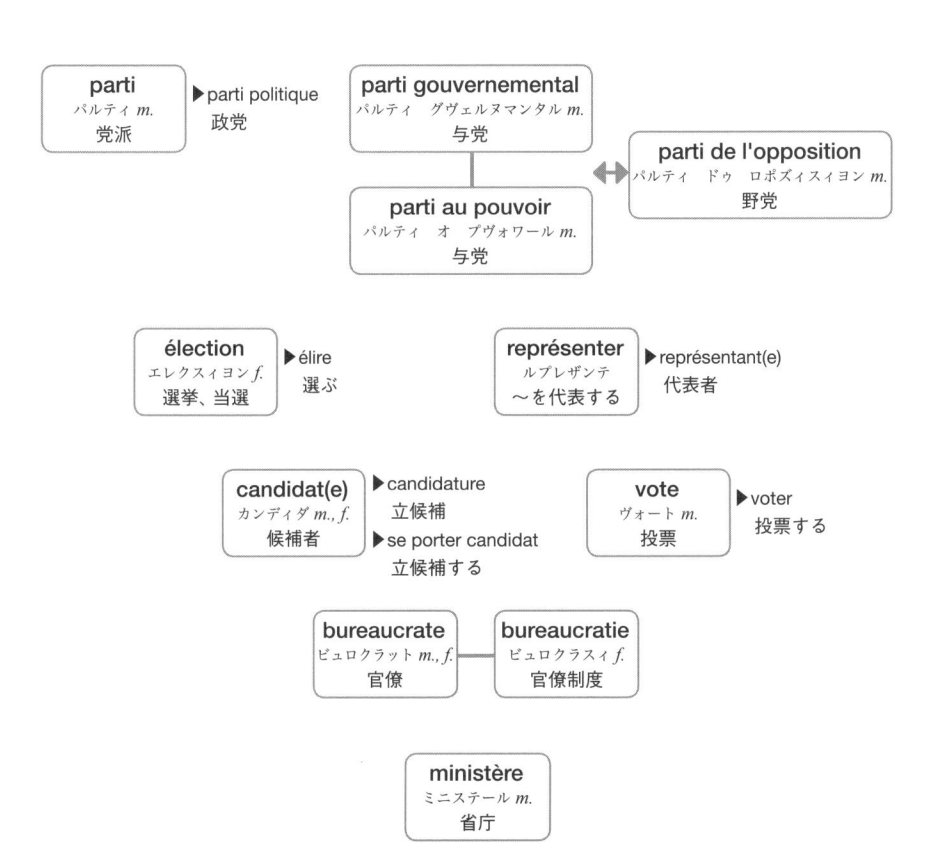

- **parti** パルティ m. 党派
  - ▶parti politique 政党
- **parti gouvernemental** パルティ グヴェルヌマンタル m. 与党
  - **parti au pouvoir** パルティ オ プヴォワール m. 与党
  - ↔ **parti de l'opposition** パルティ ドゥ ロポズィスィヨン m. 野党

- **élection** エレクスィヨン f. 選挙、当選
  - ▶élire 選ぶ
- **représenter** ルプレザンテ 〜を代表する
  - ▶représentant(e) 代表者

- **candidat(e)** カンディダ m., f. 候補者
  - ▶candidature 立候補
  - ▶se porter candidat 立候補する
- **vote** ヴォート m. 投票
  - ▶voter 投票する

- **bureaucrate** ビュロクラット m., f. 官僚
- **bureaucratie** ビュロクラスィ f. 官僚制度

- **ministère** ミニステール m. 省庁

▶Ministère de l'Intérieur　内務省
▶Ministère des Affaires étrangères　外務省
▶Ministère de l'Economie et des Finances　経済・財政省
▶Ministère de la Justice　司法省（法務省）
▶Ministère de l'Education nationale　国民教育省
▶Ministère des Affaires sociales et de la Santé　社会問題・厚生省
▶Ministère des Transports　運輸省
▶Ministère de l'Écologie　環境省
▶Ministère de l'Agriculture et de la Pêche　農業・漁業省
▶Ministère de la Culture　文化省
▶Ministère de l'Outre-Mer　海外県海外領土省
▶Ministère de Sports　スポーツ省

11-4 国際関係

relations internationales ルラスィヨン アンテルナスィヨナル f.pl. 国際関係

- **diplomatie** ディプロマスィ f. 外交
- **diplomatique** ディプロマティック 外交の
- **diplomate** ディプロマット m., f. 外交官

- **paix** ペー f. 平和 ⇔ **guerre** ゲール f. 戦争
- **déclaration** デクララスィヨン f. 宣言 ▶ déclaration de guerre 宣戦布告
- **déclarer** デクラレ 宣言する ▶ déclarer la guerre à un pays ある国に宣戦布告する
- **arme** アルム f. 武器
- **missile** ミスィル m. ロケット、ロケット弾
- **opération** オペラスィヨン f. 軍事行動、作戦

- **occuper** オキュペ 占領する ▶ occupation 占領
- **défendre** デファンドル 防衛する ▶ défense 防衛 ⇔ **attaquer** アタケ 攻撃する ▶ attaque 攻撃

l'ONU ロニュ f. 国連
- ▶ Secrétaire général de l'ONU 国連事務総長
- ▶ Conseil de sécurité 安全保障理事会
- ▶ Cour internationale de justice 国際司法裁判所
- ▶ l'OMS 世界保健機構(WHO)
- ▶ l'OIT 国際労働機関(ILO)
- ▶ l'UNESCO ユネスコ
- ▶ l'UNICEF ユニセフ

- **commerce** コメルス *m.* 貿易
- **exporter** エクスポルテ 輸出する ⇔ **importer** アンポルテ 輸入する
- **tarif douanier** タリフ ドゥワニエ *m.* 関税率表
- **droits de douane** ドロワ ドゥ ドゥワンヌ *m.pl.* 関税
- **différend commercial** ディフェラン コメルスィヤル *m.* 貿易摩擦

traité トレテ *m.* 条約
- **convention** コンヴァンスィヨン *f.* 協定
- **protocole** プロトコル *m.* 議定書
- **conclusion** コンクリュズィヨン *f.* 締結
- **signature** スィニャテュール *f.* 調印
- **ratification** ラティフィカスィヨン *f.* 批准

entretien アントルティヤン *m.* 会談
- **conférence au sommet** コンフェランス オ ソメ *f.* サミット
- **Commission européenne** コミスィヨン ウロペエンヌ *f.* 欧州委員会
- **l'Union européenne** リュニヨン ウロペエンヌ *f.* EU

- **monde** モンド *m.* 世界
- **international(e)** アンテルナスィヨナル 国際的な
- **internationalisation** アンテルナスィヨナリザスィヨン *f.* 国際化
- **étranger(ère)** エトランジェ 外国の
- **organisation** オルガニザスィヨン *f.* 組織
- **aide** エード *f.* 援助

11-5 法律

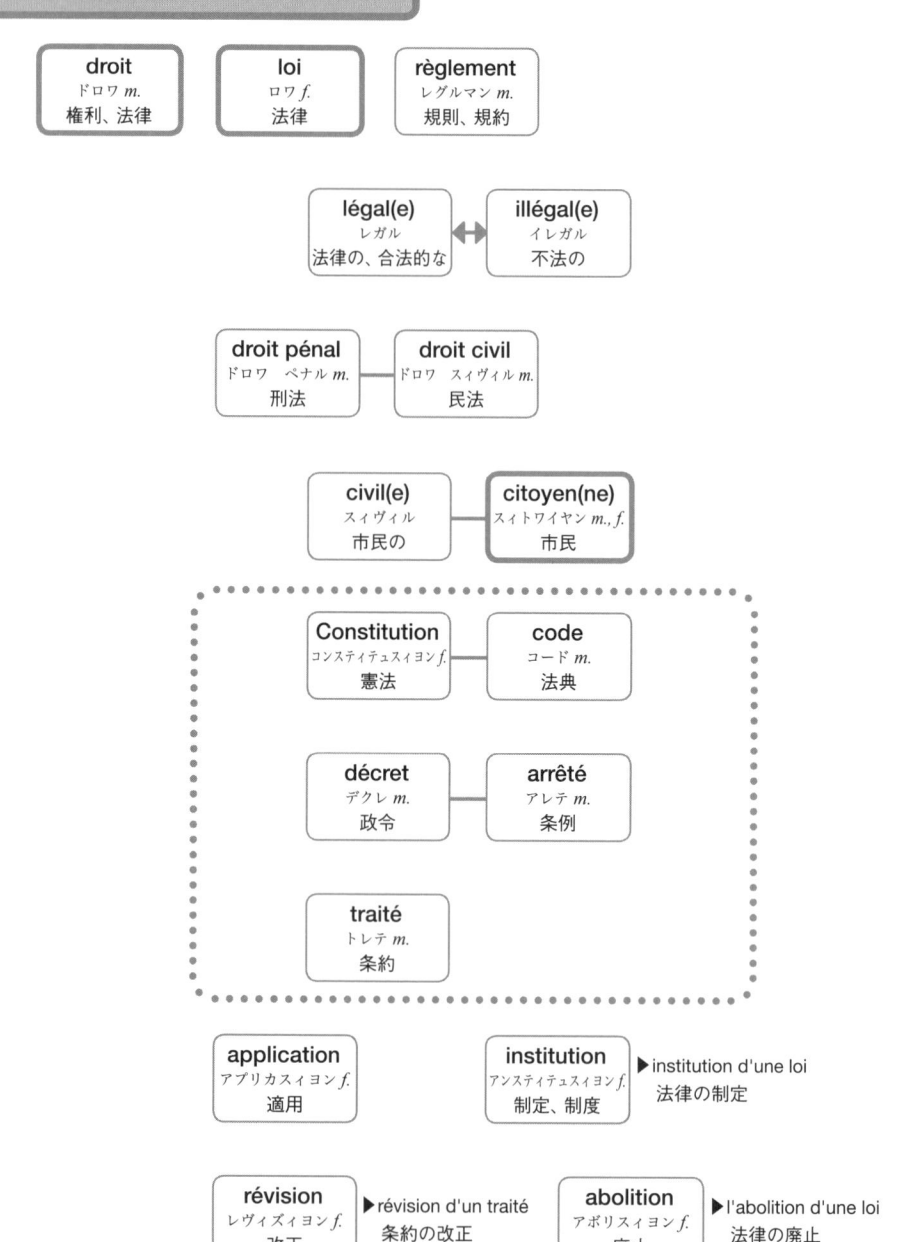

droit ドロワ m. 権利、法律

loi ロワ f. 法律

règlement レグルマン m. 規則、規約

légal(e) レガル 法律の、合法的な ⇔ **illégal(e)** イレガル 不法の

droit pénal ドロワ ペナル m. 刑法

droit civil ドロワ スィヴィル m. 民法

civil(e) スィヴィル 市民の

citoyen(ne) スィトワイヤン m., f. 市民

Constitution コンスティテュスィヨン f. 憲法

code コード m. 法典

décret デクレ m. 政令

arrêté アレテ m. 条例

traité トレテ m. 条約

application アプリカスィヨン f. 適用

institution アンスティテュスィヨン f. 制定、制度
▶ institution d'une loi 法律の制定

révision レヴィズィヨン f. 改正
▶ révision d'un traité 条約の改正

abolition アボリスィヨン f. 廃止
▶ l'abolition d'une loi 法律の廃止

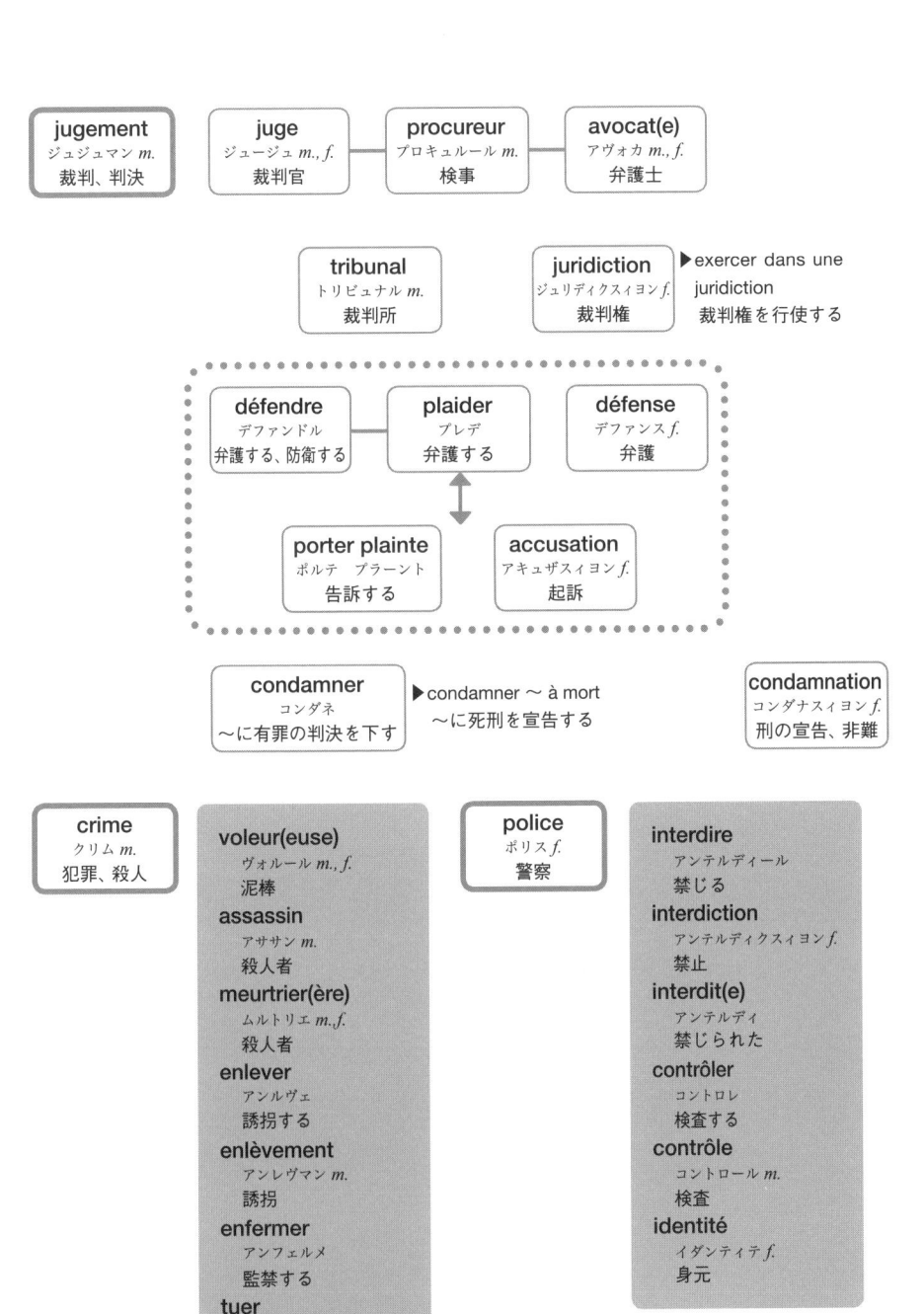

単語	発音	意味
jugement	ジュジュマン m.	裁判、判決
juge	ジュージュ m., f.	裁判官
procureur	プロキュルール m.	検事
avocat(e)	アヴォカ m., f.	弁護士
tribunal	トリビュナル m.	裁判所
juridiction	ジュリディクスィヨン f.	裁判権

▶ exercer dans une juridiction
裁判権を行使する

単語	発音	意味
défendre	デファンドル	弁護する、防衛する
plaider	プレデ	弁護する
défense	デファンス f.	弁護
porter plainte	ポルテ プラーント	告訴する
accusation	アキュザスィヨン f.	起訴

単語	発音	意味
condamner	コンダネ	～に有罪の判決を下す

▶ condamner ～ à mort
～に死刑を宣告する

単語	発音	意味
condamnation	コンダナスィヨン f.	刑の宣告、非難
crime	クリム m.	犯罪、殺人
voleur(euse)	ヴォルール m., f.	泥棒
assassin	アササン m.	殺人者
meurtrier(ère)	ムルトリエ m., f.	殺人者
enlever	アンルヴェ	誘拐する
enlèvement	アンレヴマン m.	誘拐
enfermer	アンフェルメ	監禁する
tuer	テュエ	殺す
violent(e)	ヴィヨラン	乱暴な
police	ポリス f.	警察
interdire	アンテルディール	禁じる
interdiction	アンテルディクスィヨン f.	禁止
interdit(e)	アンテルディ	禁じられた
contrôler	コントロレ	検査する
contrôle	コントロール m.	検査
identité	イダンティテ f.	身元

11-6 宗教

religion ルリジョン f. 宗教

religieux(se) ルリジュー 宗教の
▶ secte religieuse 宗派

dieu ディユー m. 神
▶ croire en Dieu 神を信じる

bouddhisme ブディスム m. 仏教
▶ bouddhiste 仏教徒

shintoïsme シントイスム m. 神道
▶ shintoïste 神道の信者

christianisme クリスティヤニスム m. キリスト教
▶ chrétien(ne) キリスト教徒

catholicisme カトリシスム m. カトリック
▶ catholique カトリック信者

protestantisme プロテスタンティスム m. プロテスタント
▶ protestant(e) プロテスタントの信者

islam イスラム m. イスラム教
▶ musulman(e) イスラム教徒

judaïsme ジュダイスム m. ユダヤ教
▶ juif(ve) ユダヤ教徒

athéisme アテイスム m. 無神論
▶ athée 無神論者

église エグリーズ f. 教会	**cathédrale** カテドラル f. 大聖堂		
	croix クロワ f. 十字架		
	autel オテル m. 祭壇		
prier プリエ 祈る	▶ prière 祈り	**messe** メス f. ミサ	▶ aller à la messe ミサに行く
	baptême バテム m. 洗礼	**confession** コンフェスィヨン f. ざんげ	**péché** ペシェ m. （宗教上の）罪 ▶ confesser ses péchés 罪を告白する
	Bible ビブル f. 聖書	**Ancien Testament** アンスィヤン テスタマン m. 旧約聖書	**Nouveau Testament** ヌーヴォー テスタマン m. 新約聖書
	pape パプ m. 教皇	**prêtre** プレートル m. 神父、司祭	**pasteur** パストゥール m. （プロテスタントの）牧師

まとめの問題⑪

下の語群から適切な単語を選ぼう。

① 国　　　（　　　　　）　② 政体　　　（　　　　　）
③ 国籍　　（　　　　　）　④ 共和国　　（　　　　　）
⑤ 国民　　（　　　　　）

[nation, nationalité, pays, régime, république]

⑥ 検事　　（　　　　　）　⑦ 裁判官　　（　　　　　）
⑧ 判決　　（　　　　　）　⑨ 裁判所　　（　　　　　）
⑩ 弁護士　（　　　　　）

[avocat, juge, jugement, procureur, tribunal]

日本語にあわせて空欄を埋めて綴りを完成させよう。

⑪ 法律　　l＿＿
⑫ 犯罪　　c＿＿＿＿
⑬ 憲法　　C＿＿st＿t＿＿＿＿＿
⑭ 警察　　p＿＿＿＿＿
⑮ 権利　　d＿＿＿＿
⑯ 神　　　d＿＿＿＿
⑰ 祈る　　p＿＿er
⑱ 宗教　　r＿li＿＿＿＿
⑲ ミサ　　m＿＿＿＿
⑳ 教会　　＿g＿＿＿＿

---

①pays ②régime ③nationalité ④république ⑤nation ⑥procureur ⑦juge ⑧jugement ⑨tribunal ⑩avocat ⑪loi ⑫crime ⑬Constitution ⑭police ⑮droit ⑯dieux ⑰prier ⑱religion ⑲messe ⑳église

第12章
経済・産業

12-1 経済

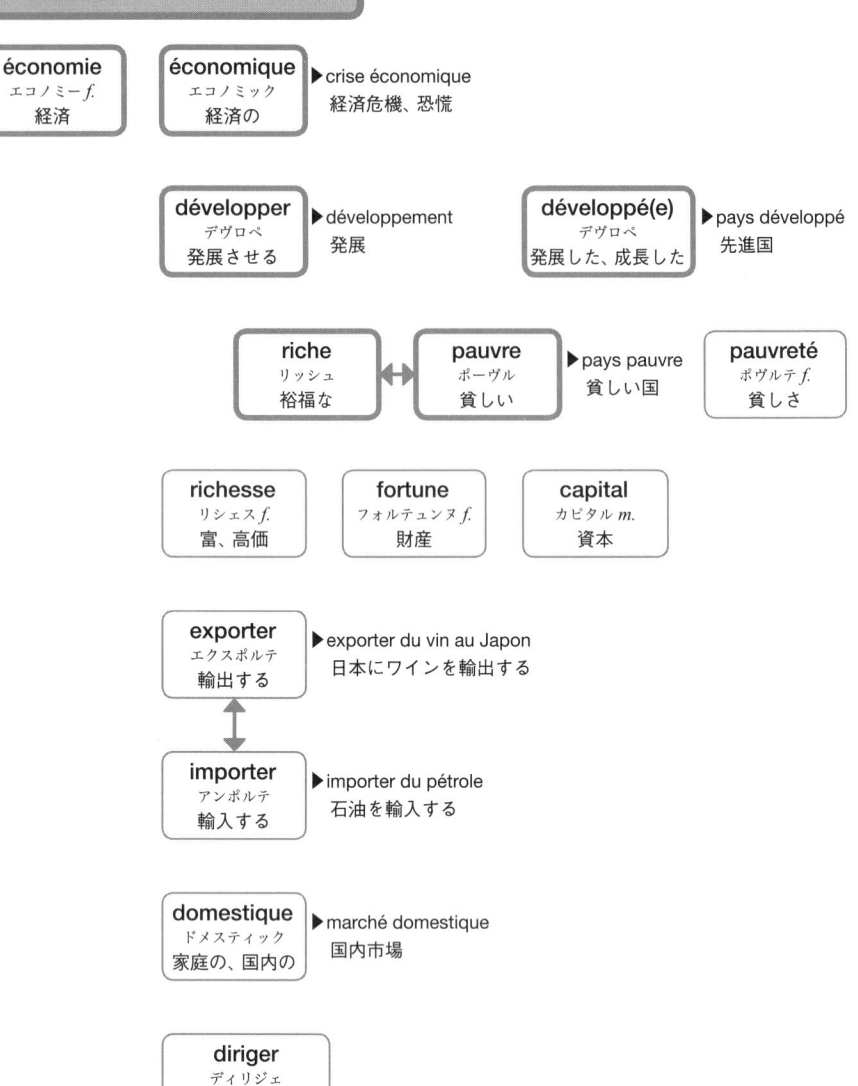

- **économie** エコノミー f. 経済
- **économique** エコノミック 経済の
  - ▶ crise économique 経済危機、恐慌
- **développer** デヴロペ 発展させる
  - ▶ développement 発展
- **développé(e)** デヴロペ 発展した、成長した
  - ▶ pays développé 先進国
- **riche** リッシュ 裕福な ⇔ **pauvre** ポーヴル 貧しい
  - ▶ pays pauvre 貧しい国
- **pauvreté** ポヴルテ f. 貧しさ
- **richesse** リシェス f. 富、高価
- **fortune** フォルテュンヌ f. 財産
- **capital** カピタル m. 資本
- **exporter** エクスポルテ 輸出する
  - ▶ exporter du vin au Japon 日本にワインを輸出する
- **importer** アンポルテ 輸入する
  - ▶ importer du pétrole 石油を輸入する
- **domestique** ドメスティック 家庭の、国内の
  - ▶ marché domestique 国内市場
- **diriger** ディリジェ 管理する、経営する

affaire
アフェール f.
取引

demande ドゥマンド f.　注文、需要
ordre オルドル m.　（商取引の）注文
titre ティートル m.　証書
emprunt アンプラン m.　借金
dû デュ m.　借金
obligation オブリガスィヨン f.　債券
impôt アンポ m.　税金

action
アクスィヨン f.
株

actionnaire
アクスィヨネール m., f.
株主

Bourse ブルス f.　証券取引所
place boursière プラス ブルスィエール f.　証券取引所
marché des actions マルシェ デ ザクスィヨン m.　証券取引所
indice アンディス m.　指数、平均株価
dividende ディヴィダンド m.　配当（金）
spéculation スペキュラスィヨン f.　投機、思惑
investisseur(euse) アンヴェスティスール m., f.　投資家
analyste アナリスト m., f.　アナリスト、分析家
changer シャンジェ　変動する
fluctuer フリュクテュエ　変動する
hausse オース f.　値上がり
monter モンテ　上昇する
monter en flèche モンテ アン フレッシュ　急上昇する
baisser ベセ　下降する

12-2 銀行

banque バンク *f.* 銀行

bancaire バンケール 銀行の
▶ numéro de compte bancaire 銀行口座番号

banquier(ère) バンキエ *m., f.* 銀行家

versement ヴェルスマン *m.* 振込
▶ faire un versement à la banque 銀行に払い込む

virement ヴィルマン *m.* 振替
▶ virement bancaire 銀行振替

change シャンジュ *m.* 両替
▶ taux de changes 為替レート

crédit クレディ *m.* クレジット
▶ carte de crédit クレジットカード

chèque シェック *m.* 小切手
▶ payer par chèque 小切手で支払う

chèque de voyage シェック ドゥ ヴォワイヤージュ *m.* トラベラーズチェック

carnet de chèques カルネ ドゥ シェック *m.* 小切手帳

somme ソム *f.* 金額
▶ une grosse somme 大金

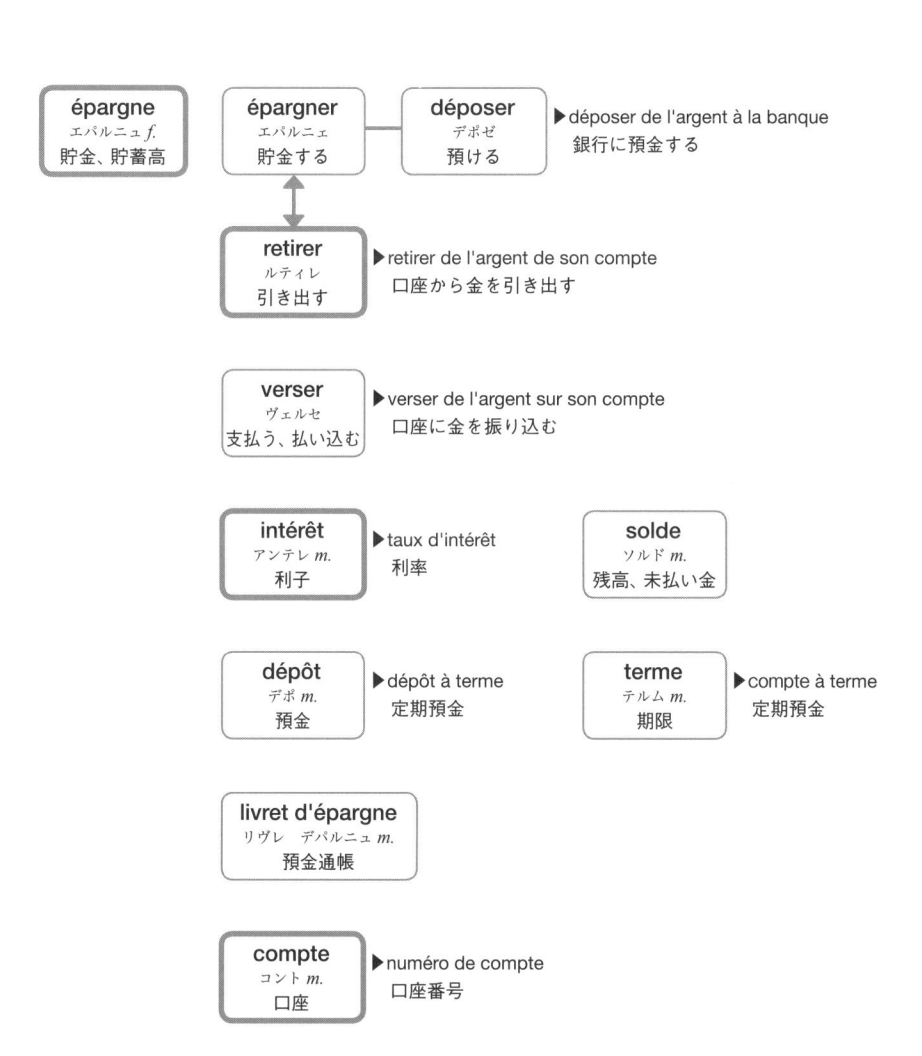

- **épargne** エパルニュ f. 貯金、貯蓄高
- **épargner** エパルニェ 貯金する
  - **déposer** デポゼ 預ける
    - ▶ déposer de l'argent à la banque 銀行に預金する
  - **retirer** ルティレ 引き出す
    - ▶ retirer de l'argent de son compte 口座から金を引き出す
  - **verser** ヴェルセ 支払う、払い込む
    - ▶ verser de l'argent sur son compte 口座に金を振り込む
- **intérêt** アンテレ m. 利子
  - ▶ taux d'intérêt 利率
- **solde** ソルド m. 残高、未払い金
- **dépôt** デポ m. 預金
  - ▶ dépôt à terme 定期預金
- **terme** テルム m. 期限
  - ▶ compte à terme 定期預金
- **livret d'épargne** リヴレ デパルニュ m. 預金通帳
- **compte** コント m. 口座
  - ▶ numéro de compte 口座番号

- **financement** フィナンスマン m. 融資、資金調達

  - **prêter** プレテ 貸す ▶ prêt 貸付け
  - **emprunter** アンプランテ 借りる ▶ emprunt 借り入れ
  - **rendre** ランドル 返す
  - **rembourser** ランブルセ 返す ▶ remboursement 返済
  - **dette** デット f. 債務
  - **hypothèque** イポテック f. 担保
  - **dépense** デパンス f. 出費、支出
  - **recevoir** ルスヴォワール 受け取る ▶ reçu 領収書

12-3 契約

- **contrat** コントラ m. 契約
- **engagement** アンガジュマン m. (雇用)契約
- **accord** アコール m. 協定、取り決め
- **convention** コンヴァンスィヨン f. (国家間)協定、契約

- **signer** スィニェ 署名する
- **signature** スィニャテュール f. 署名
- **dater** ダテ 日付を入れる
- **renouveler** ルヌヴレ 更新する
- **renouvellement** ルヌヴェルマン m. 更新
- **reconduire** ルコンデュイール 更新する

- **annuler** アニュレ 解約する、破棄する
- **annulation** アニュラスィヨン f. 解約、破棄
- **violer** ヴィヨレ 違反する ▶ violation 違反
- **transgresser** トランスグレセ 違反する ▶ transgression 違反

- **avance** アヴァンス f. 前渡し金
- **cotisation** コティザスィヨン f. 会費

location
ロカスィヨン *f.*
賃貸借

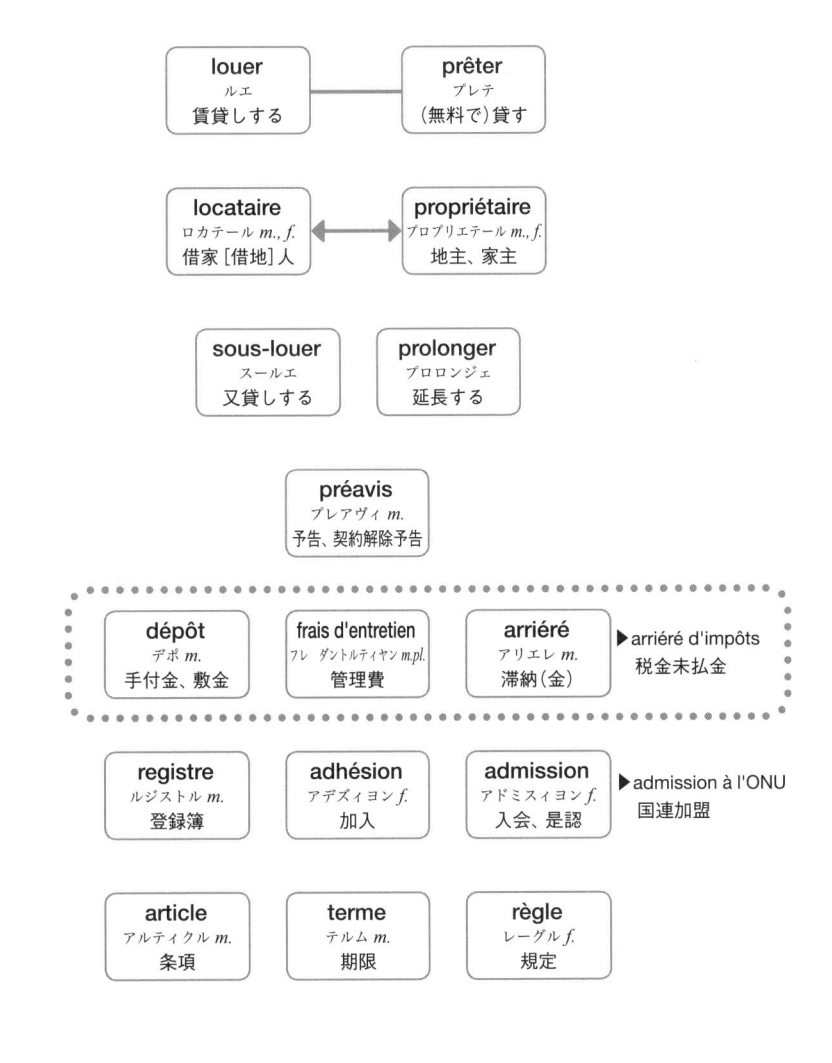

louer
ルエ
賃貸しする

prêter
プレテ
(無料で)貸す

locataire
ロカテール *m., f.*
借家[借地]人

propriétaire
プロプリエテール *m., f.*
地主、家主

sous-louer
スールエ
又貸しする

prolonger
プロロンジェ
延長する

préavis
プレアヴィ *m.*
予告、契約解除予告

dépôt
デポ *m.*
手付金、敷金

frais d'entretien
フレ ダントルティヤン *m.pl.*
管理費

arriéré
アリエレ *m.*
滞納(金)

▶ arriéré d'impôts
税金未払金

registre
ルジストル *m.*
登録簿

adhésion
アデズィヨン *f.*
加入

admission
アドミスィヨン *f.*
入会、是認

▶ admission à l'ONU
国連加盟

article
アルティクル *m.*
条項

terme
テルム *m.*
期限

règle
レーグル *f.*
規定

12-4 計算

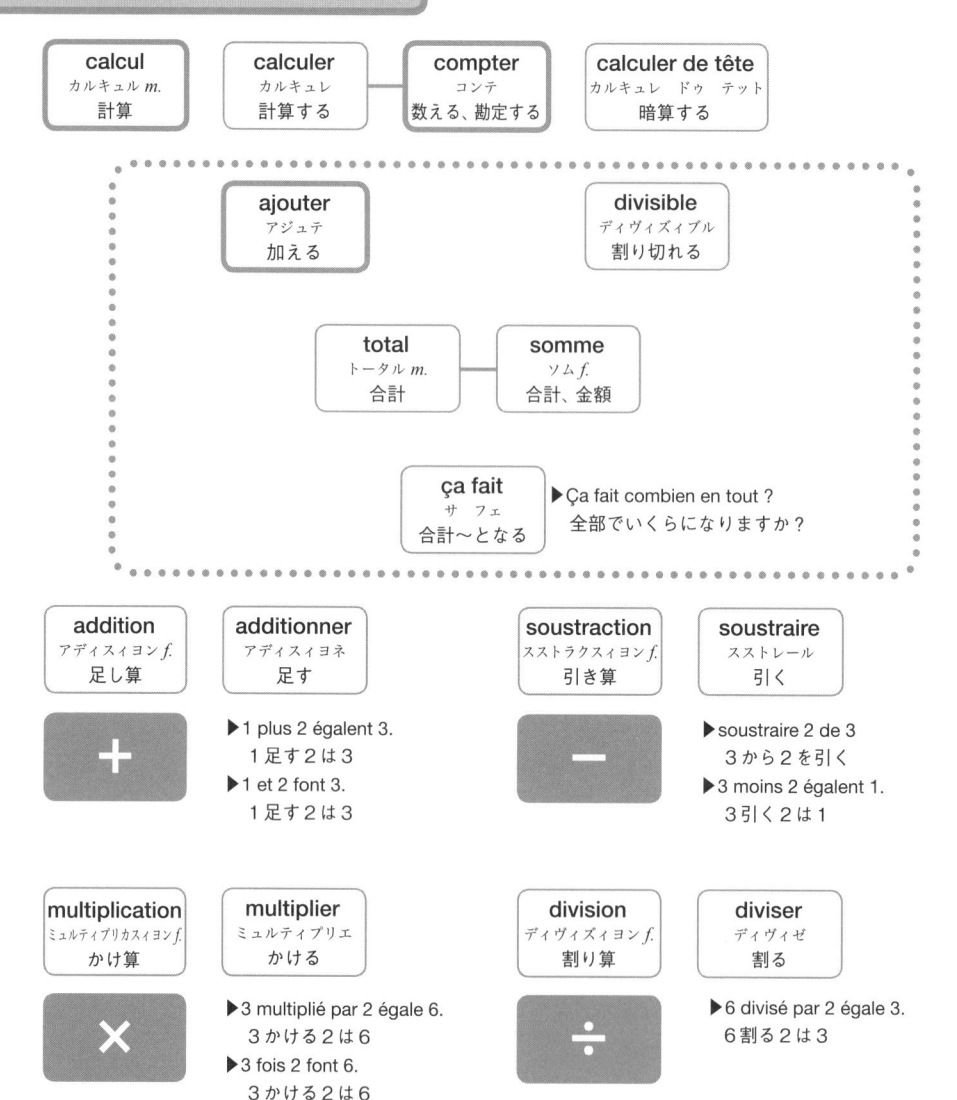

calcul	calculer	compter	calculer de tête
カルキュル m.	カルキュレ	コンテ	カルキュレ ドゥ テット
計算	計算する	数える、勘定する	暗算する

ajouter
アジュテ
加える

divisible
ディヴィズィブル
割り切れる

total
トータル m.
合計

somme
ソム f.
合計、金額

ça fait
サ フェ
合計〜となる

▶ Ça fait combien en tout ?
　全部でいくらになりますか？

---

addition
アディスィヨン f.
足し算

additionner
アディスィヨネ
足す

＋

▶ 1 plus 2 égalent 3.
　1足す2は3
▶ 1 et 2 font 3.
　1足す2は3

soustraction
ススストラクスィヨン f.
引き算

soustraire
ススストレール
引く

−

▶ soustraire 2 de 3
　3から2を引く
▶ 3 moins 2 égalent 1.
　3引く2は1

multiplication
ミュルティプリカスィヨン f.
かけ算

multiplier
ミュルティプリエ
かける

×

▶ 3 multiplié par 2 égale 6.
　3かける2は6
▶ 3 fois 2 font 6.
　3かける2は6

division
ディヴィズィヨン f.
割り算

diviser
ディヴィゼ
割る

÷

▶ 6 divisé par 2 égale 3.
　6割る2は3

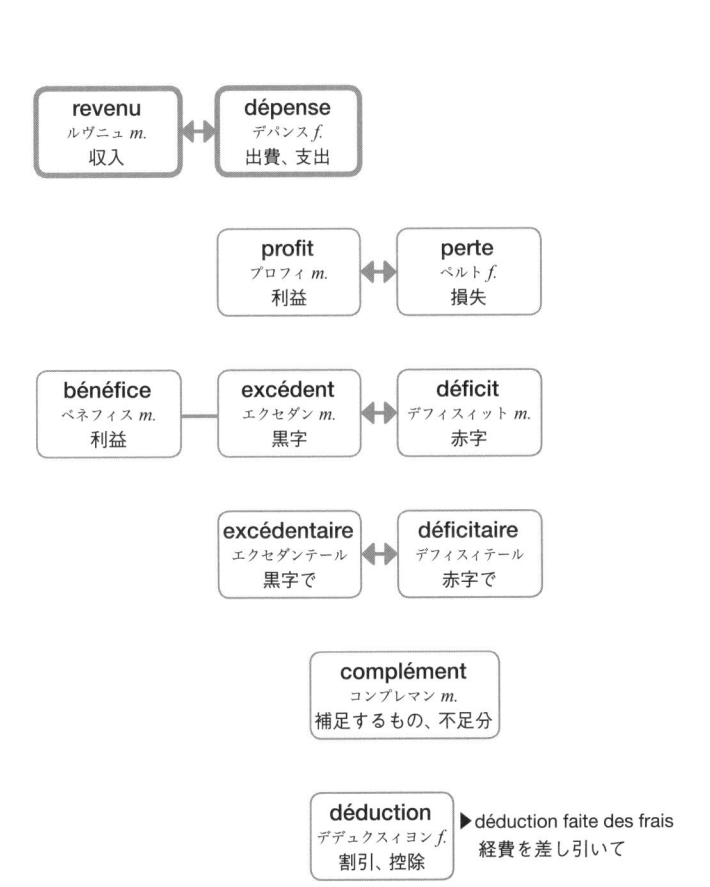

- **revenu** ルヴニュ m. 収入 ⇔ **dépense** デパンス f. 出費、支出

- **profit** プロフィ m. 利益 ⇔ **perte** ペルト f. 損失

- **bénéfice** ベネフィス m. 利益 / **excédent** エクセダン m. 黒字 ⇔ **déficit** デフィスィット m. 赤字

- **excédentaire** エクセダンテール 黒字で ⇔ **déficitaire** デフィスィテール 赤字で

- **complément** コンプレマン m. 補足するもの、不足分

- **déduction** デデュクスィヨン f. 割引、控除
  ▶ déduction faite des frais
  経費を差し引いて

12-5 産業

industrie アンデュストリー f. 産業
▶industriel(le) 産業の

secteur primaire セクトゥール プリメール m. 第一次産業

secteur secondaire セクトゥール スゴンデール m. 第二次産業

secteur tertiaire セクトゥール テルスィエール m. 第三次産業

agriculture アグリキュルテュール f. 農業

sylviculture スィルヴィキュルテュール f. 林業

pêche ペッシュ f. 漁業

industrie manufacturière アンデュストリー マニュファクテュリエール f. 製造業

services セルヴィス m.pl. サービス業

commerce de détail コメルス ドゥ デタイユ m. 小売り業

▶construction 建設業
▶électricité 電気
▶gaz ガス
▶sidérurgie 製鉄業
▶industrie métallurgique 製鉄業
▶industrie pétrolière 石油
▶industrie chimique 化学
▶industrie minière 鉱業
▶industrie papetière 製紙
▶papeterie 製紙
▶industrie navale 造船
▶industrie aéronautique 航空機産業
▶industrie nucléaire 原子力産業
▶industrie automobile 自動車
▶industrie électronique エレクトロニクス産業
▶industrie électroménagère 家電

▶machine de précision 精密機械
▶semi-conducteur 半導体
▶industrie de matière grise ソフトウェア産業
▶industrie textile アパレル
▶industrie des produits de beauté 化粧品産業
▶industrie informatique 情報
▶service des télécommunications 通信
▶industrie alimentaire 食品
▶industrie pharmaceutique 医薬
▶grand magasin 百貨店
▶restauration 外食
▶tourisme 旅行
▶hôtellerie ホテル
▶publicité 広告
▶imprimerie 印刷
▶édition 出版

agriculture
アグリキュルテュール f.
農業

- **agricole** アグリコル　農業の
- **agriculteur(trice)** アグリキュルトゥール m., f.　農業従事者
- **ferme** フェルム f.　農場、農家
- **cultiver** キュルティヴェ　耕す　▶culture　耕作
- **pêche** ペッシュ f.　漁業
- **chasse** シャッス f.　狩猟

fabriquer
ファブリケ
製造する

- **production** プロデュクスィヨン f.　生産
- **produire** プロデュイール　生産する
- **produit** プロデュイ m.　製品
- **producteur(trice)** プロデュクトゥール m., f.　生産者
- **matière** マティエール f.　材料、物質
- **matériaux** マテリヨ m.pl.　材料、資材
- **tissu** ティスュ m.　布地
- **toile** トワル f.　布
- **métal** メタル m.　金属
- **métallique** メタリック　金属の
- **fer** フェール m.　鉄
- **artificiel(le)** アルティフィスィエル　人工の
- **usine** ユズィーヌ f.　工場
- **pétrole** ペトロール m.　石油
- **pétrolier(ère)** ペトロリエ　石油の
- **construction** コンストリュクスィヨン f.　建設
- **construire** コンストリュイール　建設する

commerce
コメルス m.
商業

- **commercial(e)** コメルスィヤル　商業の
- **commerçant(e)** コメルサン m., f.　商人

まとめの問題⑫

日本語にあわせて空欄を埋めて綴りを完成させよう。
① 裕福な　　r＿＿ ＿＿ ＿＿ ＿＿
② 輸入する　＿＿ ＿＿ ＿＿ ＿＿ ＿＿ter
③ 経済　　　＿＿c＿＿ ＿＿ ＿＿ ＿＿ie
④ 輸出する　＿＿ ＿＿ ＿＿ ＿＿ ＿＿ter
⑤ 貧しい　　p＿＿ ＿＿v＿＿ ＿＿

下の語群から適切な単語を選ぼう。
⑥ virement　（　　　）　⑦ banque　　　　　（　　　）
⑧ change　　（　　　）　⑨ carte de crédit　（　　　）
⑩ chèque　　（　　　）

　[銀行、振替、両替、クレジットカード、小切手]

⑪ annuler　　（　　　）　⑫ signer　　（　　　）
⑬ renouveler（　　　）　⑭ prêter　　（　　　）
⑮ louer　　　（　　　）

　[解約する、賃貸しする、(無料で)貸す、更新する、署名する]

⑯ 足す　　（　　　）　⑰ 数える　（　　　）
⑱ かける　（　　　）　⑲ 割る　　（　　　）
⑳ 引く　　（　　　）

　[diviser, soustraire, multiplier, ajouter, compter]

①riche ②importer ③économie ④exporter ⑤pauvre ⑥振替 ⑦銀行 ⑧両替
⑨クレジットカード ⑩小切手 ⑪解約する ⑫署名する ⑬更新する ⑭(無料で)貸す
⑮賃貸しする ⑯ajouter ⑰compter ⑱multiplier ⑲diviser ⑳soustraire

第13章
感覚・思考

13-1 知覚

perception ペルセプスィヨン *f.* 知覚

regarder ルガルデ 見る

- **regard** ルガール *m.* 視線
- **voir** ヴォワール 見る ▶vue 視覚、視線
- **apercevoir** アペルスヴォワール 見かける
- **trouver** トルヴェ 見つける
- **retrouver** ルトルヴェ 見つけ出す
- **paraître** パレートル 〜のように見える
- **sembler** サンブレ 〜のように見える
- **découvrir** デクヴリール 発見する
- **remarquer** ルマルケ 気がつく

entendre アンタンドル 聞こえる

bruit ブリュイ *m.* 音

son ソン *m.* 音

sentir サンティール 感じる、かぐ

odeur オドゥール *f.* におい

odorat オドラ *m.* 嗅覚

goûter グテ 味わう、楽しむ

goût グー *m.* 味、味覚

toucher トゥシェ 触れる

toucher トゥシェ *m.* 触覚

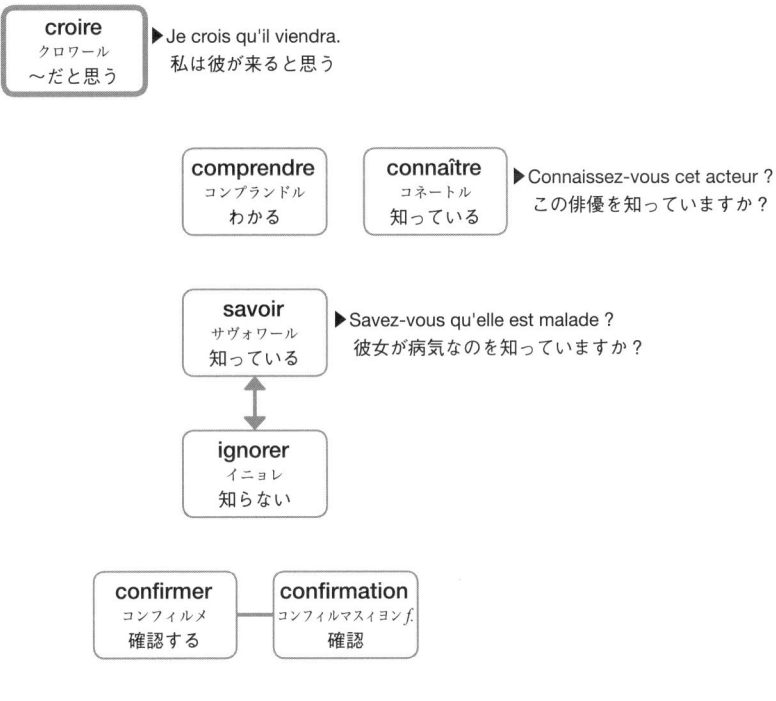

croire
クロワール
～だと思う

▶ Je crois qu'il viendra.
　私は彼が来ると思う

comprendre
コンプランドル
わかる

connaître
コネートル
知っている

▶ Connaissez-vous cet acteur ?
　この俳優を知っていますか？

savoir
サヴォワール
知っている

▶ Savez-vous qu'elle est malade ?
　彼女が病気なのを知っていますか？

ignorer
イニョレ
知らない

confirmer
コンフィルメ
確認する

confirmation
コンフィルマスィヨン *f.*
確認

intuition
アンテュイスィヨン *f.*
直感、直観

impression
アンプレスィヨン *f.*
印象

13-2 感情

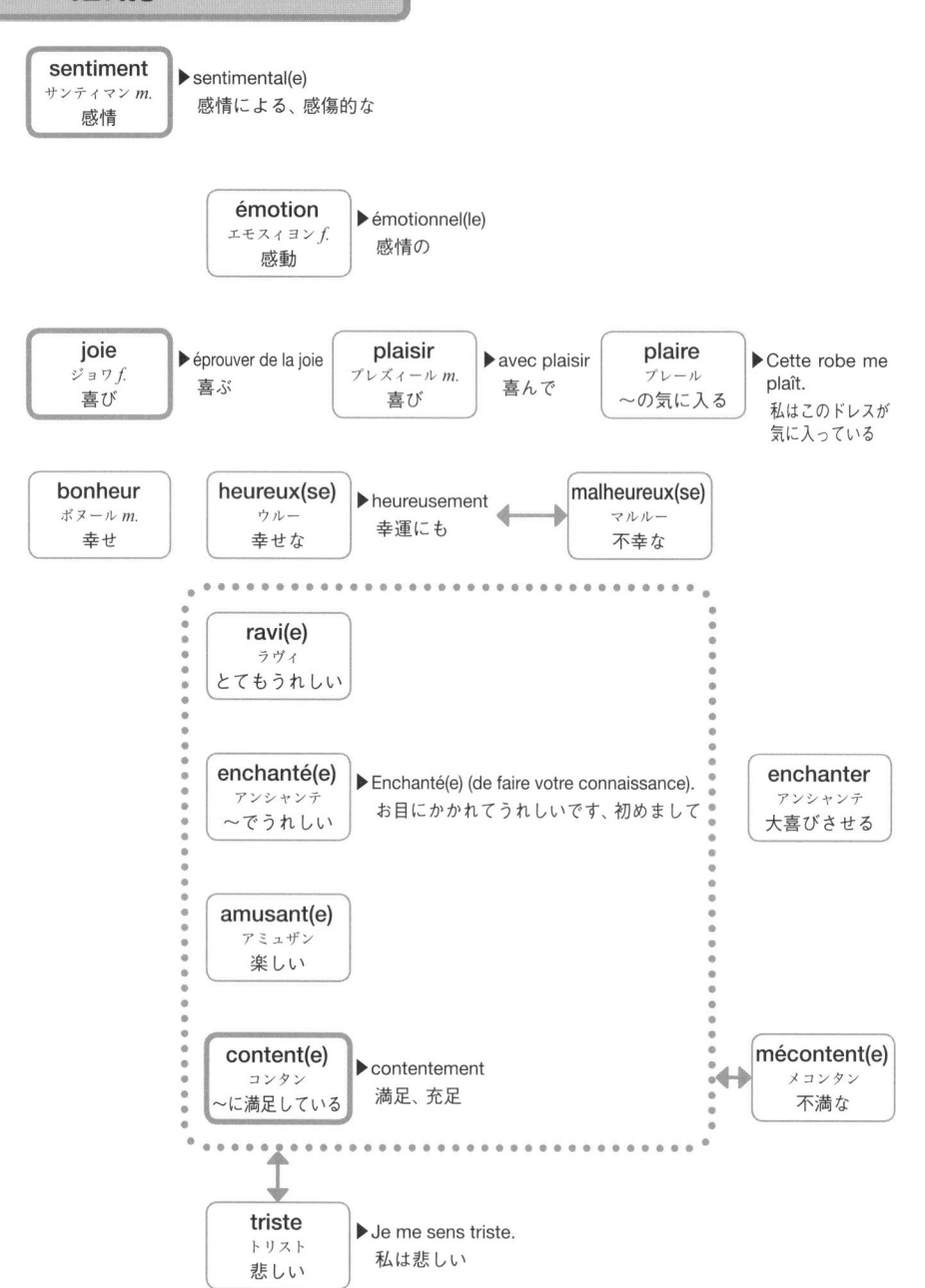

- **sentiment** サンティマン m. 感情
  - ▶ sentimental(e) 感情による、感傷的な

- **émotion** エモスィヨン f. 感動
  - ▶ émotionnel(le) 感情の

- **joie** ジョワ f. 喜び
  - ▶ éprouver de la joie 喜ぶ
- **plaisir** プレズィール m. 喜び
  - ▶ avec plaisir 喜んで
- **plaire** プレール 〜の気に入る
  - ▶ Cette robe me plaît. 私はこのドレスが気に入っている

- **bonheur** ボヌール m. 幸せ
- **heureux(se)** ウルー 幸せな
  - ▶ heureusement 幸運にも
  - ⇔ **malheureux(se)** マルルー 不幸な

- **ravi(e)** ラヴィ とてもうれしい

- **enchanté(e)** アンシャンテ 〜でうれしい
  - ▶ Enchanté(e) (de faire votre connaissance). お目にかかれてうれしいです、初めまして
- **enchanter** アンシャンテ 大喜びさせる

- **amusant(e)** アミュザン 楽しい

- **content(e)** コンタン 〜に満足している
  - ▶ contentement 満足、充足
  - ⇔ **mécontent(e)** メコンタン 不満な

- **triste** トリスト 悲しい
  - ▶ Je me sens triste. 私は悲しい

curiosité
キュリヨズィテ f.
好奇心

- curieux(se) キュリユー　興味深い
- curieusement キュリユーズマン　奇妙に、奇妙なことに
- intéressant(e) アンテレサン　面白い
- intéresser アンテレセ　興味を呼ぶ

surprise
スュルプリーズ f.
驚き

- surpris(e) スュルプリ　驚いた
- surprendre スュルプランドル　驚かす
- étonné(e) エトネ　驚いた
- étonner エトネ　驚かせる
- incroyable アンクロワヤーブル　信じられない

désir
デズィール m.
欲望

- désirer デズィレ　望む
- envie アンヴィ f.　欲望
- souhaiter スエテ　望む
- souhaitable スエターブル　望ましい
- espérer エスペレ　願う
- espoir エスポワール m.　希望

peur
プール f.
恐れ

inquiétude
アンキエテュード f.
心配

- crainte クラーント f.　恐れ、不安
- craindre クラーンドル　恐れる
- horreur オルール f.　恐怖
- horrible オリーブル　恐ろしい、ひどい
- terrible テリーブル　恐ろしい
- inquiet(ète) アンキエ　心配している
- s'inquiéter サンキエテ　心配する
- inquiéter アンキエテ　心配させる
- souci ススィ m.　気がかり、心配

13-3 感覚

sens サンス m. 感覚

sensationnel(le) サンサスィヨネル センセーショナルな、すばらしい

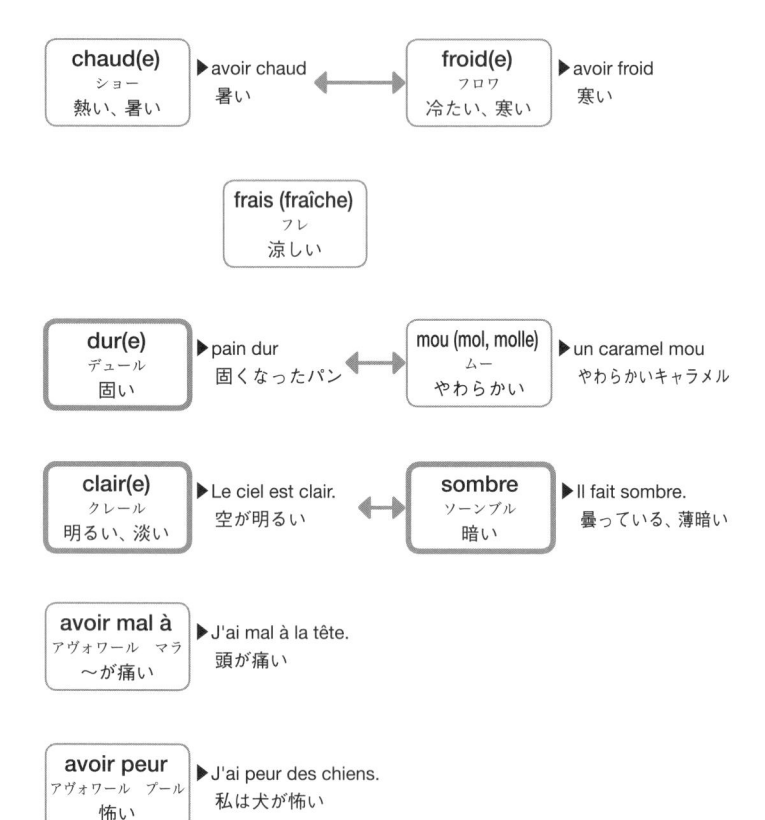

vif (vive) ヴィフ 鋭敏な

chaud(e) ショー 熱い、暑い ▶ avoir chaud 暑い ⟷ **froid(e)** フロワ 冷たい、寒い ▶ avoir froid 寒い

frais (fraîche) フレ 涼しい

dur(e) デュール 固い ▶ pain dur 固くなったパン ⟷ **mou (mol, molle)** ムー やわらかい ▶ un caramel mou やわらかいキャラメル

clair(e) クレール 明るい、淡い ▶ Le ciel est clair. 空が明るい ⟷ **sombre** ソーンブル 暗い ▶ Il fait sombre. 曇っている、薄暗い

avoir mal à アヴォワール マラ 〜が痛い ▶ J'ai mal à la tête. 頭が痛い

avoir peur アヴォワール プール 怖い ▶ J'ai peur des chiens. 私は犬が怖い

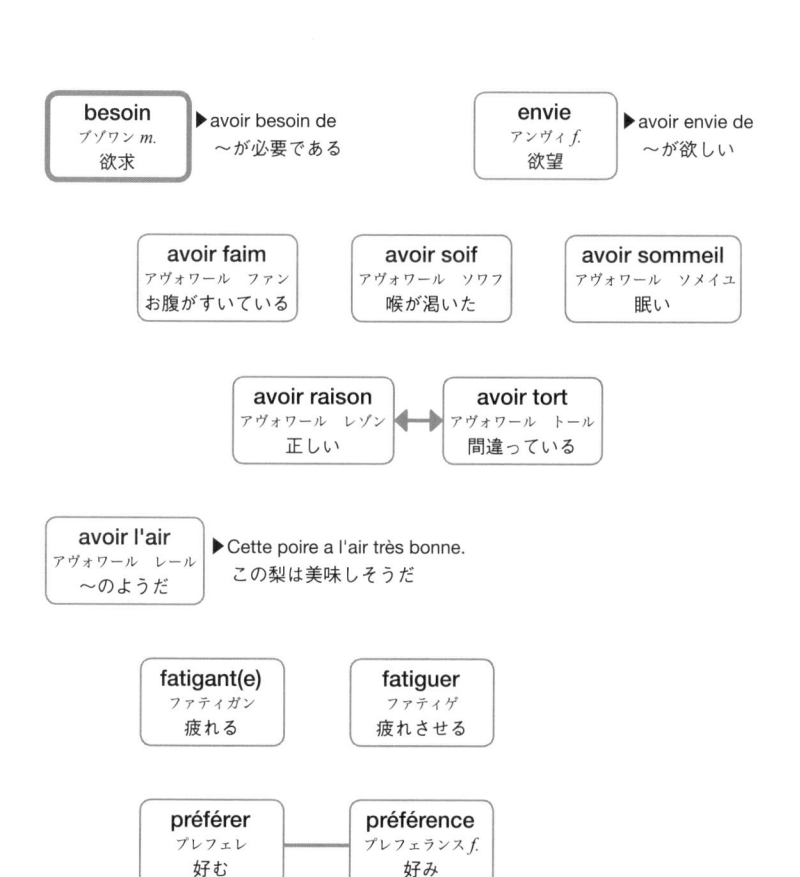

- **besoin** ブゾワン m. 欲求 ▶ avoir besoin de 〜が必要である
- **envie** アンヴィ f. 欲望 ▶ avoir envie de 〜が欲しい

- **avoir faim** アヴォワール ファン お腹がすいている
- **avoir soif** アヴォワール ソワフ 喉が渇いた
- **avoir sommeil** アヴォワール ソメイユ 眠い

- **avoir raison** アヴォワール レゾン 正しい ⇔ **avoir tort** アヴォワール トール 間違っている

- **avoir l'air** アヴォワール レール 〜のようだ ▶ Cette poire a l'air très bonne. この梨は美味しそうだ

- **fatigant(e)** ファティガン 疲れる
- **fatiguer** ファティゲ 疲れさせる

- **préférer** プレフェレ 好む ― **préférence** プレフェランス f. 好み

13.4 思考・判断

penser パンセ 考える

- pensée パンセ f. 考え、思考
- esprit エスプリ m. 精神
- idée イデ f. 考え、意見
- volonté ヴォロンテ f. 意志
- réfléchir レフレシール よく考える
- réflexion レフレクスィヨン f. 熟考、反省
- intention アンタンスィヨン f. 意図
- intentionnel(le) アンタンスィヨネル 故意の、意図的な
- intentionnellement アンタンスィヨネルマン 故意に、意図的に

comprendre コンプラーンドル わかる

- connaître コネートル （見聞きなどをして）知っている
- connaissance コネサンス f. 知識、知ること
- savoir サヴォワール （情報・学習によって）知っている
- ignorer イニョレ ～を知らない
- ignorance イニョランス f. 無知
- ignorant(e) イニョラン 知らない、無知な
- reconnaître ルコネートル それとわかる
- reconnaissance ルコネサンス f. 認知

imaginer イマジネ 想像する

- imagination イマジナスィヨン f. 想像（力）
- imaginaire イマジネール 想像上の
- imaginable イマジナブル 想像できる、考えうる
- s'imaginer スィマジネ 心に描く
- se représenter ス ルプレザンテ 思い浮かべる
- se souvenir de ス スヴニール ドゥ ～を思い出す
- se rappeler ス ラプレ ～を思い出す
- souvenir スヴニール m. 思い出

prévoir
プレヴォワール
予想する・予測する

- prévision プレヴィズィヨン f. 予想・予測
- supposer スュポゼ 推測する
- supposition スュポズィスィヨン f. 推測
- prévenir プレヴニール 予告する
- prévention プレヴァンスィヨン f. 予防

décider
デスィデ
決める

- définir デフィニール 定義する
- définition デフィニスィヨン f. 定義
- distinguer ディスタンゲ 区別する
- distinction ディスタンクスィヨン f. 区別
- classer クラセ 分類する
- classement クラスマン m. 分類
- ranger ランジェ 整理する
- rangement ランジュマン m. 整理
- juger ジュジェ 判断する
- jugement ジュジュマン m. 判断

その他

- refuser ルフュゼ 拒否する
- refus ルフュ m. 拒否
- interpréter アンテルプレテ 解釈する
- remarquer ルマルケ 注目する
- comparer コンパレ 比較する
- idéaliser イデアリゼ 理想化する
- douter de ドゥテ ドゥ 〜を疑う
- imiter イミテ 模倣する

まとめの問題⑬

日本語にあわせて空欄を埋めて綴りを完成させよう。
① 聞こえる　　　　e__t__ __ __re
② 味わう、楽しむ　go__ __er
③ 触れる　　　　　to__ __ __er
④ 見る　　　　　　re__ __ __ __er
⑤ 感じる、かぐ　　s__ __ __ __r

下の語群から適切な単語を選ぼう。
⑥ joie　　　　（　　　）　⑦ désir　　　　（　　　）
⑧ peur　　　　（　　　）　⑨ curiosité　　（　　　）
⑩ surprise　　（　　　）　⑪ inquiétude　（　　　）

[喜び、好奇心、驚き、欲望、恐れ、心配]

⑫ avoir raison （　　　）　⑬ avoir soif　　（　　　）
⑭ avoir l'air　（　　　）　⑮ avoir sommeil（　　　）
⑯ avoir faim　（　　　）　⑰ avoir tort　　（　　　）

［お腹がすいている、喉が渇いた、眠い、正しい、間違っている、〜のようだ］

---

①entendre ②goûter ③toucher ④regarder ⑤sentir ⑥喜び ⑦欲望 ⑧恐れ ⑨好奇心 ⑩驚き ⑪心配 ⑫正しい ⑬喉が渇いた ⑭〜のようだ ⑮眠い ⑯お腹がすいている ⑰間違っている

第14章
人間関係

14-1 人間関係

relations humaines
ルラスィヨン ユメンヌ *f.pl.*
人間関係

rencontrer
ランコントレ
出会う

rencontre
ランコーントル *f.*
出会い
▶ rencontre inattendue 奇遇

saluer
サリュエ
挨拶する

salutation
サリュタスィヨン *f.*
挨拶

salut
サリュ *m.*
挨拶

présenter
プレザンテ
紹介する

accueillir
アクイール
出迎える

accueil
アクユ *m.*
もてなし、応対

rendez-vous
ランデヴー *m.*
待ち合わせ

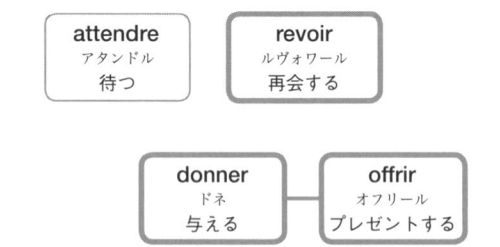

attendre
アタンドル
待つ

revoir
ルヴォワール
再会する

donner
ドネ
与える

offrir
オフリール
プレゼントする

amuser アミュゼ　楽しませる
contenter コンタンテ　満足させる
soigner ソワニェ　世話をする　▶Soignez-vous bien.　お大事に
garder ガルデ　〜の世話をする
aider エデ　手伝う
sauver ソヴェ　救う
ménager メナジェ　気を配る、配慮する　▶Ménagez-vous bien.　お大事に
excuser エクスキュゼ　許す
pardonner パルドネ　許す　▶Pardon ?　失礼ですが？
permettre ペルメートル　認める　▶permission　許可
forcer フォルセ　強いる
obliger オブリジェ　義務を負わせる　▶obligation　義務
retenir ルトゥニール　引き留める、抑える
empêcher アンペシェ　妨げる　▶empêchement　不都合
déranger デランジェ　邪魔をする　▶dérangement　邪魔、迷惑
convenir à コンヴニール ア　〜に都合がよい　▶convenable　適当な
associer アソスィエ　参加させる、結び付ける　▶association　参加、結びつき
remercier ルメルスィエ　感謝する　▶remerciement　感謝
consoler コンソレ　慰める
compter sur コンテ スュル　〜を当てにする
recommander ルコマンデ　勧める　▶recommandation　推薦、忠告
convaincre コンヴァーンクル　納得させる
gronder グロンデ　叱る
embarrasser アンバラセ　困らせる、困惑させる　▶embarrassant(e)　邪魔な、厄介な
privé(e) プリヴェ　個人の
responsabilité レスポンサビリテ f.　責任

14-2 交際

amour アムール m. 愛情

aimer エメ 愛する

adorer アドレ 大好きである ▶ adoration 熱愛

embrasser アンブラセ キスをする

bise ビーズ f. (頬にする)キス

bisou ビズ m. キス、チュー

baiser ベゼ m. 口づけ ▶ baiser d'adieu 別れのキス

amitié アミティエ f. 友情

- **amical(e)** アミカル 友愛のこもった、好意的な
- **amicalement** アミカルマン 友情をこめて、友好的に
- **intime** アンティーム 親密な、内輪の
- **intimement** アンティムマン 親密に、心底から
- **intimité** アンティミテ f. 親密さ、私生活
- **promettre** プロメートル 約束する
- **promesse** プロメス f. 約束

invitation アンヴィタスィヨン f. 招待

- **inviter** アンヴィテ 招待する
- **invité(e)** アンヴィテ m., f. 招待客
- **assister** アスィステ 出席する

correspondre
コレスポンドル
文通する
▶ correspondre avec ses parents
両親と手紙で連絡を取り合う

correspondance
コレスポンダンス f.
文通

mener
ムネ
連れて行く

accompagner
アコンパニェ
〜と一緒に行く、同行する

disputer
ディスピュテ
争う
▶ se disputer avec
〜と口論する

se brouiller ス ブルイエ 仲たがいする
se réconcilier avec ス レコンスィリエ アヴェク 〜と和解する
se séparer de ス セパレ ドゥ 〜と別れる、離別する
se moquer de ス モケ ドゥ 〜を馬鹿にする
mentir à マンティール ア 〜に嘘をつく
mensonge マンソンジュ m. 嘘
secret スクレ m. 秘密

relation ルラスィヨン f. 関係、交際
attitude アティテュード f. 態度
action アクスィヨン f. 行い
acte アクト m. 行い
agir アジール 振舞う
manière マニエール f. やり方
façon ファソン f. やり方
moyen モワイヤン m. 手段

14-3 コミュニケーション

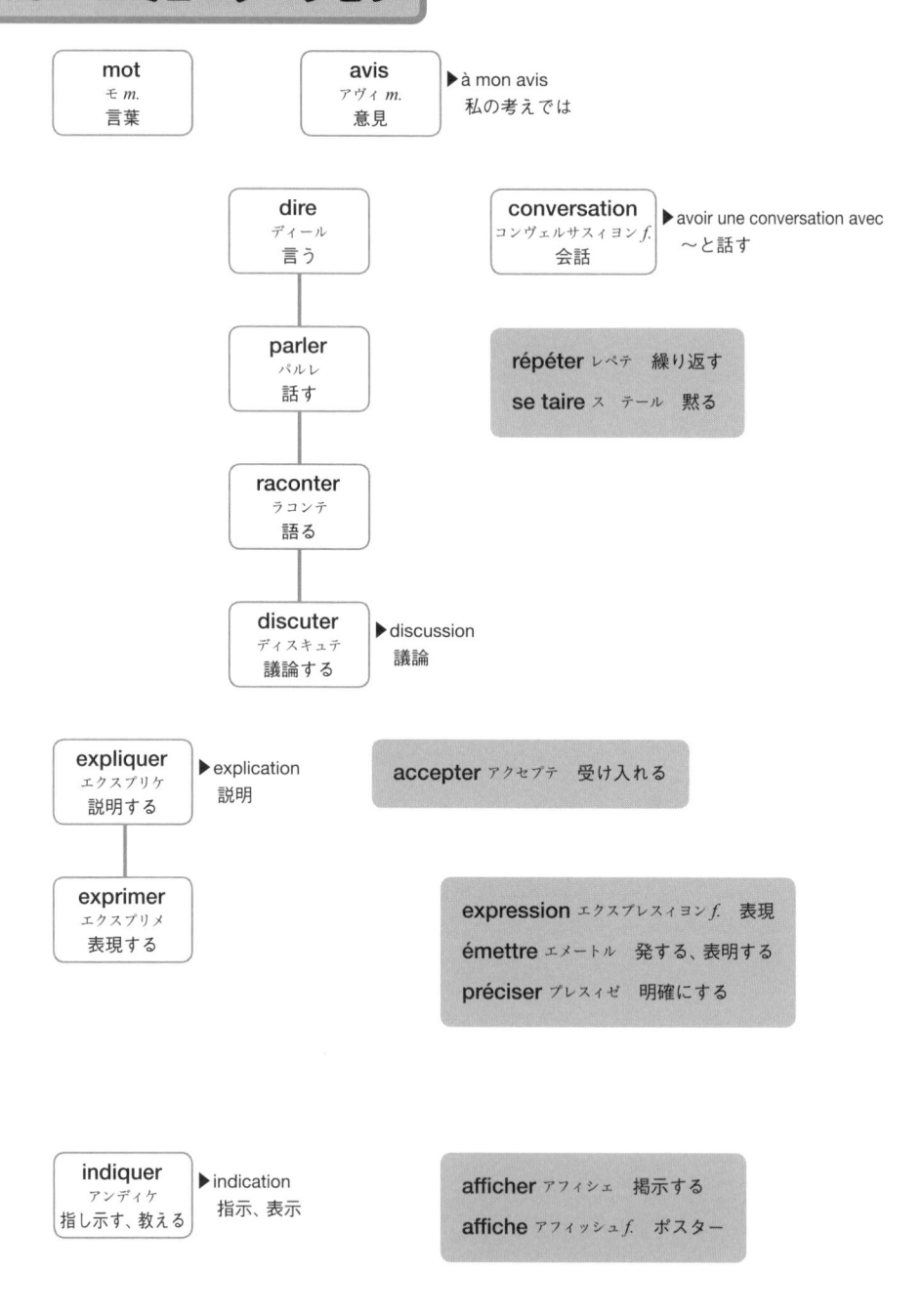

- **mot** モ *m.* 言葉
- **avis** アヴィ *m.* 意見 ▶ à mon avis 私の考えでは

- **dire** ディール 言う
- **conversation** コンヴェルサスィヨン *f.* 会話 ▶ avoir une conversation avec ～と話す

- **parler** パルレ 話す

répéter レペテ 繰り返す
se taire ス テール 黙る

- **raconter** ラコンテ 語る

- **discuter** ディスキュテ 議論する ▶ discussion 議論

- **expliquer** エクスプリケ 説明する ▶ explication 説明

accepter アクセプテ 受け入れる

- **exprimer** エクスプリメ 表現する

expression エクスプレスィヨン *f.* 表現
émettre エメートル 発する、表明する
préciser プレスィゼ 明確にする

- **indiquer** アンディケ 指し示す、教える ▶ indication 指示、表示

afficher アフィシェ 掲示する
affiche アフィッシュ *f.* ポスター

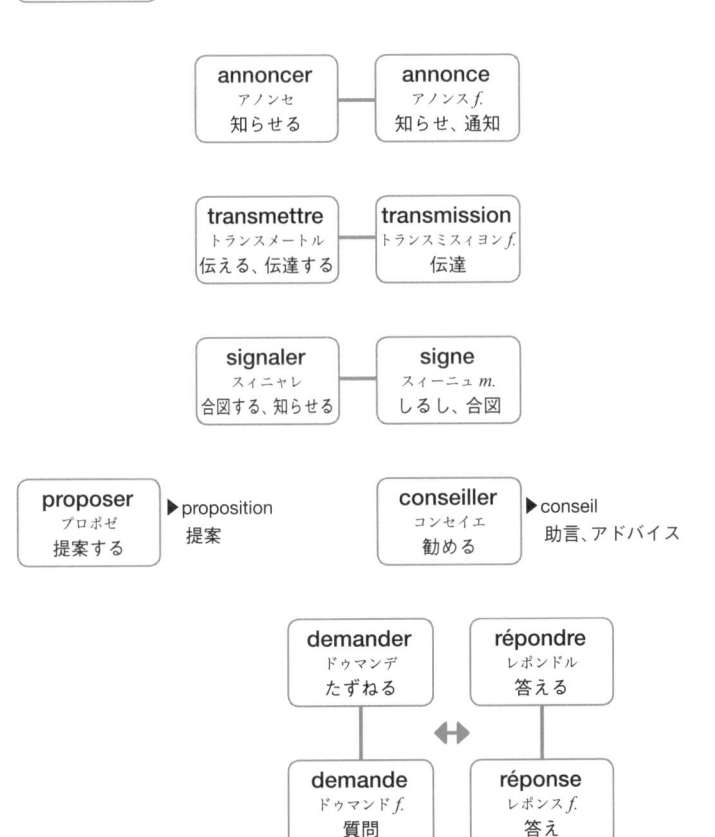

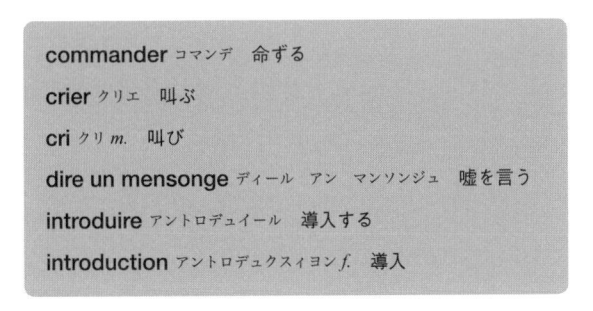

- **informer** アンフォルメ 知らせる ▶ information 情報

- **annoncer** アノンセ 知らせる — **annonce** アノンス f. 知らせ、通知

- **transmettre** トランスメートル 伝える、伝達する — **transmission** トランスミスィヨン f. 伝達

- **signaler** スィニャレ 合図する、知らせる — **signe** スィーニュ m. しるし、合図

- **proposer** プロポゼ 提案する ▶ proposition 提案

- **conseiller** コンセイエ 勧める ▶ conseil 助言、アドバイス

- **demander** ドゥマンデ たずねる ↔ **répondre** レポンドル 答える
- **demande** ドゥマンド f. 質問 ↔ **réponse** レポンス f. 答え

---

commander コマンデ 命ずる
crier クリエ 叫ぶ
cri クリ m. 叫び
dire un mensonge ディール アン マンソンジュ 嘘を言う
introduire アントロデュイール 導入する
introduction アントロデュクスィヨン f. 導入

まとめの問題⑭

下の語群から適切な単語を選ぼう。

① 挨拶する　（　　　）　② 出迎える　（　　　）

③ 出会う　　（　　　）　④ 再会する　（　　　）

⑤ 待つ　　　（　　　）

[accueillir, attendre, rencontrer, revoir, saluer]

⑥ dire　　　（　　　）　⑦ indiquer　（　　　）

⑧ expliquer（　　　）　⑨ raconter　（　　　）

⑩ exprimer（　　　）　⑪ discuter　（　　　）

[言う、語る、議論する、説明する、表現する、指し示す]

日本語にあわせて空欄を埋めて綴りを完成させよう。

⑫ やり方　　　ma＿＿＿＿e

⑬ 関係、交際　re＿＿＿＿on

⑭ 行い　　　　ac＿＿

⑮ 態度　　　　a＿＿i＿＿de

⑯ 手段　　　　m＿y＿＿

⑰ やり方　　　f＿＿＿n

---

①saluer ②accueillir ③rencontrer ④revoir ⑤attendre ⑥言う ⑦指し示す ⑧説明する ⑨語る ⑩表現する ⑪議論する ⑫manière ⑬relation ⑭acte ⑮attitude ⑯moyen ⑰façon

第15章
様々な概念

15-1 時間①

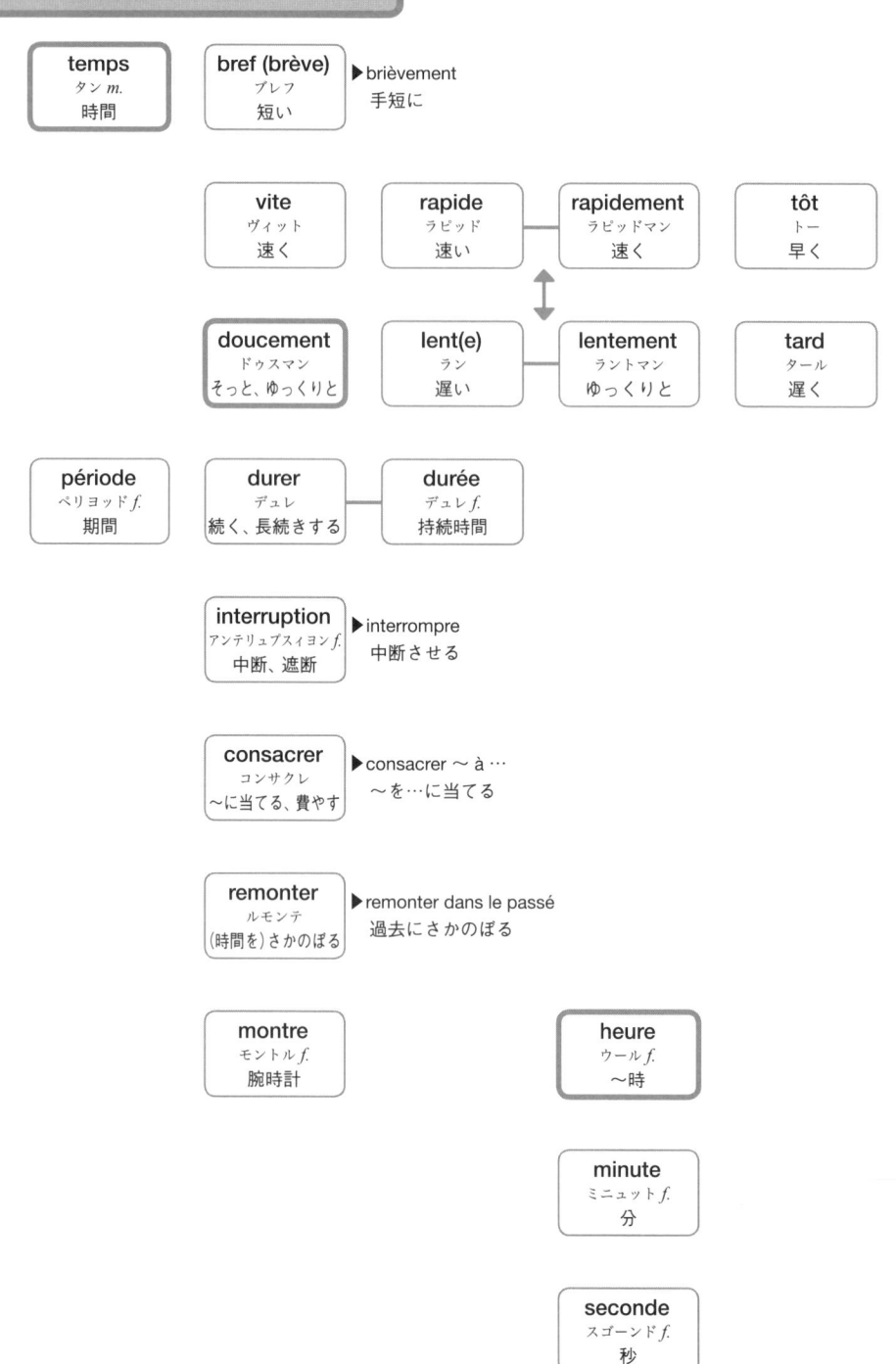

- **temps** タン m. 時間
- **bref (brève)** ブレフ 短い
  - ▶ brièvement 手短に

- **vite** ヴィット 速く
- **rapide** ラピッド 速い
- **rapidement** ラピッドマン 速く
- **tôt** トー 早く

- **doucement** ドゥスマン そっと、ゆっくりと
- **lent(e)** ラン 遅い
- **lentement** ラントマン ゆっくりと
- **tard** タール 遅く

- **période** ペリヨッド f. 期間
- **durer** デュレ 続く、長続きする
- **durée** デュレ f. 持続時間

- **interruption** アンテリュプスィヨン f. 中断、遮断
  - ▶ interrompre 中断させる

- **consacrer** コンサクレ 〜に当てる、費やす
  - ▶ consacrer 〜 à … 〜を…に当てる

- **remonter** ルモンテ (時間を)さかのぼる
  - ▶ remonter dans le passé 過去にさかのぼる

- **montre** モントル f. 腕時計

- **heure** ウール f. 〜時

- **minute** ミニュット f. 分

- **seconde** スゴーンド f. 秒

toujours トゥジュール いつも

finalement フィナルマン ついに

dès デ 〜からすぐに

jusque ジュスク 〜まで
▶ jusqu'au matin 朝まで

depuis ドゥピュイ 〜以来

pendant パンダン 〜の間に
▶ pendant la guerre 戦時中に

entre アントル 〜の間に
▶ Venez me voir entre deux et trois heures. 2時と3時の間に会いに来てください

vers ヴェル 〜頃

quand カン いつ、〜の時

lorsque ロルスク 〜の時

après アプレ 〜の後で

périodique ペリヨディック 周期的な、定期的な
date ダット *f.* 日付
âgé(e) アジェ 年をとった

siècle スィエクル *m.* 世紀
époque エポック *f.* 時代
moderne モデルヌ 近代の

limite リミット *f.* 限界、期限

demi ドゥミ 半分の

quart カール *m.* 4分の1

15-2 時間②

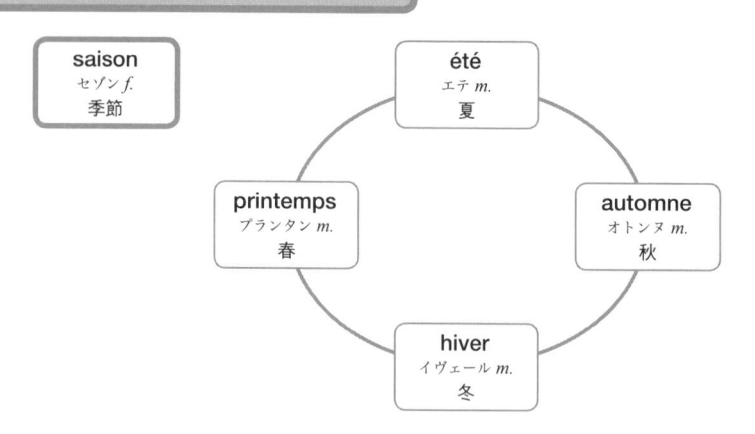

saison セゾン f. 季節

- **été** エテ m. 夏
- **printemps** プランタン m. 春
- **automne** オトンヌ m. 秋
- **hiver** イヴェール m. 冬

mois モワ m. (暦の)月

- **janvier** ジャンヴィエ m. 1月
  - ▶en janvier 1月に
  - ▶au mois de janvier 1月に
- **février** フェヴリエ m. 2月
- **mars** マルス m. 3月
- **avril** アヴリル m. 4月
- **mai** メ m. 5月
- **juin** ジュアン m. 6月
- **juillet** ジュイエ m. 7月
- **août** ウート m. 8月
- **septembre** セプターンブル m. 9月
- **octobre** オクトーブル m. 10月
- **novembre** ノヴァーンブル m. 11月
- **décembre** デサーンブル m. 12月

an アン m. 年 ▶un an 1年

année アネ f. 年 ▶une année 1年

annuel(le) アニュエル 毎年の、年に1度の

saison des pluies セゾン デ プリュイ f. 雨季

canicule カニキュル f. 猛暑

dernières chaleurs de l'été デルニエール シャルール ドゥ レテ f.pl. 残暑

équinoxe de printemps エキノクス ドゥ プランタン m. 春分

solstice d'été ソルスティス デテ m. 夏至

équinoxe d'automne エキノクス ドトンヌ m. 秋分

solstice d'hiver ソルスティス ディヴェール m. 冬至

Noël ノエル m. クリスマス

- **semaine** スメーヌ f. 週
- **week-end** ウィケンド m. 週末
- **en semaine** アン スメーヌ 平日に
- **jour** ジュール m. 一日
- **journée** ジュルネ f. 一日、日中
- **matin** マタン m. 朝
- **midi** ミディ m. 正午
- **après-midi** アプレミディ m. 午後
- **soir** ソワール m. 夕方、晩
- **soirée** ソワレ f. 晩
- **nuit** ニュイ f. 夜
- **minuit** ミニュイ m. 真夜中
- **avant-hier** アヴァンティエール おととい
- **hier** イエール 昨日
- **aujourd'hui** オジュルデュイ 今日
- **demain** ドゥマン 明日
- **après-demain** アプレドゥマン あさって
- **anniversaire** アニヴェルセール m. 誕生日、記念日

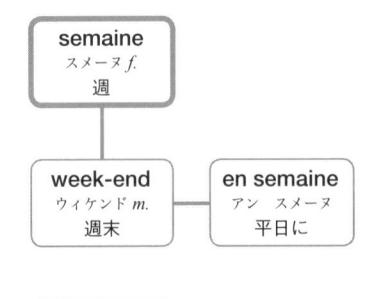

lundi ランディ m.	月曜日
mardi マルディ m.	火曜日
mercredi メルクルディ m.	水曜日
jeudi ジュディ m.	木曜日
vendredi ヴァンドルディ m.	金曜日
samedi サムディ m.	土曜日
dimanche ディマーンシュ m.	日曜日

lendemain ランドマン m.　翌日
autrefois オトルフォワ　昔
avenir アヴニール m.　将来
futur フュテュール m.　未来
tout à l'heure トゥタルール　ついさっき、もうすぐ
　▶A tout à l'heure.　またあとで
à temps ア タン　時間どおりに

15-3 単位

- **unité** ユニテ f. 単位

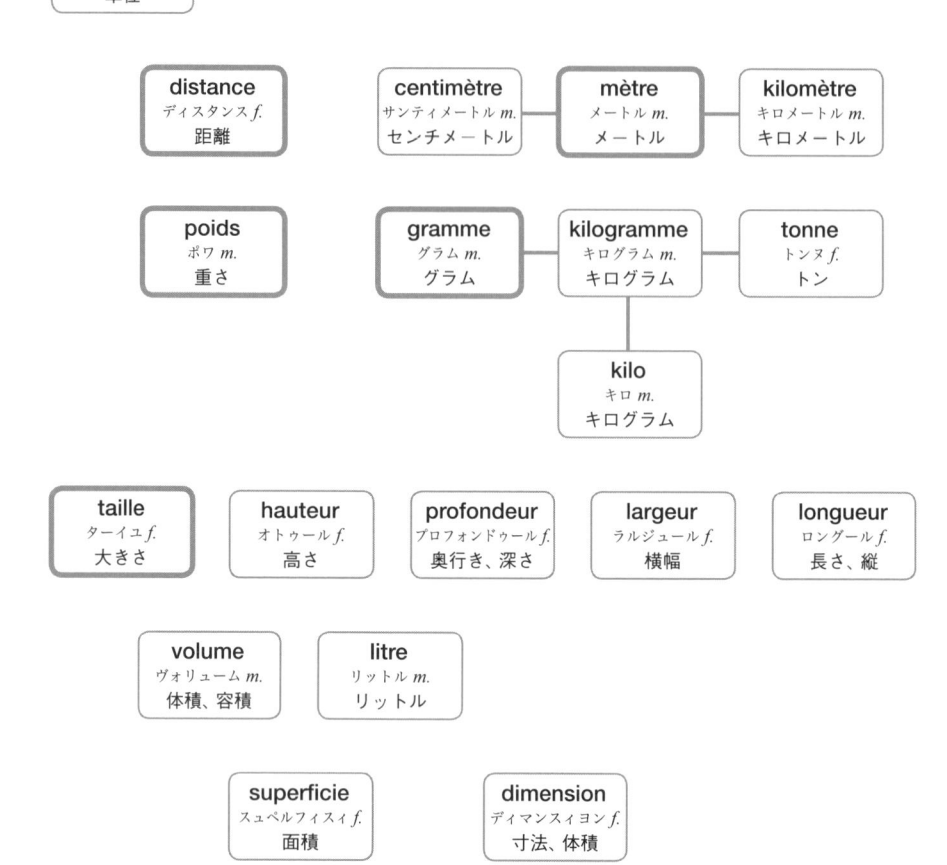

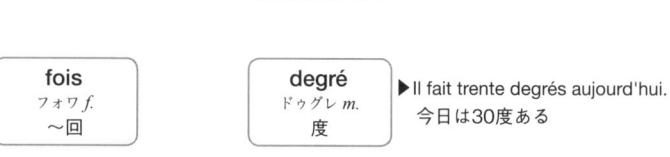

- **distance** ディスタンス f. 距離
- **centimètre** サンティメートル m. センチメートル
- **mètre** メートル m. メートル
- **kilomètre** キロメートル m. キロメートル

- **poids** ポワ m. 重さ
- **gramme** グラム m. グラム
- **kilogramme** キログラム m. キログラム
- **tonne** トンヌ f. トン
- **kilo** キロ m. キログラム

- **taille** ターイユ f. 大きさ
- **hauteur** オトゥール f. 高さ
- **profondeur** プロフォンドゥール f. 奥行き、深さ
- **largeur** ラルジュール f. 横幅
- **longueur** ロングール f. 長さ、縦

- **volume** ヴォリューム m. 体積、容積
- **litre** リットル m. リットル

- **superficie** スュペルフィスィ f. 面積
- **dimension** ディマンスィヨン f. 寸法、体積

- **fois** フォワ f. 〜回
- **degré** ドゥグレ m. 度
  ▶ Il fait trente degrés aujourd'hui.
  今日は30度ある

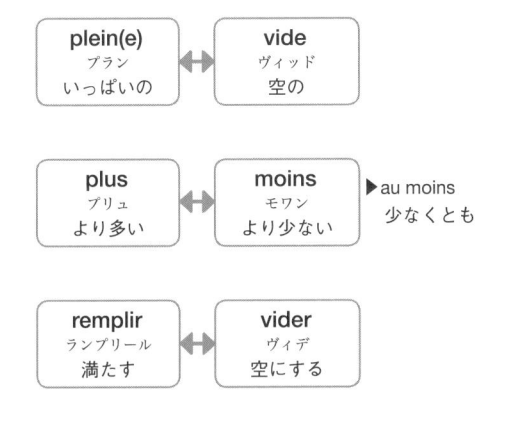

```
plein(e)          vide
プラン     ⇔    ヴィッド
いっぱいの         空の

plus              moins
プリュ     ⇔    モワン     ▶ au moins
より多い           より少ない      少なくとも

remplir           vider
ランプリール ⇔  ヴィデ
満たす            空にする
```

- **nombre** ノンブル *m.* 数
- **beaucoup** ボクー たくさん
- **la plupart** ラ プリュパール *f.* 大部分
- **tout** トゥー 全ての
- **entier(ère)** アンティエ 全部の
- **tant** タン とても
- **énorme** エノルム 巨大な
- **énormément** エノルメマン 並外れて、非常に
- **largement** ラルジュマン 広く、十分に
- **presque** プレスク ほとんど
- **suffire** スュフィール 足りる
- **suffisant(e)** スュフィザン 十分な
- **suffisamment** スュフィザマン 十分に
- **assez** アセ 十分に
- **grandeur** グランドゥール *f.* 大きさ
- **peser** プゼ 重さが〜である
- **nombreux(se)** ノンブルー 数が多い
- **plusieurs** プリュズィユール 何人もの
- **autant** オータン 〜と同じくらい
- **moitié** モワティエ *f.* 半分
- **un peu** アン プー 少し
- **moindre** モワンドル より小さな、些細な
- **seul(e)** スル 唯一の
- **seulement** スルマン ただ〜だけ

15-4 統計

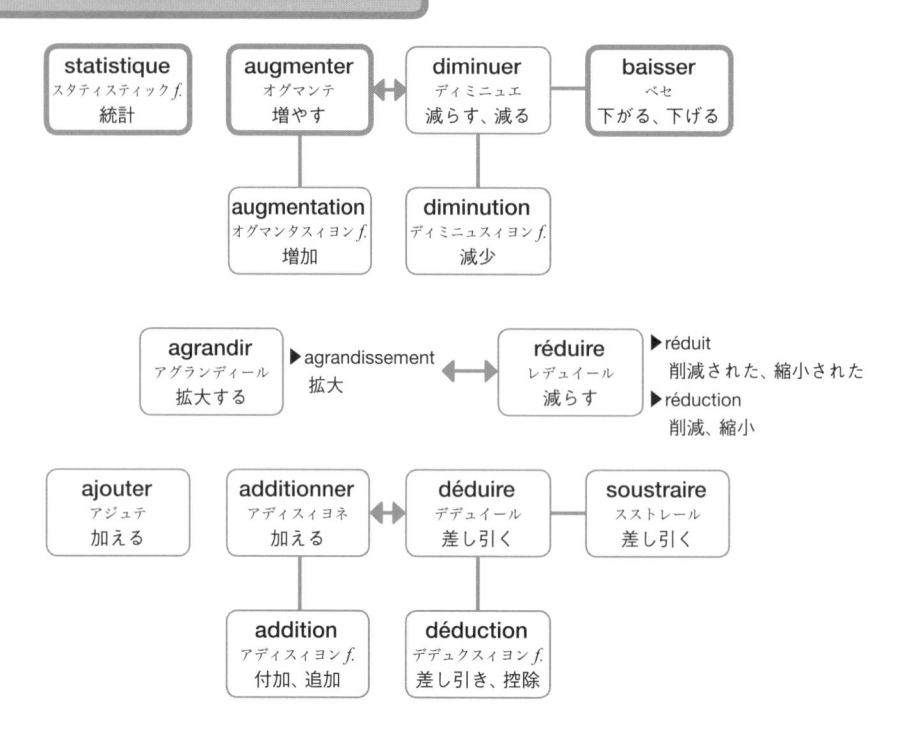

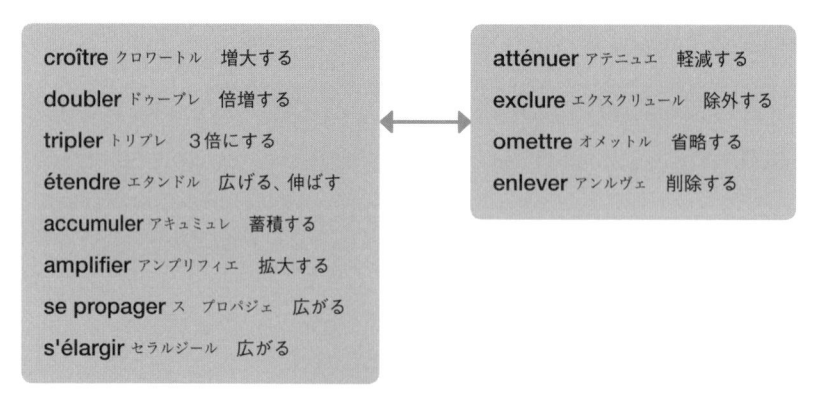

- **statistique** スタティスティック f. 統計
- **augmenter** オグマンテ 増やす ⇔ **diminuer** ディミニュエ 減らす、減る — **baisser** ベセ 下がる、下げる
- **augmentation** オグマンタスィヨン f. 増加
- **diminution** ディミニュスィヨン f. 減少

- **agrandir** アグランディール 拡大する ▶ agrandissement 拡大 ⇔ **réduire** レデュイール 減らす
  - ▶ réduit 削減された、縮小された
  - ▶ réduction 削減、縮小

- **ajouter** アジュテ 加える
- **additionner** アディスィヨネ 加える ⇔ **déduire** デデュイール 差し引く — **soustraire** ススト レール 差し引く
- **addition** アディスィヨン f. 付加、追加
- **déduction** デデュクスィヨン f. 差し引き、控除

- **croître** クロワートル 増大する
- **doubler** ドゥーブレ 倍増する
- **tripler** トリプレ 3倍にする
- **étendre** エタンドル 広げる、伸ばす
- **accumuler** アキュミュレ 蓄積する
- **amplifier** アンプリフィエ 拡大する
- **se propager** ス プロパジェ 広がる
- **s'élargir** セラルジール 広がる

⇔

- **atténuer** アテニュエ 軽減する
- **exclure** エクスクリュール 除外する
- **omettre** オメットル 省略する
- **enlever** アンルヴェ 削除する

- **fusionner** フュズィヨネ 融合する
- **unifier** ユニフィエ 統合する
- **synthétiser** サンテティゼ 統合する
- **absorber** アプソルベ 吸収する

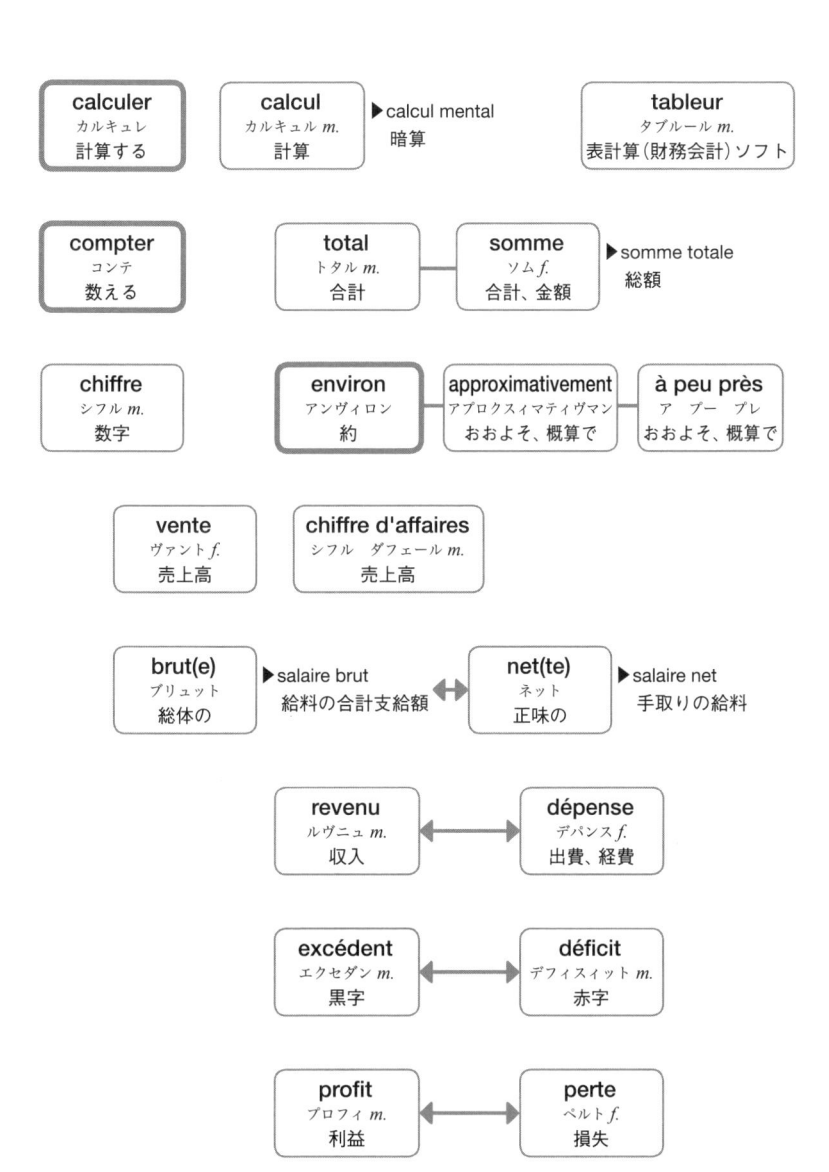

calculer	カルキュレ	計算する
calcul	カルキュル m.	計算
▶ calcul mental		暗算
tableur	タブルール m.	表計算（財務会計）ソフト
compter	コンテ	数える
total	トタル m.	合計
somme	ソム f.	合計、金額
▶ somme totale		総額
chiffre	シフル m.	数字
environ	アンヴィロン	約
approximativement	アプロクスィマティヴマン	おおよそ、概算で
à peu près	ア プー プレ	おおよそ、概算で
vente	ヴァント f.	売上高
chiffre d'affaires	シフル ダフェール m.	売上高
brut(e)	ブリュット	総体の
▶ salaire brut		給料の合計支給額
net(te)	ネット	正味の
▶ salaire net		手取りの給料
revenu	ルヴニュ m.	収入
dépense	デパンス f.	出費、経費
excédent	エクセダン m.	黒字
déficit	デフィスィット m.	赤字
profit	プロフィ m.	利益
perte	ペルト f.	損失

15-5 色

- **couleur** クルール f. 色、色彩
- **ton** トン m. 色調
- **teinte** タント f. 色合い、色調
- **blanc(he)** ブラン 白い
- **noir(e)** ノワール 黒い
- **bleu(e)** ブルー 青い
- **vert(e)** ヴェール 緑の
- **orange** オランジュ オレンジ色の
- **rouge** ルージュ 赤い
- **violet(te)** ヴィヨレ 紫の
- **beige** ベージュ ベージュの
- **rose** ローズ ピンクの
- **marron** マロン 栗色の
- **gris(e)** グリ グレーの
- **jaune** ジョーヌ 黄色の
- **brun(e)** ブラン 褐色の
- **blond(e)** ブロン 金髪の
- **incolore** アンコロール 無色の
- **transparent(e)** トランスパラン 透明の

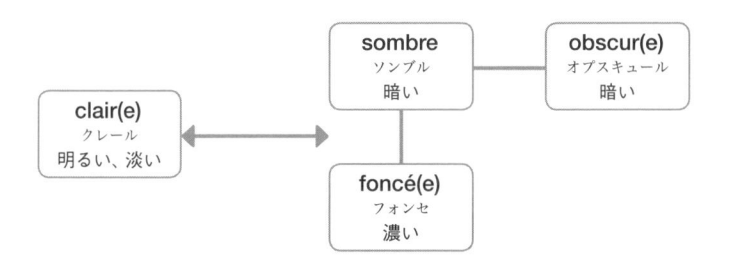

```
         ┌──────────┐      ┌──────────┐
         │ sombre   │──────│ obscur(e)│
         │ ソンブル  │      │オプスキュール│
         │ 暗い      │      │ 暗い      │
┌────────┐└────┬─────┘      └──────────┘
│ clair(e)│     │
│ クレール │←──→ │
│明るい、淡い│    │
└────────┘┌────┴─────┐
         │ foncé(e) │
         │ フォンセ  │
         │ 濃い      │
         └──────────┘
```

clarté クラルテ *f.* 明るさ
éclairer エクレレ 照らす、明るくする
brillant(e) ブリヤン 輝く、光る
briller ブリエ 輝く
lumière リュミエール *f.* 光
lumineux(se) リュミヌー 光の、光に照らされた
pur(e) ピュール 澄んだ
pureté ピュルテ *f.* 純粋さ
ombre オンブル *f.* 陰、影

15-6 形状

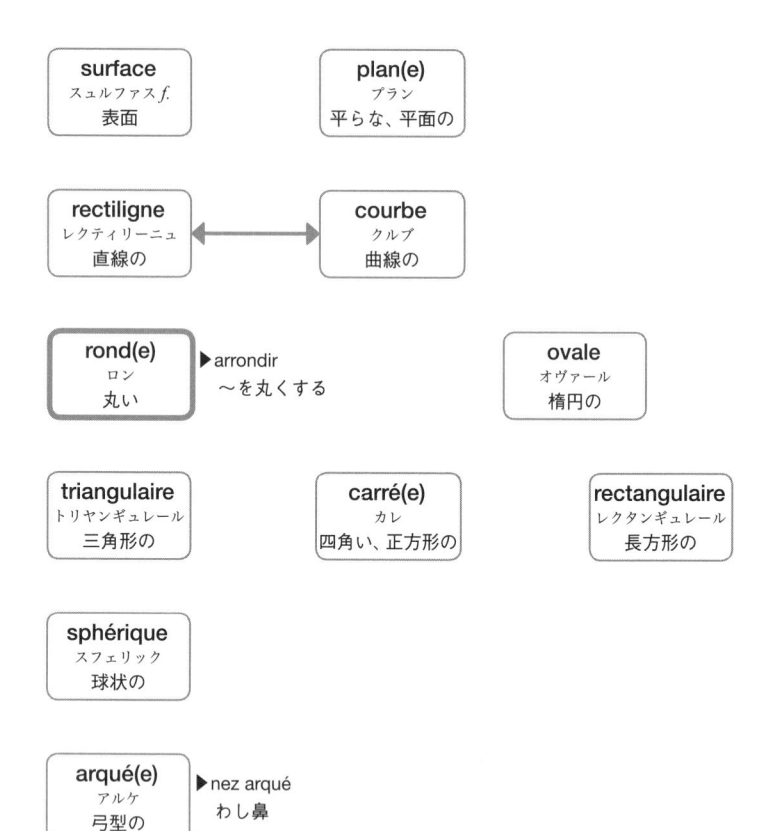

- **forme** フォルム f. 形
- **surface** スュルファス f. 表面
- **plan(e)** プラン 平らな、平面の
- **rectiligne** レクティリーニュ 直線の ⟷ **courbe** クルブ 曲線の
- **rond(e)** ロン 丸い ▶ arrondir 〜を丸くする
- **ovale** オヴァール 楕円の
- **triangulaire** トリヤンギュレール 三角形の
- **carré(e)** カレ 四角い、正方形の
- **rectangulaire** レクタンギュレール 長方形の
- **sphérique** スフェリック 球状の
- **arqué(e)** アルケ 弓型の ▶ nez arqué わし鼻

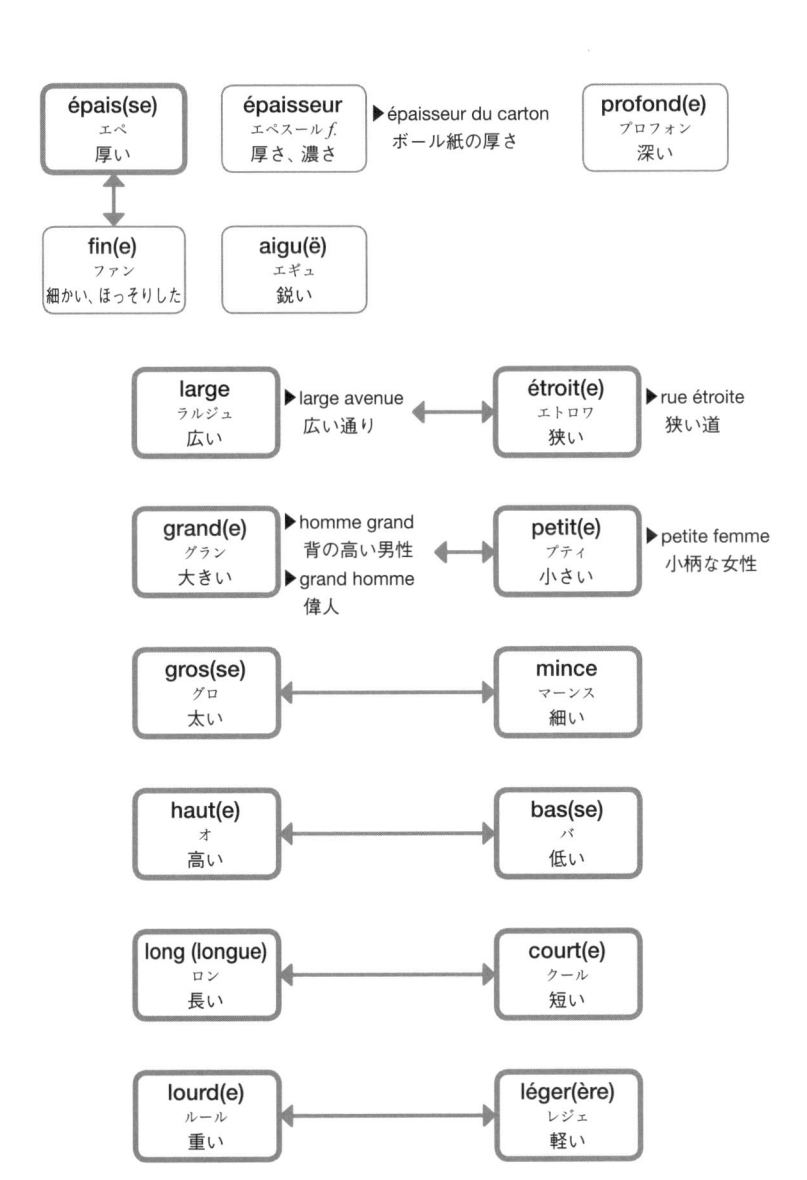

épais(se) エペ 厚い		
épaisseur エペスール *f.* 厚さ、濃さ		▶épaisseur du carton ボール紙の厚さ
profond(e) プロフォン 深い		
fin(e) ファン 細かい、ほっそりした		
aigu(ë) エギュ 鋭い		
large ラルジュ 広い ↔ **étroit(e)** エトロワ 狭い		▶large avenue 広い通り ▶rue étroite 狭い道
grand(e) グラン 大きい ↔ **petit(e)** プティ 小さい		▶homme grand 背の高い男性 ▶grand homme 偉人 ▶petite femme 小柄な女性
gros(se) グロ 太い ↔ **mince** マーンス 細い		
haut(e) オ 高い ↔ **bas(se)** バ 低い		
long (longue) ロン 長い ↔ **court(e)** クール 短い		
lourd(e) ルール 重い ↔ **léger(ère)** レジェ 軽い		

15-7 状態

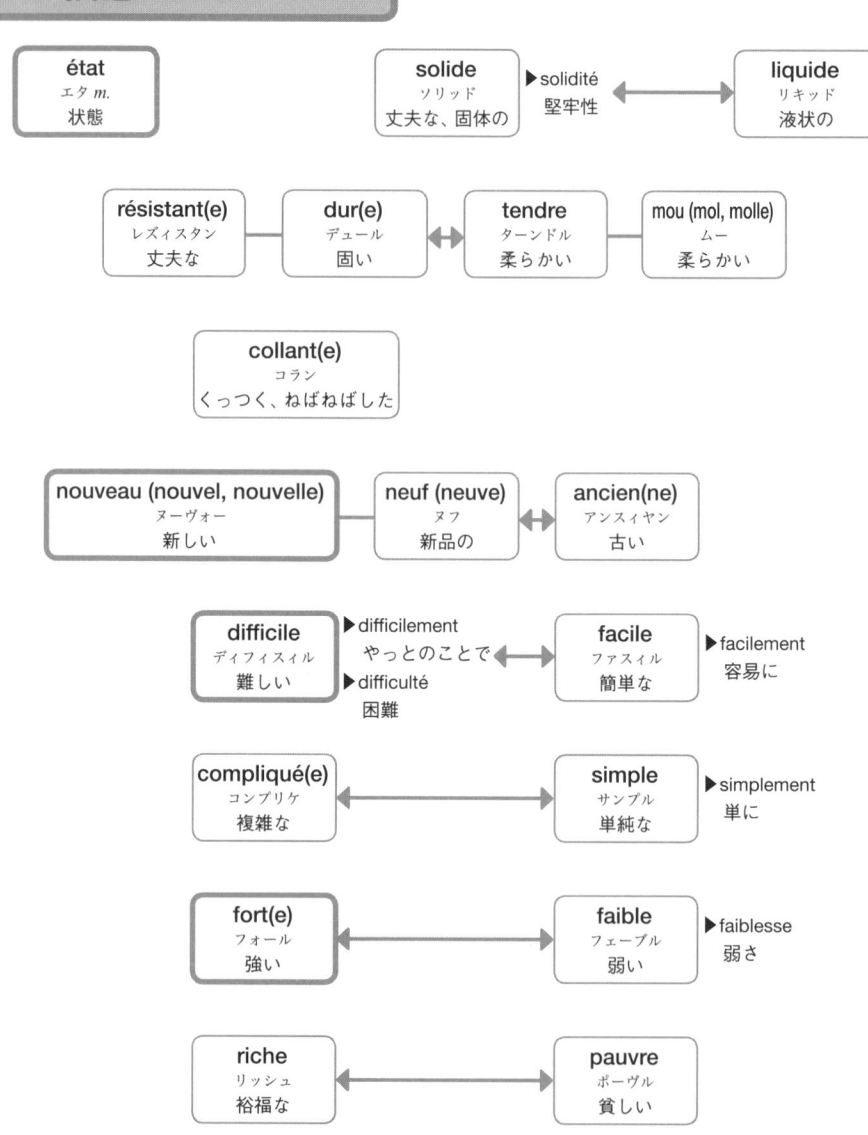

- **état** エタ m. 状態
- **solide** ソリッド 丈夫な、固体の ▶ solidité 堅牢性 ↔ **liquide** リキッド 液状の
- **résistant(e)** レズィスタン 丈夫な — **dur(e)** デュール 固い ↔ **tendre** タンドル 柔らかい — **mou (mol, molle)** ムー 柔らかい
- **collant(e)** コラン くっつく、ねばねばした
- **nouveau (nouvel, nouvelle)** ヌーヴォー 新しい — **neuf (neuve)** ヌフ 新品の ↔ **ancien(ne)** アンスィヤン 古い
- **difficile** ディフィスィル 難しい ▶ difficilement やっとのことで ▶ difficulté 困難 ↔ **facile** ファスィル 簡単な ▶ facilement 容易に
- **compliqué(e)** コンプリケ 複雑な ↔ **simple** サンプル 単純な ▶ simplement 単に
- **fort(e)** フォール 強い ↔ **faible** フェーブル 弱い ▶ faiblesse 弱さ
- **riche** リッシュ 裕福な ↔ **pauvre** ポーヴル 貧しい

réalité レアリテ f. 現実
réel(le) レエル 現実の
réellement レエルマン 現実に、実際に
concret(ète) コンクレ 具体的な
abstrait(e) アブストレ 抽象的な
objectif(ve) オブジェクティフ 客観的な
idéal(e) イデアル 理想的な
mystère ミステール m. 神秘
mystérieux(se) ミステリュー 神秘的な
normal(e) ノルマル 正常の
normalement ノルマルマン
　正常に、普段なら
ordinaire オルディネール 普通の、通常の
spécial(e) スペスィヤル 特別の
bizarre ビザール 奇妙な
drôle ドロール 滑稽な、奇妙な
drôlement ドロールマン 奇妙に
ridicule リディキュル 滑稽な

paisible ペイズィーブル 平和な
dangereux(se) ダンジュルー 危険な
dangereusement ダンジュルーズマン
　危険なまでに、ひどく
danger ダンジェ m. 危険
pénible ペニーブル 骨の折れる
confortable コンフォルタ―ブル 快適な
agréable アグレアーブル 心地よい
agréablement アグレアブルマン
　気持ちよく
aise エーズ f. くつろぎ
commode コモード 便利な
pratique プラティック 実用的な
pratiquement プラティックマン
　実際上、実用的に
libre リーブル 自由な
fixe フィクス 固定した
harmonie アルモニ f. 調和
harmonieux(se) アルモニュー 調和のとれた
précieux(se) プレスィユー 高価な、貴重な
pureté ピュルテ f. 純粋さ
vivant(e) ヴィヴァン
　生き生きとした、にぎやかな
proprement プロプルマン
　本来、文字どおりは

15-8 方角

- **direction** ディレクスィヨン *f.* 方向

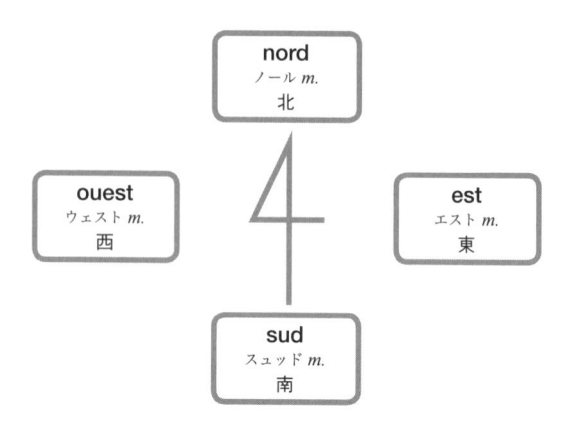

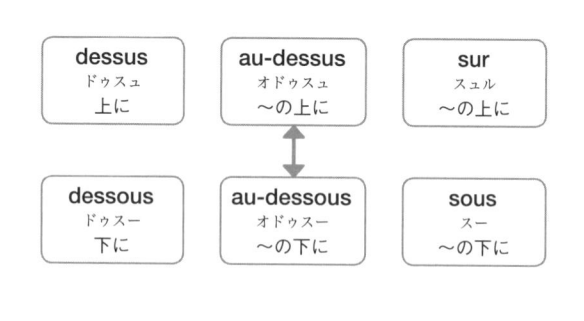

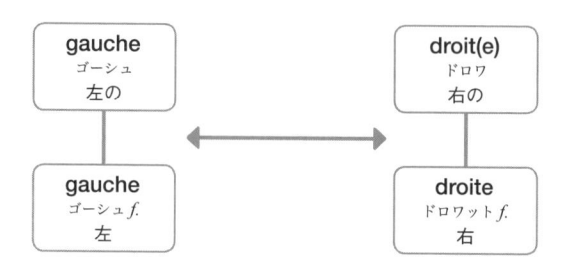

- **nord** ノール *m.* 北
- **ouest** ウェスト *m.* 西
- **est** エスト *m.* 東
- **sud** スュッド *m.* 南

- **dessus** ドゥスュ 上に
- **au-dessus** オドゥスュ 〜の上に
- **sur** スュル 〜の上に
- **dessous** ドゥスー 下に
- **au-dessous** オドゥスー 〜の下に
- **sous** スー 〜の下に

- **gauche** ゴーシュ 左の
- **gauche** ゴーシュ *f.* 左
- **droit(e)** ドロワ 右の
- **droite** ドロワット *f.* 右

- dedans ドゥダン 中で
- intérieur(e) アンテリユール 内部の
  - ▶ à l'intérieur 中に
- dehors ドゥオール 外で
- hors オール 〜の外に
- extérieur(e) エクステリユール 外の
  - ▶ à l'extérieur 外に
- centre サントル m. 中心
- milieu ミリュー m. 真ん中
- autour オトゥル 周囲に

- bord ボール m. 縁
- coin コワン m. 片隅
- côté コテ m. 側、方面、方向
- fond フォン m. 奥
- en face de アン ファス ドゥ 〜の正面に
- parmi パルミ 〜の間で
- devant ドゥヴァン 〜の前に
- derrière デリエール 〜の後ろに
- arrière アリエール m. 後ろ

- lieu リュー m. 場所
- endroit アンドロワ m. 場所
- situé(e) スィテュエ 位置した
- situer スィテュエ 位置づける
- ici イスィ ここで
- là ラ そこに
- là-bas ラバ あそこに
- partout パルトゥー 至る所に
- çà et là サ エ ラ あちらこちら

- ailleurs アイユール 別の場所で
- proche プロッシュ 近い
- s'approcher サプロシェ 近づく
- près プレ 近くに
- loin ロワン 遠くに
- éloigner エロワニェ 遠ざける
- éloignement エロワニュマン m. 遠ざけること、隔たり
- à ア 〜で

15-9 順番

premier(ère) プルミエ 最初の、最上の

- d'abord ダボール まず、最初に
- tout d'abord トゥ ダボール まず最初に
- début デビュ m. 初め
- commencement コマンスマン m. 始まり、初め
- unième ユニエム 1番目の
  - ▶vingt et unième 21番目の

- priorité プリヨリテ f. 優先(権)
- prioritaire プリヨリテール 優先権のある

ensuite アンスュイット 次に

- prochain(e) プロシャン 次の

dernier(ère) デルニエ 最後の

- enfin アンファン とうとう
- final(e) フィナル 最後の
- fin ファン f. 終わり
- fini(e) フィニ 終わった

déjà デジャ もう

encore アンコール まだ

頻度

- **répétition** レペティスィヨン *f.* 繰り返し
  - **souvent** スヴァン しばしば
  - **fréquent(e)** フレカン 頻繁な
  - **de temps en temps** ドゥ タン ザン タン ときどき
  - **quelquefois** ケルクフォワ 時々
  - **rarement** ラルマン めったに〜ない
  - **rare** ラール まれな

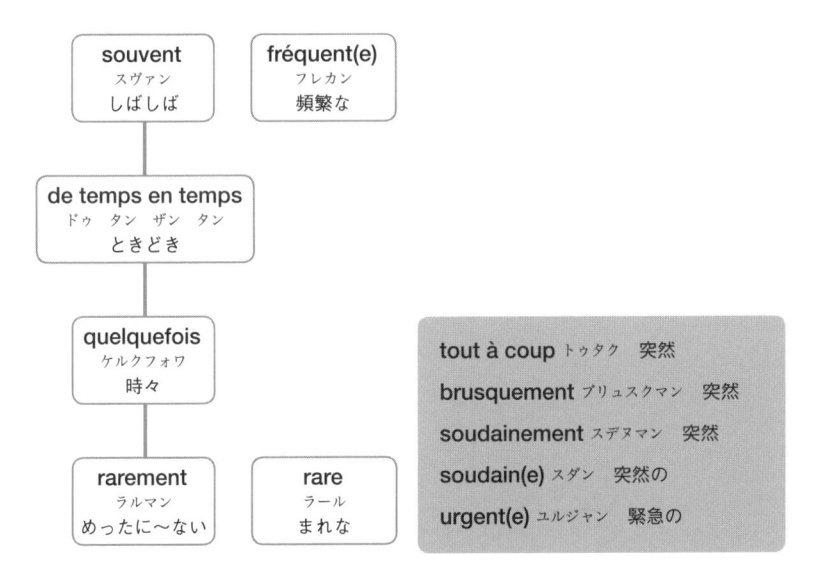

tout à coup トゥタク 突然
brusquement ブリュスクマン 突然
soudainement スデヌマン 突然
soudain(e) スダン 突然の
urgent(e) ユルジャン 緊急の

15-10 関係

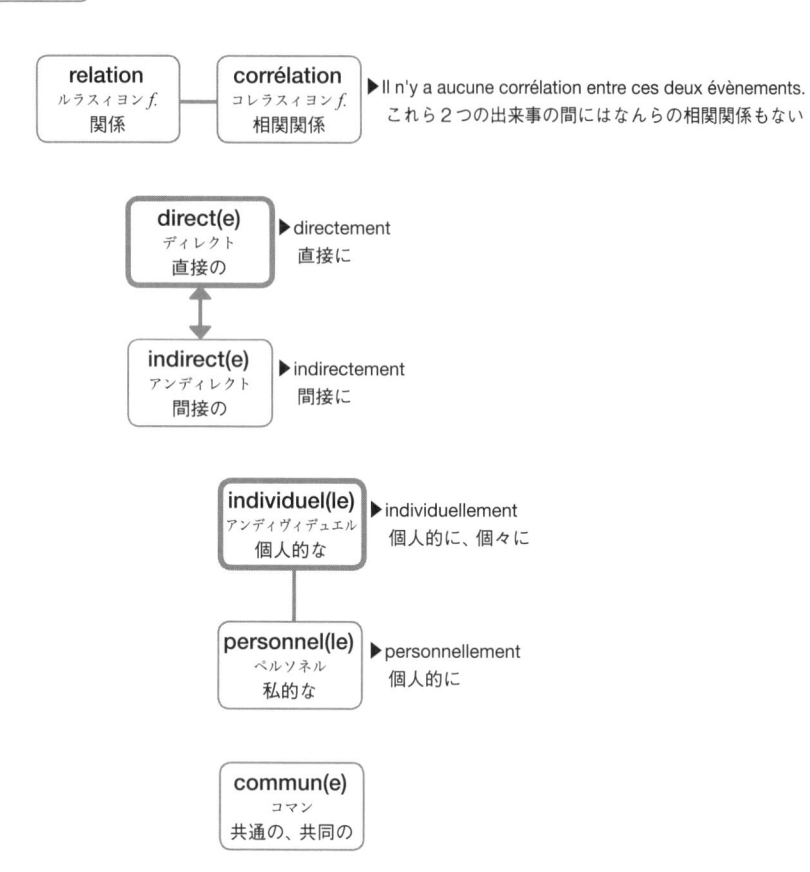

rapport ラポール *m.* 関係

relation ルラスィヨン *f.* 関係

corrélation コレラスィヨン *f.* 相関関係
▶ Il n'y a aucune corrélation entre ces deux évènements.
これら2つの出来事の間にはなんらの相関関係もない

direct(e) ディレクト 直接の
▶ directement 直接に

indirect(e) アンディレクト 間接の
▶ indirectement 間接に

individuel(le) アンディヴィデュエル 個人的な
▶ individuellement 個人的に、個々に

personnel(le) ペルソネル 私的な
▶ personnellement 個人的に

commun(e) コマン 共通の、共同の

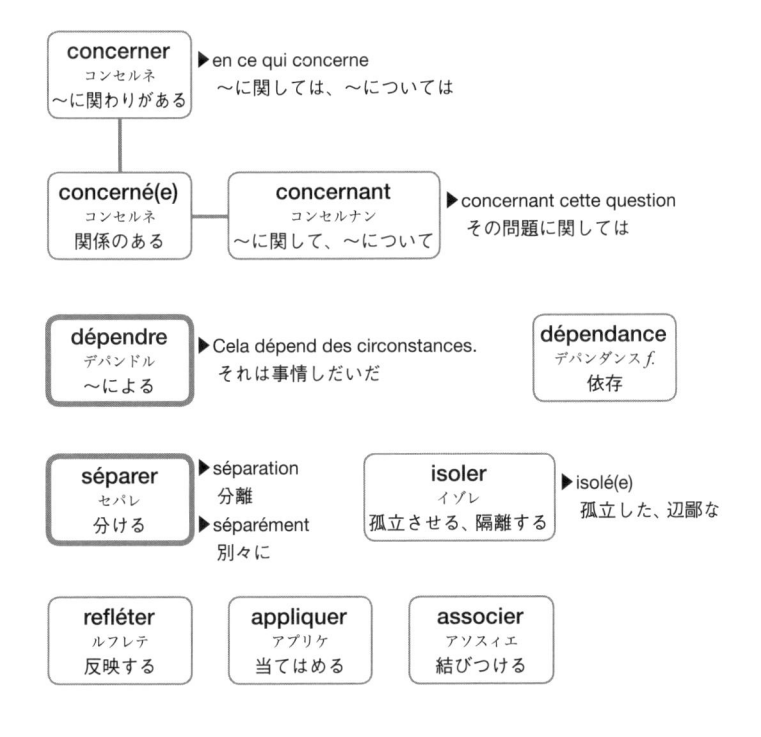

concerner
コンセルネ
〜に関わりがある
▶ en ce qui concerne
〜に関しては、〜については

concerné(e)
コンセルネ
関係のある

concernant
コンセルナン
〜に関して、〜について
▶ concernant cette question
その問題に関しては

dépendre
デパンドル
〜による
▶ Cela dépend des circonstances.
それは事情しだいだ

dépendance
デパンダンス *f.*
依存

séparer
セパレ
分ける
▶ séparation
分離
▶ séparément
別々に

isoler
イゾレ
孤立させる、隔離する
▶ isolé(e)
孤立した、辺鄙な

refléter
ルフレテ
反映する

appliquer
アプリケ
当てはめる

associer
アソスィエ
結びつける

15-11 原因・結果

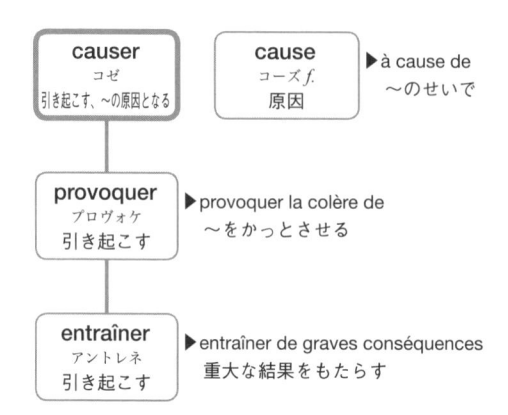

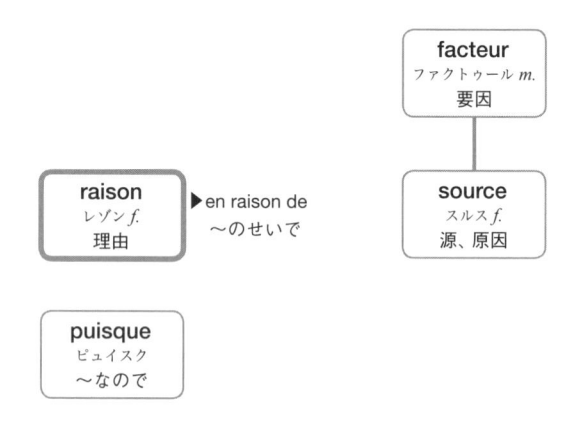

causalité コザリテ f. 因果関係

causer コゼ 引き起こす、〜の原因となる

cause コーズ f. 原因
▶ à cause de 〜のせいで

provoquer プロヴォケ 引き起こす
▶ provoquer la colère de 〜をかっとさせる

entraîner アントレネ 引き起こす
▶ entraîner de graves conséquences 重大な結果をもたらす

facteur ファクトゥール m. 要因

raison レゾン f. 理由
▶ en raison de 〜のせいで

source スルス f. 源、原因

puisque ピュイスク 〜なので

grâce à グラース ア 〜のおかげ
▶ Grâce à vous, j'ai pu trouver un appartement. あなたのおかげでアパルトマンを見つけることができました

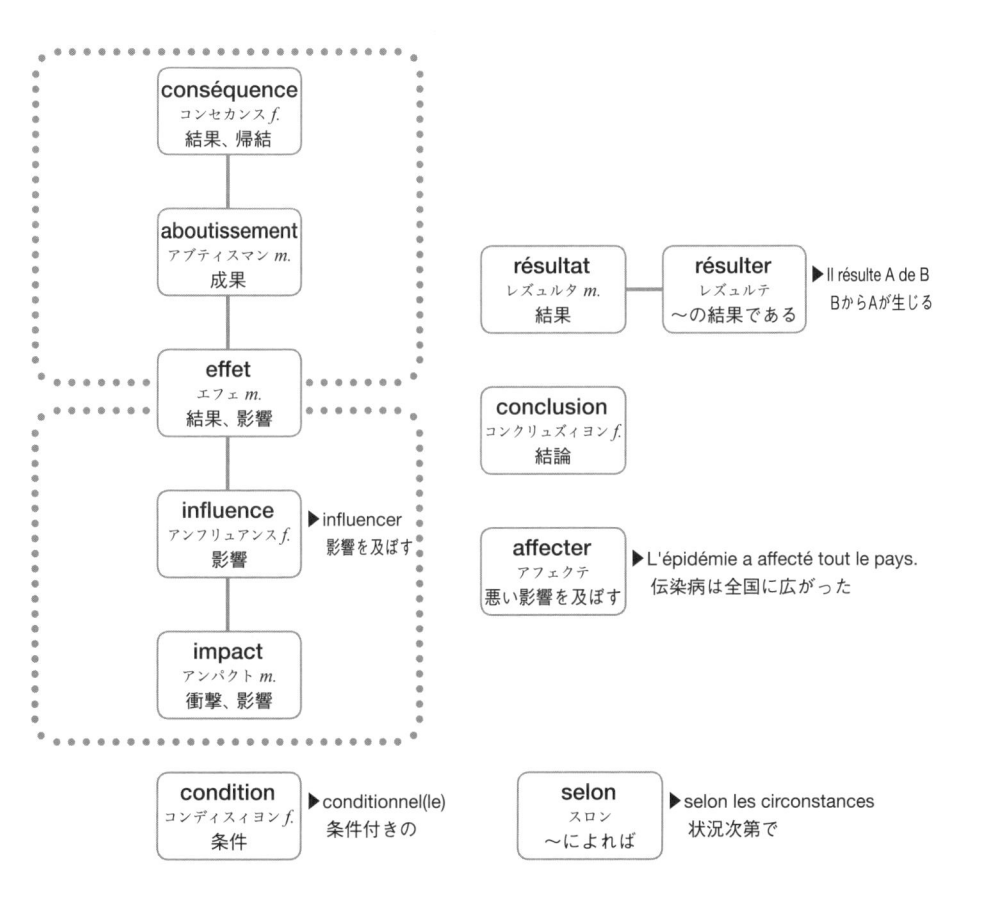

- **conséquence** コンセカンス f. 結果、帰結
- **aboutissement** アブティスマン m. 成果
- **effet** エフェ m. 結果、影響
- **influence** アンフリュアンス f. 影響
  - ▶ influencer 影響を及ぼす
- **impact** アンパクト m. 衝撃、影響

- **résultat** レズュルタ m. 結果
- **résulter** レズュルテ 〜の結果である
  - ▶ Il résulte A de B　BからAが生じる

- **conclusion** コンクリュズィヨン f. 結論

- **affecter** アフェクテ 悪い影響を及ぼす
  - ▶ L'épidémie a affecté tout le pays.　伝染病は全国に広がった

- **condition** コンディスィヨン f. 条件
  - ▶ conditionnel(le) 条件付きの

- **selon** スロン 〜によれば
  - ▶ selon les circonstances 状況次第で

15-12 善悪

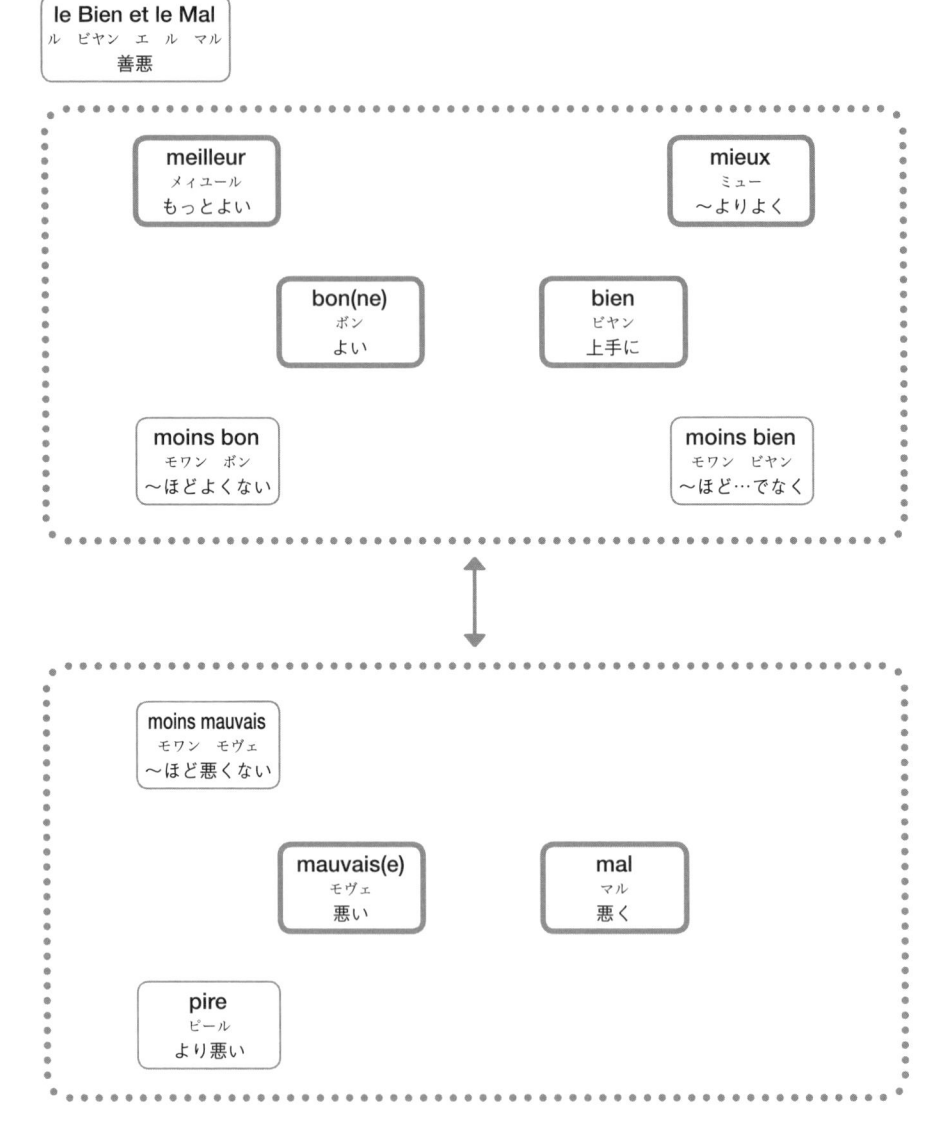

le Bien et le Mal
ル ビヤン エル マル
善悪

- **meilleur** メィユール もっとよい
- **mieux** ミュー ～よりよく
- **bon(ne)** ボン よい
- **bien** ビヤン 上手に
- **moins bon** モワン ボン ～ほどよくない
- **moins bien** モワン ビヤン ～ほど…でなく

↕

- **moins mauvais** モワン モヴェ ～ほど悪くない
- **mauvais(e)** モヴェ 悪い
- **mal** マル 悪く
- **pire** ピール より悪い

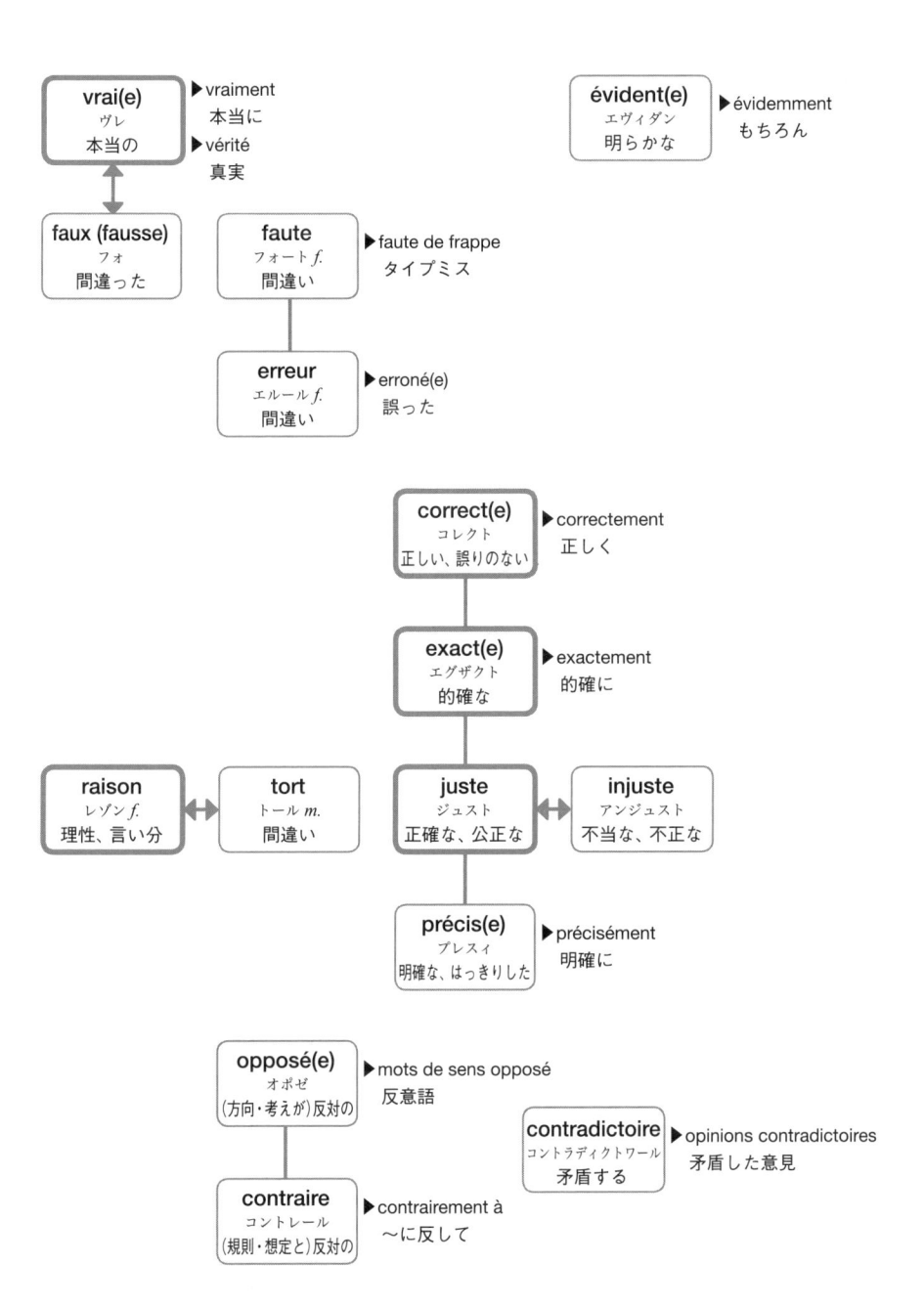

- **vrai(e)** ヴレ 本当の
  - ▶ vraiment 本当に
  - ▶ vérité 真実
- **faux (fausse)** フォ 間違った
- **faute** フォート f. 間違い
  - ▶ faute de frappe タイプミス
- **erreur** エルール f. 間違い
  - ▶ erroné(e) 誤った
- **évident(e)** エヴィダン 明らかな
  - ▶ évidemment もちろん

- **correct(e)** コレクト 正しい、誤りのない
  - ▶ correctement 正しく
- **exact(e)** エグザクト 的確な
  - ▶ exactement 的確に
- **raison** レゾン f. 理性、言い分 ⇔ **tort** トール m. 間違い ⇔ **juste** ジュスト 正確な、公正な ⇔ **injuste** アンジュスト 不当な、不正な
- **précis(e)** プレスィ 明確な、はっきりした
  - ▶ précisément 明確に

- **opposé(e)** オポゼ (方向・考えが)反対の
  - ▶ mots de sens opposé 反意語
- **contraire** コントレール (規則・想定と)反対の
  - ▶ contrairement à 〜に反して
- **contradictoire** コントラディクトワール 矛盾する
  - ▶ opinions contradictoires 矛盾した意見

15-13 全体と部分

- **totalité et partie** トタリテ エ パルティ 全体と部分
- **partie** パルティ f. 部分 — **part** パール f. 部分 — **portion** ポルスィヨン f. 部分、割り当て

- **partager** パルタジェ 分ける、共有する
  ▶ partager un gâteau en six parts égales
  ケーキを六等分する

- **ensemble** アンサンブル 一緒に ⇔ **séparément** セパレマン 別々に

- **fragment** フラグマン m. 断片、破片
  ▶ fragments de pain
  パンくず
- **reste** レスト m. 残り

- **morceau** モルソー m. 断片
  ▶ un morceau de météorite
  隕石のかけら

- **élément** エレマン m. 要素
  ▶ les éléments d'un meuble
  家具の部品

- **division** ディヴィズィヨン f. 部門、区分 — **section** セクスィヨン f. 部門
  ▶ secteur
  （産業）部門

- **variable** ヴァリヤーブル 変わりやすい ⇔ **régulier(ère)** レギュリエ 規則的な
  ▶ régulièrement
  規則的に

- **type** ティップ m. 型 — **typique** ティピック 典型的な
  ▶ un exemple typique
  代表例

- **systématique** スィステマティック 体系的な、一律の

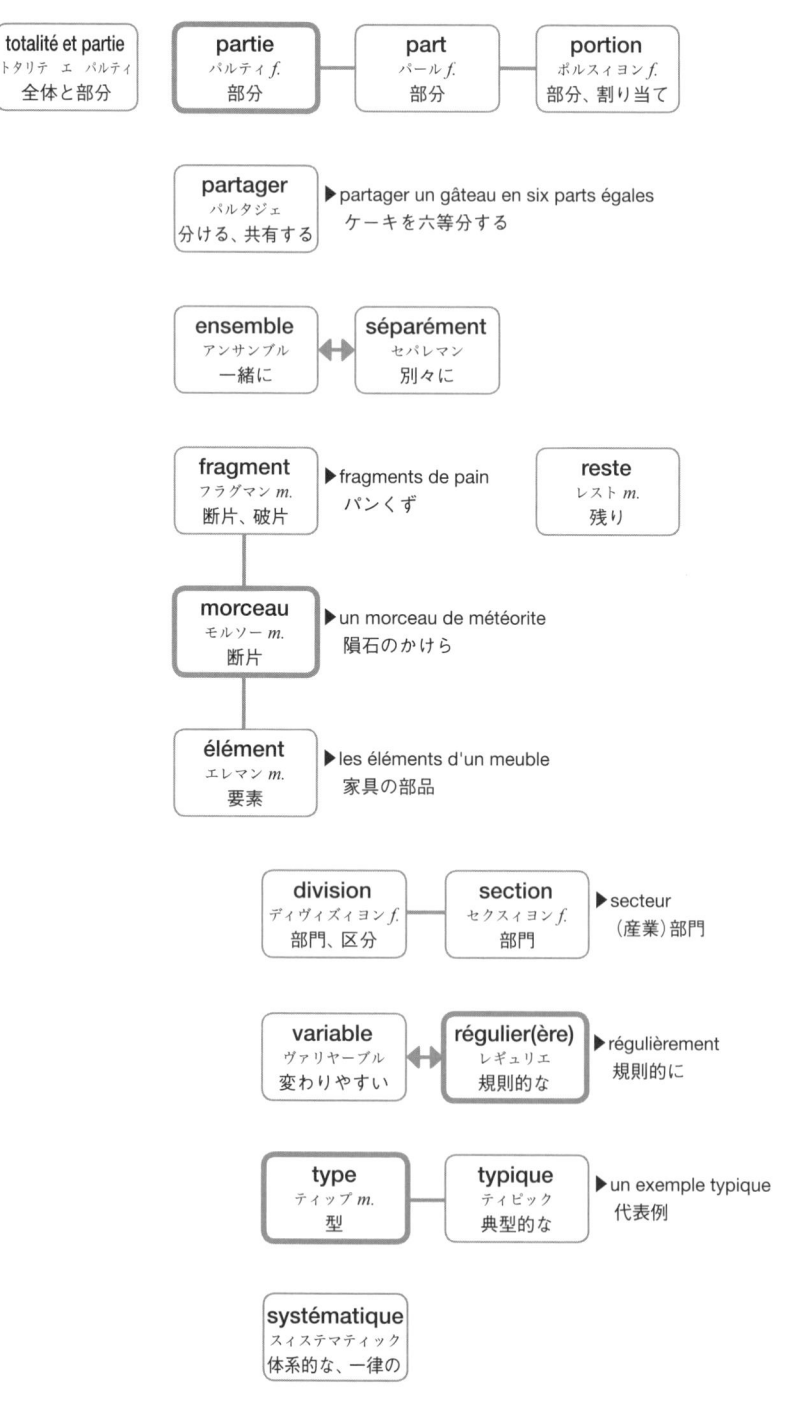

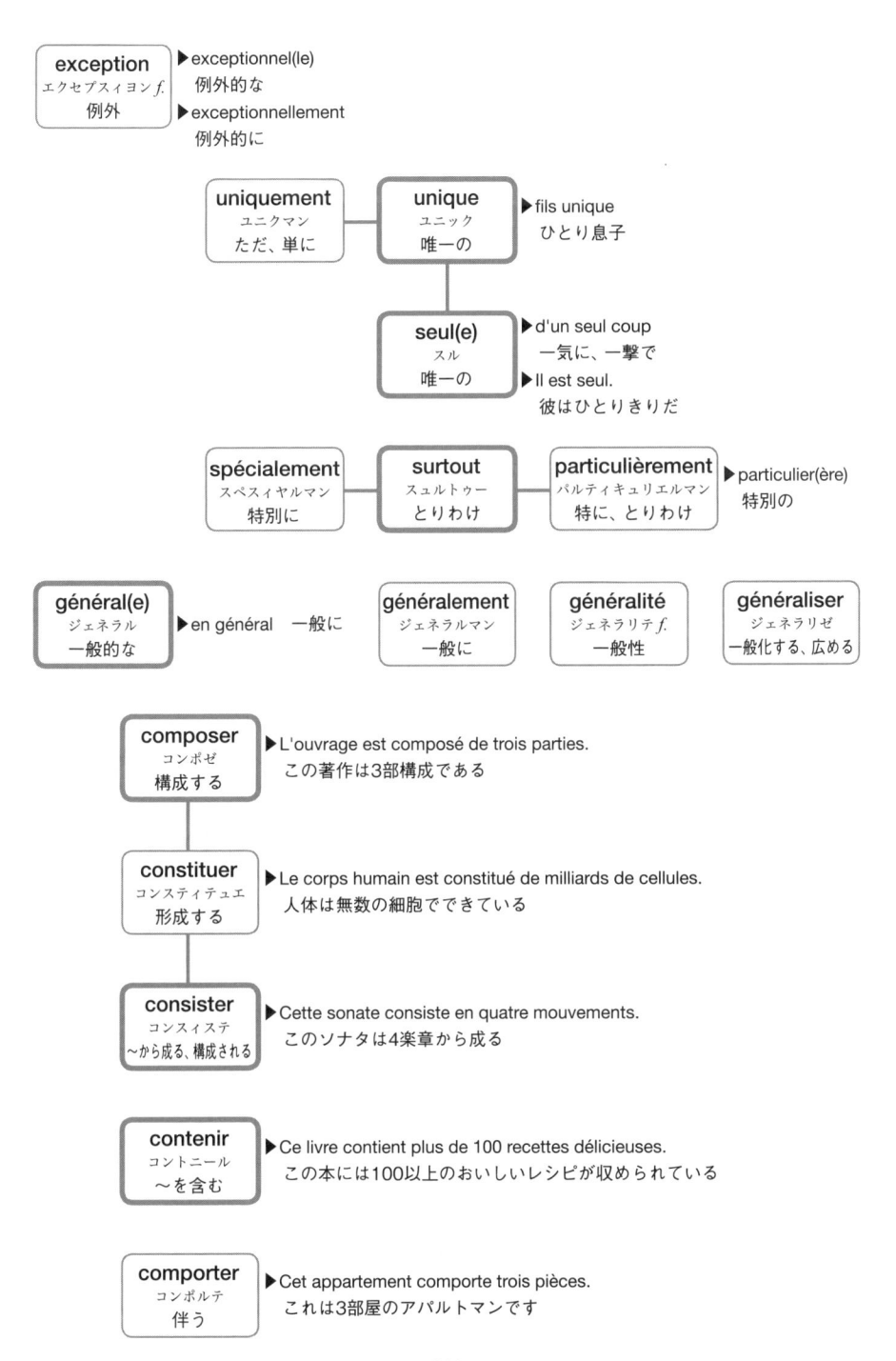

exception
エクセプスィヨン f.
例外

▶ exceptionnel(le)
例外的な

▶ exceptionnellement
例外的に

uniquement
ユニクマン
ただ、単に

unique
ユニク
唯一の

▶ fils unique
ひとり息子

seul(e)
スル
唯一の

▶ d'un seul coup
一気に、一撃で

▶ Il est seul.
彼はひとりきりだ

spécialement
スペスィヤルマン
特別に

surtout
スュルトゥー
とりわけ

particulièrement
パルティキュリエルマン
特に、とりわけ

▶ particulier(ère)
特別の

général(e)
ジェネラル
一般的な

▶ en général 一般に

généralement
ジェネラルマン
一般に

généralité
ジェネラリテ f.
一般性

généraliser
ジェネラリゼ
一般化する、広める

composer
コンポゼ
構成する

▶ L'ouvrage est composé de trois parties.
この著作は3部構成である

constituer
コンスティテュエ
形成する

▶ Le corps humain est constitué de milliards de cellules.
人体は無数の細胞でできている

consister
コンスィステ
〜から成る、構成される

▶ Cette sonate consiste en quatre mouvements.
このソナタは4楽章から成る

contenir
コントニール
〜を含む

▶ Ce livre contient plus de 100 recettes délicieuses.
この本には100以上のおいしいレシピが収められている

comporter
コンポルテ
伴う

▶ Cet appartement comporte trois pièces.
これは3部屋のアパルトマンです

15-14 程度

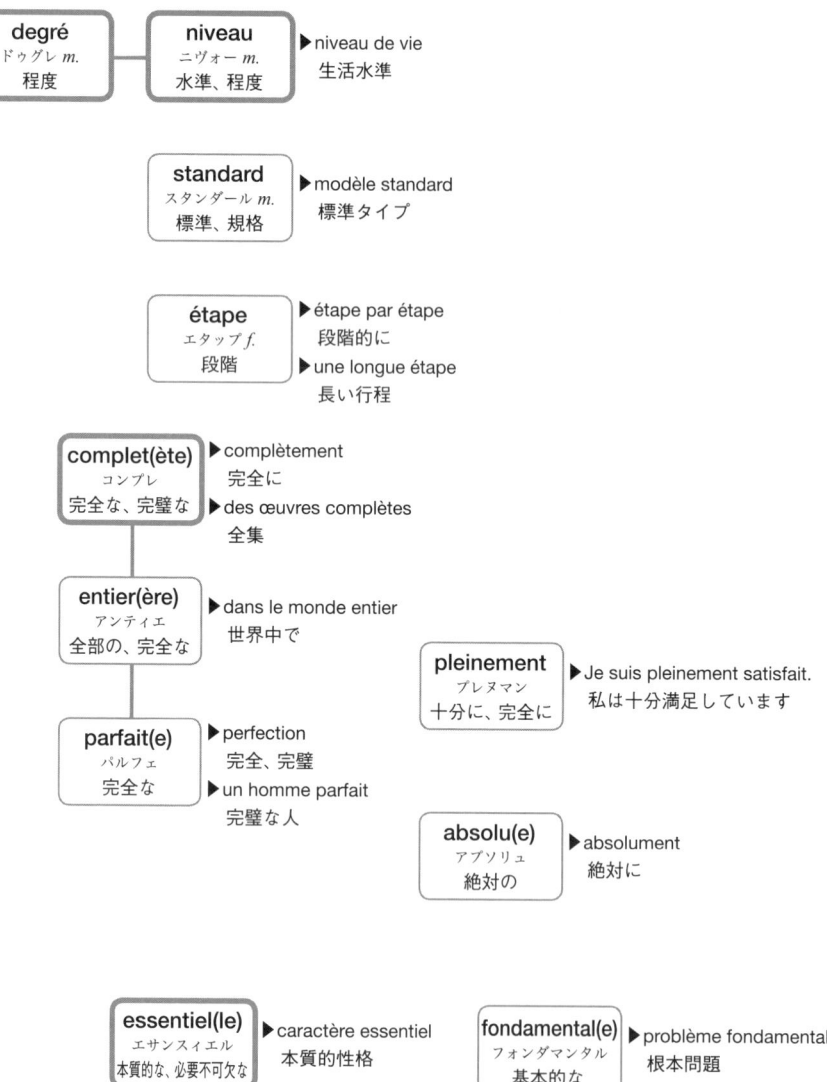

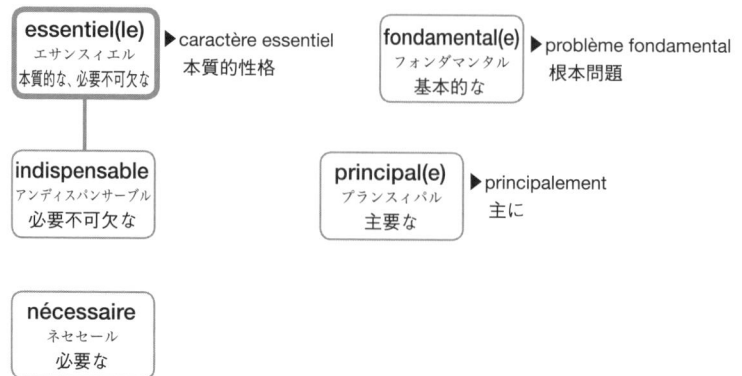

degré ドゥグレ m. 程度

niveau ニヴォー m. 水準、程度
▶ niveau de vie 生活水準

standard スタンダール m. 標準、規格
▶ modèle standard 標準タイプ

étape エタップ f. 段階
▶ étape par étape 段階的に
▶ une longue étape 長い行程

complet(ète) コンプレ 完全な、完璧な
▶ complètement 完全に
▶ des œuvres complètes 全集

entier(ère) アンティエ 全部の、完全な
▶ dans le monde entier 世界中で

parfait(e) パルフェ 完全な
▶ perfection 完全、完璧
▶ un homme parfait 完璧な人

pleinement プレヌマン 十分に、完全に
▶ Je suis pleinement satisfait. 私は十分満足しています

absolu(e) アブソリュ 絶対の
▶ absolument 絶対に

essentiel(le) エサンスィエル 本質的な、必要不可欠な
▶ caractère essentiel 本質的性格

fondamental(e) フォンダマンタル 基本的な
▶ problème fondamental 根本問題

indispensable アンディスパンサーブル 必要不可欠な

principal(e) プランスィパル 主要な
▶ principalement 主に

nécessaire ネセセール 必要な

formidable		extraordinaire	▶ extraordinairement
フォルミダーブル		エクストラオルディネール	並外れて、非常に
ものすごい、すばらしい		並外れた	

extrêmement	terriblement
エクストレムマン	テリブルマン
極めて	非常に、とても

assez / アセ / かなり、十分に
▶ Elle parle assez bien l'anglais.
　彼女の英語はかなりのものだ

trop / トロ / 余りに
▶ Il y a trop de monde dans cette gare.
　駅は人でごった返している

très / トレ / 非常に
▶ L'examen d'hier était très facile.
　昨日の試験は非常に易しかった

plutôt / プリュト / むしろ
▶ Venez plutôt vendredi.
　むしろ金曜日に来てください

concrètement	également
コンクレトマン	エガルマン
具体的に、実際に	同様に

15-15 変化

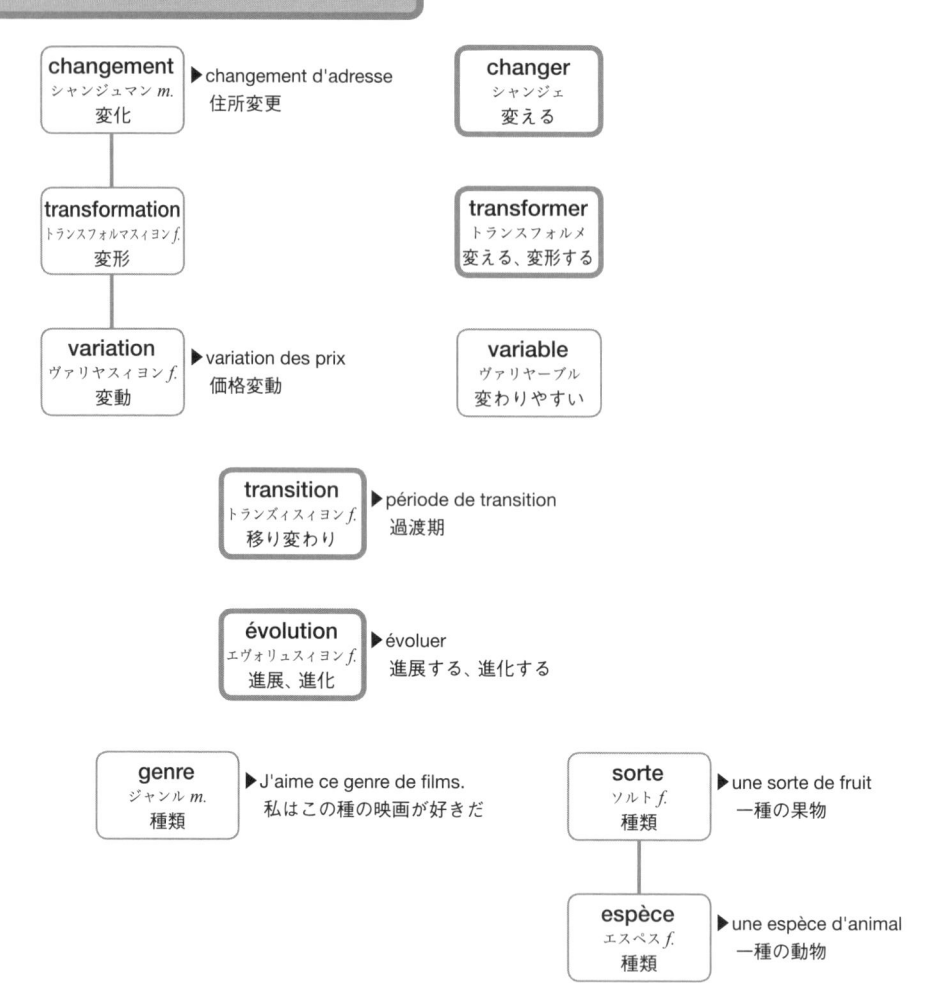

changement シャンジュマン m. 変化
▶ changement d'adresse 住所変更

changer シャンジェ 変える

transformation トランスフォルマスィヨン f. 変形

transformer トランスフォルメ 変える、変形する

variation ヴァリヤスィヨン f. 変動
▶ variation des prix 価格変動

variable ヴァリヤーブル 変わりやすい

transition トランズィスィヨン f. 移り変わり
▶ période de transition 過渡期

évolution エヴォリュスィヨン f. 進展、進化
▶ évoluer 進展する、進化する

genre ジャンル m. 種類
▶ J'aime ce genre de films. 私はこの種の映画が好きだ

sorte ソルト f. 種類
▶ une sorte de fruit 一種の果物

espèce エスペス f. 種類
▶ une espèce d'animal 一種の動物

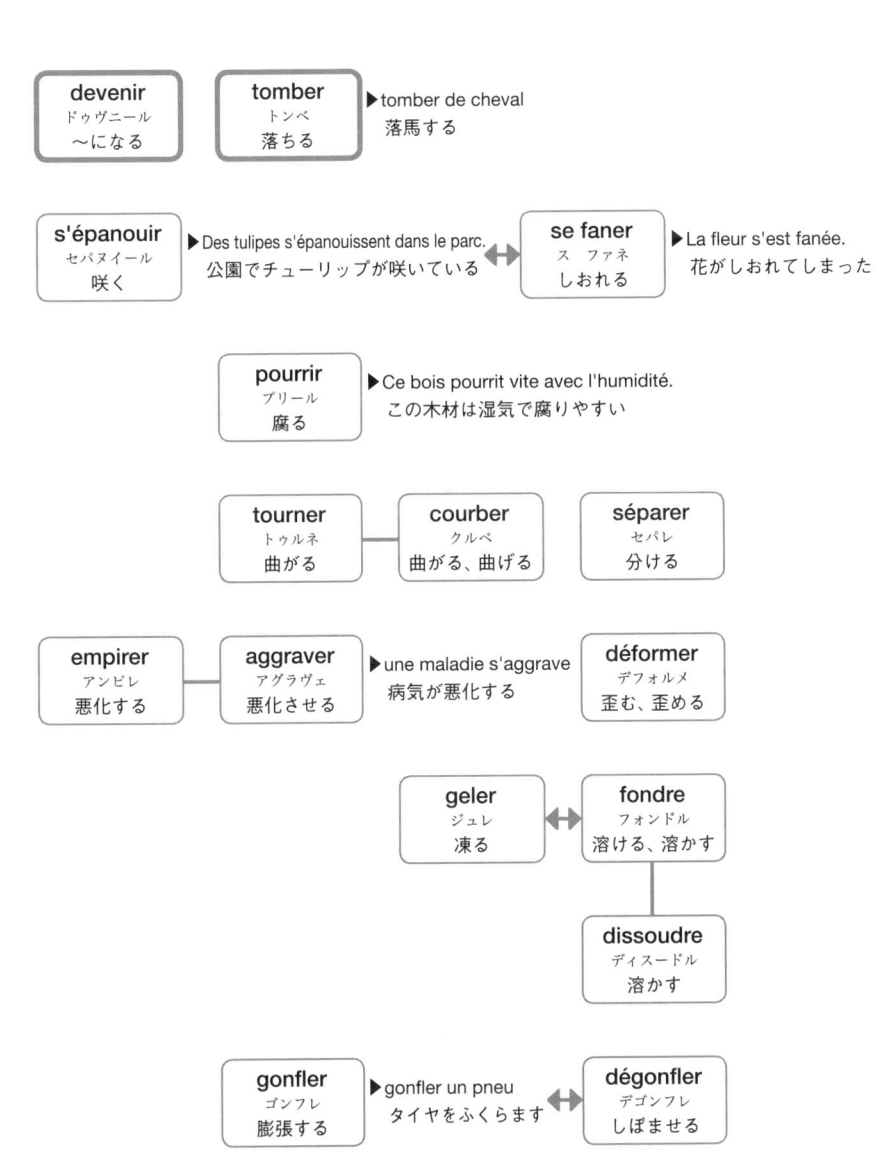

devenir	ドゥヴニール	～になる	
tomber	トンベ	落ちる	▶ tomber de cheval 落馬する
s'épanouir	セパヌイール	咲く	▶ Des tulipes s'épanouissent dans le parc. 公園でチューリップが咲いている ⇔
se faner	ス ファネ	しおれる	▶ La fleur s'est fanée. 花がしおれてしまった
pourrir	プリール	腐る	▶ Ce bois pourrit vite avec l'humidité. この木材は湿気で腐りやすい
tourner	トゥルネ	曲がる	
courber	クルベ	曲がる、曲げる	
séparer	セパレ	分ける	
empirer	アンピレ	悪化する	
aggraver	アグラヴェ	悪化させる	▶ une maladie s'aggrave 病気が悪化する
déformer	デフォルメ	歪む、歪める	
geler	ジュレ	凍る	⇔
fondre	フォンドル	溶ける、溶かす	
dissoudre	ディスードル	溶かす	
gonfler	ゴンフレ	膨張する	▶ gonfler un pneu タイヤをふくらます ⇔
dégonfler	デゴンフレ	しぼませる	

15-16 優劣

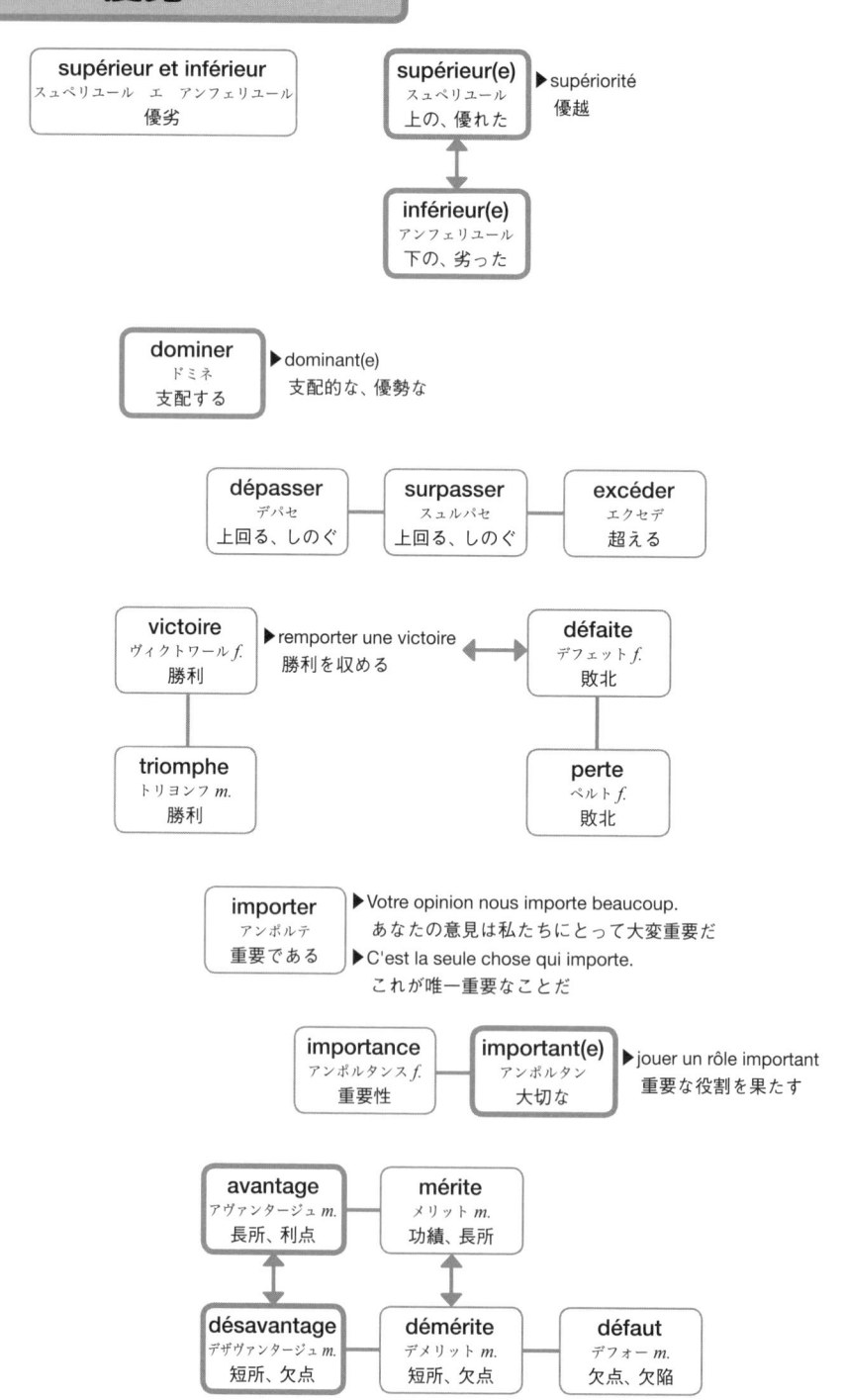

supérieur et inférieur
スュペリユール エ アンフェリユール
優劣

supérieur(e)
スュペリユール
上の、優れた
▶ supériorité 優越

inférieur(e)
アンフェリユール
下の、劣った

dominer
ドミネ
支配する
▶ dominant(e) 支配的な、優勢な

dépasser
デパセ
上回る、しのぐ

surpasser
スュルパセ
上回る、しのぐ

excéder
エクセデ
超える

victoire
ヴィクトワール f.
勝利
▶ remporter une victoire 勝利を収める

défaite
デフェット f.
敗北

triomphe
トリヨンフ m.
勝利

perte
ペルト f.
敗北

importer
アンポルテ
重要である
▶ Votre opinion nous importe beaucoup.
あなたの意見は私たちにとって大変重要だ
▶ C'est la seule chose qui importe.
これが唯一重要なことだ

importance
アンポルタンス f.
重要性

important(e)
アンポルタン
大切な
▶ jouer un rôle important 重要な役割を果たす

avantage
アヴァンタージュ m.
長所、利点

mérite
メリット m.
功績、長所

désavantage
デザヴァンタージュ m.
短所、欠点

démérite
デメリット m.
短所、欠点

défaut
デフォー m.
欠点、欠陥

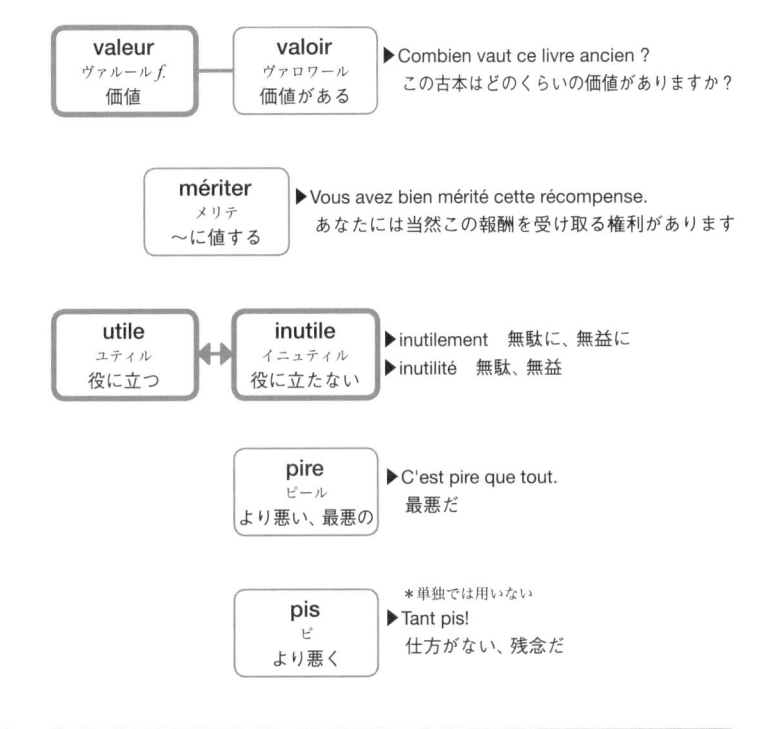

valeur ヴァルール f. 価値 — **valoir** ヴァロワール 価値がある
▶ Combien vaut ce livre ancien ?
この古本はどのくらいの価値がありますか？

mériter メリテ ～に値する
▶ Vous avez bien mérité cette récompense.
あなたには当然この報酬を受け取る権利があります

utile ユティル 役に立つ ⇔ **inutile** イニュティル 役に立たない
▶ inutilement 無駄に、無益に
▶ inutilité 無駄、無益

pire ピール より悪い、最悪の
▶ C'est pire que tout.
最悪だ

pis ピ より悪く
＊単独では用いない
▶ Tant pis!
仕方がない、残念だ

réputation レピュタスィヨン f. 評判

formidable フォルミダーブル
 すばらしい、ものすごい、並外れた

magnifique マニフィック すばらしい

merveilleux(se) メルヴェイユー
 すばらしい
 ▶ merveilleusement
  すばらしく、見事に

superbe スュペルブ 見事な

super スュペール すごい、すばらしい

fabuleux(se) ファビュルー
 想像を絶する

excellent(e) エクセラン すぐれた

étonnant(e) エトナン
 驚くべき、意外な

impressionnant(e) アンプレスィヨナン
 非常に印象的な、衝撃的な

brillant(e) ブリヤン 輝かしい、優秀な

splendide スプランディッド
 輝かしい、豪華な

luxueux(se) リュクスュウー
 ぜいたくな、豪華な

somptueux(se) ソンプテュウー 豪華な

impeccable アンペカーブル
 非の打ち所がない

incomparable アンコンパラーブル
 比類のない

cool クール 格好いい

extra エクストラ すばらしい、最高の

まとめの問題⑮

日本語にあわせて空欄を埋めて綴りを完成させよう。

① 月曜日　　l＿ndi

② 火曜日　　m＿＿di

③ 水曜日　　m＿＿＿redi

④ 木曜日　　j＿＿＿＿

⑤ 金曜日　　＿e＿＿＿＿＿＿

⑥ 土曜日　　＿＿m＿＿＿

⑦ 日曜日　　di＿＿＿＿＿＿

⑧ 青い　　　b＿＿＿

⑨ 黒い　　　＿＿＿r

⑩ 赤い　　　r＿＿＿＿

⑪ グレーの　gr＿＿

⑫ 黄色の　　＿＿＿ne

⑬ 白い　　　b＿＿＿c

⑭ 緑の　　　v＿＿＿

⑮ 栗色の　　ma＿＿＿＿

下の語群から適切な単語を選ぼう。

⑯ long ↔ (　　　　)　　⑰ bas ↔ (　　　　)

⑱ gros ↔ (　　　　)　　⑲ difficile ↔ (　　　　)

⑳ léger ↔ (　　　　)

[facile, court, mince, lourd, haut]

①lundi ②mardi ③mercredi ④jeudi ⑤vendredi ⑥samedi ⑦dimanche ⑧bleu ⑨noir ⑩rouge ⑪gris ⑫jaune ⑬blanc ⑭vert ⑮marron ⑯court ⑰haut ⑱mince ⑲facile ⑳lourd

索 引

A

à	201
à peu près	193
à temps	189
abandonner	102
abolition	150
aboutir	100
aboutissement	207
abri à vélos	45
absence	98
absolu(e)	212
absorber	192
abstrait(e)	199
accéder	100
accélérateur	109
accepter	98, 182
accident	116
accompagnement	125
accompagner	181
accomplir	100
accord	160
accoucher	29
accueil	178
accueillir	178
accumuler	192
accusation	151
achat	78
acheter	78
achever	100
acide	75
acte	181
acteur(trice)	123
actif(ve)	27
action	100, 157, 181
actionnaire	157
activité	100
addition	77, 162, 192
additionner	162, 192
adhésion	161
administratif(ve)	145
administration	145
admission	161
adolescence	28
adorer	180
adresse	11, 135
adresser	135
adulte	10, 29
aérien(ne)	112
aéroport	113
affaire	116, 157
affaires	107
affecter	207
affiche	182
afficher	182
afin de	100
Afrique	13
âge	10
âgé(e)	187
agence	94, 127
agence de voyage	106
agenda	89
agent	96
aggraver	215
agir	181
agneau	52, 68
agrafeuse	89
agrandir	192
agréable	199
agréablement	199
agréer	98
agricole	165
agriculteur(trice)	97, 165
agriculture	164, 165
aide	149
aider	179
aigu(ë)	197
aiguille	37
ail	69
ailleurs	201
aimable	26
aimer	180
aîné(e)	14
air	112
aise	199
ajouter	162, 192
alcool	71
aliment	68
alimentaire	68
alimentation	68
allaiter	37
Allemagne	12
aller	24, 110
aller-retour	110
allonger	74
alpinisme	121
altitude	112
ambulance	114
âme	20
amer(ère)	75
Amérique	13
ami(e)	11, 16
amical(e)	180
amicalement	180
amitié	180
amour	180
amplifier	192
ampoule	34
amusant(e)	170
amusement	120
amuser	179
an	10, 188
analyste	157
Ancien Testament	153
ancien(ne)	198
âne	53
Angleterre	12
animal	52
animal domestique	52
animal sauvage	52, 61
animation	123
année	188
anniversaire	189
annonce	183
annoncer	126, 183
annuel(le)	188
annulation	160
annuler	107, 160
anthropologie	91
août	188
apercevoir	168
apéritif	71
appareil	34
apparemment	18
apparence	18
apparent(e)	18
appartement	38
appeler	134
appétissant(e)	66

appétit	66	
application	150	
appliquer	205	
apprendre	86	
approuver	98	
approximativement	193	
après	187	
après-demain	189	
après-midi	189	
aquarelle	122	
aquarium	120	
arbre	47, 54	
arc-en-ciel	59	
archéologie	91	
architecte	97	
argent	79, 83	
arithmétique	87	
arme	148	
armée	144	
armoire	34	
aromathérapie	25	
arqué(e)	196	
arrêté	150	
arrêter	136	
arriéré	161	
arrière	201	
arrivée	106, 113	
arriver	106	
arrondissement	43	
arroser	37	
arrosoir	37	
art	122	
article	90, 126, 161	
articles détaxés	113	
artificiel(le)	165	
artificiellement	47	
artisan(e)	96	
artiste	96, 122	
artistique	122	
ascenseur	32	
Asie	13	
aspirateur	34	
assaisonner	75	
assassin	151	
assemblée	146	
Assemblée nationale	146	
assez	191, 213	
assiette	73	
assistant(e)	99	
assister	180	
association	94	
associer	179, 205	
assurer	103	
astre	56	
astrologie	57	
astronaute	57	
astronomie	91	
athéisme	152	
athlétisme	130	
attacher	136	
attaquer	148	
atteindre	100	
attendre	178	
atténuer	192	
atterrir	112	
attitude	181	
au-dessous	200	
au-dessus	200	
audimat	127	
augmentation	192	
augmenter	192	
aujourd'hui	189	
Australie	13	
autant	191	
autel	153	
auteur	129	
auto	108	
autobiographie	129	
autobus	114	
autocar	114	
automatique	138	
automne	188	
autorité	142	
autoroute	109	
autour	201	
autrefois	189	
avalanche	117	
avaler	70	
avance	160	
avancer	108	
avantage	216	
avant-hier	189	
avenir	189	
avenue	44	
averse	58	
avion	112	
avis	182	
avocat(e)	97, 151	
avoir faim	173	
avoir l'air	173	
avoir mal à	172	
avoir peur	172	
avoir raison	173	
avoir soif	173	
avoir sommeil	173	
avoir tort	173	
avril	188	

B

bac	54
bac à sable	45
baccalauréat	87
bagage	113
bague	83
baguette	76
baguettes	73
baignoire	33
bain	33
baiser	180
baisser	157, 192
Balance	57
balance	72
balançoire	45
balayer	36
baleine	53
balle	131
ballon	131
banane	69
banc	45
bancaire	158
banlieue	43
banlieusard(e)	43
banque	158
banquier(ère)	158
baptême	153
barbe	20
barque	115
barre fixe	45
bas	81
bas(se)	197
bascule	45
base	39
base-ball	130
baser sur	39
basket-ball	130
bateau	115
bateau-mouche	115

bâtiment 38	bœuf 68	buffet 76
bâtir 39	boire 70	bureau 94
bâton de craie 88	bois 47, 54	bureaucrate 147
batterie 109	boisson 70	bureaucratie 147
bavard(e) 27	boîte 34	bus 114
beau (bel, belle) 18, 58	boîte aux lettres 45	but 100
beaucoup 191	bol 72	
beau-frère 15	bon(ne) 75, 208	**C**
beau-père 15	bon marché 79	çà et là 201
beauté 122	bonheur 170	ça fait 162
beaux-arts 122	bonhomme de neige 59	cabane 38
beaux-parents 15	bord 201	cabine d'essayage 80
bébé 14, 28	bottes 81	cabine téléphonique 45
beige 194	bouche 20	cabinet 33
Belgique 12	bouche d'incendie 45	cache-cache 45
Bélier 57	boucher(ère) 96	cadet(te) 14
belle-mère 15	boucherie 96	cadre 94
belle-sœur 15	boucle d'oreille 82	cadre pour photo 35
bénéfice 163	bouddhisme 152	café 70
besoin 173	bouilloire 72	café au lait 70
best-seller 128	boulanger(ère) 96	cafetière 73
bête 52	boulangerie 96	cahier 89
beurre 75	boulevard 44	caisse 78
bibelot 121	bourgeon 54	caissier(ère) 78
biberon 37	Bourse 157	calcul 162, 193
Bible 153	bouteille 71	calculatrice 89
bibliothèque 90, 128	boutique 45	calculer 162, 193
bicyclette 115	bouton 54	calculer de tête 162
bien 91, 208	bowling 121	caleçon 81
bière 71	boxe 130	caler 116
bijou 83	bracelet 83	calme 27
billard 121	branche 54	calorie 67
billet 110	bras 21	camarade 16
billet d'avion 113	brasserie 76	camélia 55
biographe 129	brave 27	caméra 35
biographie 129	bref (brève) 186	camion 114
biologie 50, 61, 91	brevet 51	camionnette 114
bise 180	bricolage 37	campagne 43
bisou 180	brillant(e) 195, 217	camper 121
bistrot 76	briller 195	camping-car 114
bizarre 199	briquet 83	Canada 13
blanc(he) 194	brise 59	Cancer 57
blanchir 36	broche 72	candidat(e) 147
blé 68	brosser les cheveux 65	canicule 188
blessé(e) 22	brouillard 59	canoë 115
blessure 22	bruit 60, 168	cantine 90
bleu(e) 194	brun(e) 19, 194	capable 102
blond(e) 19, 194	brusquement 203	capacité 101
blouse 80	brut(e) 193	capital 156

capitale	42	
capitalisme	143	
capitaliste	143	
Capricorne	57	
caractère	26	
caractéristique	26	
carafe	71, 73	
cargo	115	
carie dentaire	22	
carnet	89	
carnet de chèques	158	
carotte	69	
carré(e)	196	
carrefour	44	
cartable	88	
carte	76, 121	
carte d'embarquement	113	
cartouche	89	
casserole	72	
catastrophe	116	
cathédrale	153	
catholicisme	152	
causalité	206	
cause	206	
causer	206	
ceinture	82	
ceinture de sécurité	109	
célébrité	17	
célibataire	29	
cendrier	35	
centimètre	190	
centre	201	
centre-ville	42	
céramique	121	
cerise	69	
cerisier	55	
certain(e)	103	
certainement	103	
chaîne	127	
chaise	34	
chalet	38	
chaleur	58	
chambre	33	
champ	47	
champagne	71	
champignon	69	
chance	103	
change	107, 158	
changement	214	
changer	157, 214	
chanson	124	
chanteur(se)	97, 124	
chapeau	82	
chapitre	128	
chargement	115	
charger	115	
chariot	78, 113	
charmant(e)	18	
charpentier	97	
chasse	165	
chat	52	
châtain(e)	19	
château	38, 107	
chaud(e)	58, 172	
chauffage	34	
chauffeur	108	
chaussettes	81	
chaussures	81	
chavirer	117	
chef	94	
chef-d'œuvre	128	
chemin	44	
chemin de fer	110	
cheminée	32	
cheminot	97	
chemise	81	
chêne	55	
chèque	158	
chèque de voyage	158	
cher(ère)	79	
cheval	52	
cheveu	20	
chèvre	52	
chez moi	32	
chien	52	
chiffre	193	
chiffre d'affaires	193	
chimie	50, 91	
chimique	60	
Chine	13	
chocolat	70	
chœur	124	
choisir	101	
choix	101	
cholestérol	25	
chômage	95	
chômeur(se)	95	
chorale	124	
chou	69	
christianisme	152	
ciel	56	
cinéma	123	
circuler	108	
cirque	120	
ciseaux	89	
cité	43	
citoyen(ne)	150	
citron	69	
citronnade	70	
citronnier	55	
civil(e)	150	
civilisation	144	
clair(e)	172, 195	
clarté	195	
classe	87	
classe affaires	112	
classe économique	112	
classement	175	
classer	175	
classeur	89	
classique	124	
clé	33	
clef	33	
clic	137	
client(e)	78	
clientèle	78	
clignotant	109	
climat	58	
climatiser	33	
clinique	23	
clone	50	
coca	70	
code	150	
cœur	21	
coffre	109	
coiffeur(se)	96	
coiffure	20	
coin	201	
colis	135	
collant(e)	198	
collants	81	
colle	89	
collection	120	
collectionner	120	
collège	86	
collégien(ne)	86	
collègue	16, 94	

collier	82	
colline	47	
collision	116	
colonie	143	
comédie	123	
comestible	67	
comète	56	
comité	99	
commande	95	
commander	183	
commencement	202	
commerçant(e)	96, 165	
commerce	149, 165	
commerce de détail	164	
commercial(e)	165	
Commission européenne	149	
commode	199	
commun(e)	204	
communauté	43	
communication	127	
communiquer	127	
communisme	143	
communiste	143	
compagnie	94	
compagnie aérienne	113	
comparer	175	
compartiment	110	
compas	89	
complément	163	
complet	80	
complet(ète)	107, 212	
compliqué(e)	198	
comporter	211	
composer	125, 211	
composteur	111	
comprendre	169, 174	
compte	159	
compter	162, 193	
compter sur	179	
comptoir d'enregistrement	113	
concernant	205	
concerné(e)	205	
concerner	205	
concert	124	
concierge	39	
conclusion	149, 207	
concours	124	
concret(ète)	199	
concrètement	213	
condamnation	151
condamner	151
condition	207
conducteur(trice)	108
conduire	108
conférence	98
conférence au sommet	149
confession	153
confirmation	169
confirmer	107, 169
confiture	69
confortable	199
confrère	94
congé	95
congélateur	34
congeler	74
congrès	99
connaissance	174
connaître	169, 174
consacrer	186
conseil	146
conseiller	183
consentement	98
consentir	98
conséquence	207
conservateur(trice)	122
conserve	73
conserver	61
consigne automatique	111
consister	211
consoler	179
constellation	57
constituer	211
Constitution	150
construction	165
construire	165
consultant(e) fiscal	97
consulter	23
conte	129
contenir	211
content(e)	27, 170
contenter	179
continent	47
contradictoire	209
contraire	209
contrat	160
contribuer	101
contribution	101
contrôle	151
contrôler	138, 151
contrôleur(se)	110
convaincre	179
convenir à	179
convention	149, 160
conversation	182
cool	217
coordonnées	11
copain (copine)	16
coq	52
coquet(te)	18
coquillage	69
corbeille à papier	37
Corée du Sud [Nord]	13
corps	21
correct(e)	209
correcteur	88
corrélation	204
correspondance	110, 181
correspondre	181
costume	80
côte	46
côté	201
cotisation	160
cou	21
couche	37
coude	21
couler	117
couleur	194
couloir	32
coupe	131
couper	74
cour	32
courageux(se)	27
courant(e)	64
courbe	196
courber	215
courir	130
courriel	134
cours	87
cours d'été	90
course	78, 130
court(e)	197
cousin(e)	15
coussin	34
couteau	73
coûter	79
couture	37
couturier(ère)	97

couvercle	72	
couverture	35	
craindre	171	
crainte	171	
crapaud	53	
cravate	82	
crayon	88	
création	100	
crédit	158	
créer	100	
crevé	116	
cri	183	
crier	183	
crime	151	
cristal	83	
critique	122	
crocodile	53	
croire	169	
croisement	44	
croissant	56	
croître	192	
croix	153	
cuillère	73	
cuire	74	
cuisine	32, 72, 76	
cuisinier(ère)	96	
cuisinière	72	
cuit(e)	74	
cultiver	165	
culture	144	
curieusement	171	
curieux(se)	171	
curiosité	171	
cutter	89	
cyclomoteur	115	

D

d'abord	202	
dame	17	
danger	199	
dangereusement	199	
dangereux(se)	199	
date	187	
dater	160	
de temps en temps	203	
débattre	98	
début	202	
débutant(e)	99	
décalage horaire	107	
décembre	188	
décharger	115	
déchet	60	
décider	175	
déclaration	148	
déclarer	148	
décoller	112	
découverte	101	
découvrir	101, 168	
décret	150	
dedans	201	
déduction	163, 192	
déduire	192	
défaite	216	
défaut	216	
défendre	148, 151	
défense	151	
déficit	163, 193	
déficitaire	163	
définir	175	
définition	175	
déformer	215	
dégonfler	215	
degré	190, 212	
dégustation	71	
dehors	201	
déjà	202	
déjeuner	66	
délicieux(se)	66, 75	
déluge	58	
demain	189	
demande	157, 183	
demander	183	
démarrer	136	
déménager	32	
démérite	216	
demi	187	
démission	95	
démocrate	143	
démocratie	143	
démocratique	143	
demoiselle	17	
démolir	138	
démonter	138	
dent	20	
dentiste	97	
départ	113	
département	43	
département outre-mer	143	
départemental(e)	43	
dépasser	216	
dépendance	205	
dépendre	205	
dépense	159, 163, 193	
dépenser	78	
dépistage	24	
déposer	159	
dépôt	159, 161	
depuis	187	
député	146	
déranger	179	
déraper	116	
dernier(ère)	202	
dernières chaleurs de l'été	188	
derrière	201	
dès	187	
désastre	116	
désavantage	216	
désert	47	
désir	171	
désirer	171	
dessert	77	
dessin	122	
dessous	200	
dessus	200	
destination	107, 110	
destruction	60	
détour	108	
détruire	60	
dette	159	
devant	201	
développé(e)	156	
développer	156	
devenir	215	
devoir	87, 103	
diamant	83	
dieu	152	
différend commercial	149	
difficile	198	
digestif	71	
dimanche	189	
dimension	190	
diminuer	192	
diminution	192	
dîner	66	
diplomate	148	
diplomatie	148	
diplomatique	148	

diplôme — 87	drap — 35	électrique — 139
dire — 182	drapeau — 142	élégance — 18
dire un mensonge — 183	droit — 150	élégant(e) — 18
direct(e) — 204	droit civil — 150	élément — 210
directeur(trice) — 94	droit pénal — 150	éléphant — 53
direction — 200	droit(e) — 200	élève — 86
dirigeant(e) — 94	droite — 200	éloignement — 201
diriger — 156	droits d'auteur — 128	éloigner — 201
discuter — 98, 182	droits de douane — 149	embarrasser — 179
disponible — 103	drôle — 199	embouteillage — 109
disposer — 103	drôlement — 199	embrasser — 180
disposition — 103	dû — 157	émettre — 127, 182
disputer — 181	dur(e) — 172, 198	émission — 127
disque — 125, 136	durée — 186	émission de CO_2 — 60
dissoudre — 215	durer — 186	émotion — 170
distance — 190	dynamique — 27	empêcher — 179
distant(e) — 27		empereur — 143
distinction — 175	**E**	empire — 143
distinguer — 175	eau — 70	empirer — 215
distribuer — 99	échec — 102	employé(e) — 94
distributeur automatique — 45	échecs — 121	emprunt — 157
dividende — 157	échouer — 102	emprunter — 159
diviser — 162	éclair — 59, 77	en direct — 127
divisible — 162	éclairer — 195	en face de — 201
division — 162, 210	école — 86	en semaine — 189
divorcer — 29	école maternelle — 86	enchanté(e) — 170
d'occasion — 108	école primaire — 86	enchanter — 170
docteur — 23	écolier(ère) — 86	encore — 202
document — 99	économie — 144, 156	endroit — 201
documentaire — 127	économique — 156	énergie — 61
doigt — 21	économiser — 78	énergique — 27
domestique — 156	écraser — 116	enfance — 28
domicile — 32	écrivain — 129	enfant — 10, 14
dominer — 216	écureuil — 53	enfermer — 151
donner — 178	édifice — 39	enfin — 202
dopage — 131	éditeur(trice) — 126	engagement — 160
dormir — 64	édition pirate — 128	engineering — 139
dortoir — 39	éditorial — 126	engrais — 54
dos — 21	éducatif(ve) — 86	enlèvement — 151
douane — 107	éducation — 86	enlever — 80, 151, 192
double — 107	effet — 207	énorme — 191
doubler — 108, 192	effet de serre — 60	énormément — 191
doucement — 186	effort — 103	enquête — 126
douceur — 75	également — 213	enregistrer — 113
douche — 33, 65	égalité — 142	enseignant(e) — 86
douleur — 22	église — 153	enseignement — 86
douter de — 175	élection — 147	enseigner — 86
doux (douce) — 58, 75	électricien(ne) — 97	ensemble — 210
dramaturge — 123	électricité — 139	ensemble d'habitation collective — 38

ensuite	202	
entendre	168	
entier(ère)	191, 212	
entraînement	131	
entraîner	206	
entre	187	
entrée	39, 76, 111	
entreprendre	101	
entrepreneur(se)	94	
entreprise	94	
entrer	136	
entretenir	138	
entretien	138, 149	
enveloppe	135	
envie	171, 173	
environ	193	
environnement	60	
envoyé(e) spécial(e)	126	
épais(se)	197	
épaisseur	197	
épargne	159	
épargner	159	
épaule	21	
épicerie	96	
épicier(ère)	96	
épinard	69	
éplucher	74	
époque	187	
épouse	15	
époux	15	
équinoxe d'automne	188	
équinoxe de printemps	188	
équipe	131	
erreur	209	
éruption	117	
escale	113	
escalier	32	
escargot	69	
espace	56	
Espagne	12	
espèce	61, 214	
espérer	171	
espoir	171	
esprit	174	
essai	51, 101	
essayer	80, 101	
essayiste	129	
essence	109	
essentiel(le)	212	

essuie-glace	109
essuie-tout	73
essuyer	37
est	200
estomac	21
établir	100
établissement	39
étage	32
étape	212
État	142
état	198
États-Unis	13
été	188
étendre	192
étiquette	78
étoile	56
étonnant(e)	217
étonné(e)	171
étonner	171
étrange	19
étrangement	19
étranger	143
étranger(ère)	149
étroit(e)	197
étudiant(e)	87
étudier	86
Europe	12
évènement	116
évident(e)	209
évier	72
évolution	214
exact(e)	209
examen	91
examen médical	24
examiner	23
excédent	163, 193
excédentaire	163
excéder	216
excellent(e)	217
exception	211
exclure	192
excursion	106
excuser	179
exécuter	100
exécutif(ve)	145
exercer	100
exercice	25
expérience	51, 95
expert-comptable	97

expliquer	182
exploit	102
exploser	117
exporter	149, 156
exposition	122
express	110
expression	19, 182
exprimer	182
extérieur(e)	201
extra	217
extraordinaire	213
extrêmement	213

F

fable	129
fabriquer	165
fabuleux(se)	217
face	21
facile	198
façon	181
facteur	96, 206
faculté	91
faible	198
faim	66
faire bouillir	74
faire la vaisselle	37
faire sauter	74
falloir	103
famille	11, 14
famine	117
farcir	74
farine	68
fatigant(e)	173
fatigue	24
fatigué(e)	24
fatiguer	173
faute	209
fauteuil	34
faux (fausse)	209
favori(te)	120
fax	134
femelle	52
femme	10, 15, 17
fenêtre	32
fer	165
fer à repasser	34
ferme	165
fermé(e)	78
fesses	21

fêter	29	
feu	117	
feu de signalisation	44	
feuillage	54	
feuille	54	
feuille mobile	89	
feuilleton	127, 129	
feutre	88	
février	188	
fiancé(e)	17	
fibre alimentaire	25	
fichier	136	
fiction	129	
fier(ère)	27	
fièvre	22	
fiévreux(se)	22	
figure	21	
fil	37, 134	
filet à bagages	110	
fille	14, 17	
film	123	
fils	14	
fin	202	
fin(e)	197	
final(e)	202	
finale	131	
finalement	187	
financement	159	
fini(e)	202	
fixe	199	
fleur	54	
fleuriste	96	
fleuve	47	
fluctuer	157	
flûte	125	
fois	190	
foncé(e)	195	
fonctionnaire	96	
fonctionner	138	
fond	201	
fondamental(e)	212	
fondation	94	
fonder	94	
fondre	215	
foot	130	
football	130	
forcer	179	
forêt	47	
formation	86	
forme	196	
former	86	
formidable	213, 217	
fort(e)	198	
fortune	156	
fou (fol, folle)	27	
foudre	59	
fouetter	74	
foulard	82	
foule	16	
four à micro-ondes	72	
fourchette	73	
fourgon	114	
fourgonnette	114	
fournisseur d'accès à Internet	137	
fragile	135	
fragment	210	
frais d'entretien	161	
frais (fraîche)	58, 172	
fraise	69	
franc(he)	26	
France	12	
fraternité	142	
frein	109	
fréquent(e)	203	
frère	14	
frire	74	
frit(e)	74	
froid(e)	58, 172	
fromage	68	
front	20	
frontière	143	
fruit	54, 69	
fumer	74	
fumeur(se)	121	
fusée	57	
fusionner	192	
futur	189	

G

gagner	131
gai(e)	19, 26
gaiement	19
Galaxie	56
galerie	122
gants	83
garage	39, 109
garantie	79
garçon	17, 76
garder	179
gardien(ne)	39
gare	111
gâteau	77
gauche	200
gaz	61
gel douche	33
geler	215
Gémeaux	57
gendarme	96
général(e)	211
généralement	211
généraliser	211
généralité	211
génétique	50
genou	21
genre	129, 214
gens	16
gentil(le)	26
géographie	47, 91
géologie	91
geste	19
gilet	80
gilet de sauvetage	112
girafe	53
glace	77
gomme	88
gonfler	215
gorge	21
gourmand(e)	66
goût	75, 120, 168
goûter	66, 67, 168
gouvernement	146
grâce à	206
gracieux(se)	18
gramme	190
grand(e)	197
grande roue	120
grandes écoles	87
grandeur	191
grandir	28
grand-mère	14
grand-père	14
grands-parents	14
gras(se)	67
gratte-ciel	45
gratuit(e)	79
Grèce	12
grêle	58

grève	95	
gril	72	
griller	74	
grippe	22	
grippé(e)	22	
gris(e)	194	
gronder	179	
gros(se)	19, 197	
guérir	22	
guérison	22	
guerre	148	
guichet	111	
guide	107	
guitare	125	
gymnase	131	

H

habillé(e)	19
habiller	65
habitant(e)	39
habiter	11, 32
habitude	64
habituel(le)	64
hacher	74
haricot	69
harmonie	199
harmonieux(se)	199
hasard	103
hausse	157
haut(e)	197
hauteur	190
herbe	54
héroïne	128
héros	128
heure	186
heureux(se)	170
heurter	116
hier	189
hippopotame	53
histoire	91
hiver	188
H.L.M.	39
homme	10, 17
honnête	26
hôpital	23
horloge	35
horreur	171
horrible	171
hors	201
hors-d'œuvre	76
hôtel	107
hôtesse de l'air	112
housse	35
huile	75
humanité	144
humide	58
hygiène	25
hymne	142
hypothèque	159

I

ici	201
idéal(e)	199
idéaliser	175
idéaliste	27
idée	174
idées	144
identifier	116
identité	151
ignorance	174
ignorant(e)	174
ignorer	169, 174
île	46
illégal(e)	150
image	137
imaginable	174
imaginaire	174
imagination	174
imaginer	174
imitation	79
imiter	175
immeuble	38, 45
immobilier	39
impact	207
impeccable	217
imperméable	80
importance	216
important(e)	216
importer	149, 156, 216
impossible	102
impôt	157
impression	169
impressionnant(e)	217
imprimé	128
imprimer	126
imprimerie	128
incapable	102
incendie	117
incident	116
incolore	194
incomparable	217
inconnu(e)	17
incroyable	171
indépendant(e)	142
indice	157
indice d'écoute	127
indiquer	182
indirect(e)	204
indispensable	212
individu	142
individuel(le)	204
industrie	164
industrie manufacturière	164
inférieur(e)	216
infirmier(ère)	23
influence	207
information	126
informer	183
ingénierie	139
ingénieur	97, 139
injuste	209
inquiet(ète)	171
inquiéter	171
inquiétude	171
insérer	136
insister	99
installation	138
institut	51
instituteur(trice)	86
institution	150
instruction	86
instruire	86
instrument	125
insuffisant(e)	91
intelligent(e)	26
intention	174
intentionnel(le)	174
intentionnellement	174
interdiction	151
interdire	151
interdit(e)	151
intéressant(e)	171
intéresser	171
intérêt	159
intérieur	34
intérieur(e)	201
international(e)	149

internationalisation	149	
Internet	137	
interprète	97, 124	
interpréter	123, 175	
interruption	186	
intime	180	
intimement	180	
intimité	180	
introduction	183	
introduire	136, 183	
intuition	169	
inutile	217	
inventer	101	
invention	51	
investisseur(euse)	157	
invitation	180	
invité(e)	180	
inviter	180	
invraisemblable	103	
irréaliste	27	
islam	152	
isoler	205	
Italie	12	
ivre	71	

J

jambe	21
jambon	68
janvier	188
Japon	13
jardin	32
jardin botanique	120
jardinage	121
jaune	194
jazz	124
jean(s)	81
jet d'eau	45
jeu vidéo	35
jeudi	189
jeunesse	28
jogging	130
joie	170
joli(e)	18
joue	20
jouer	130
jouet	37
jour	189
journal	126
journalisme	126

journaliste	126
journée	189
joyeux(se)	26
judaïsme	152
judiciaire	145
juge	151
jugement	151, 175
juger	175
juillet	188
juin	188
jupe	81
juridiction	151
jus	70
jusque	187
juste	209
justice	145

K

kilo	190
kilogramme	190
kilomètre	190
klaxon	109

L

la plupart	191
là	201
là-bas	201
laboratoire	51
lac	46
laid(e)	18
lait	70
laitue	69
lampe	34
langue	87
lapin	68
large	197
largement	191
largeur	190
larme	20
lavabo	33
lavande	55
laver	36
le Bien et le Mal	208
leçon	87
lecteur de cassettes	35
lecteur de CD	35
lecteur de DVD	35
lecteur(trice)	126
lecture	121, 128

légal(e)	150
léger(ère)	197
législatif(ve)	145
législation	145
légume	69
lendemain	189
lent(e)	186
lentement	186
lessive	36
lettre	135
lèvre	20
liberté	142
libraire	96
librairie	96, 128
libre	199
licence	109
licencié(e)	87
licencier	95
lieu	201
ligne internationale	113
ligne nationale	113
limite	187
limousine	114
linge	36
lingerie	81
linguistique	91
lion	53
Lion	57
liqueur	71
liquide	198
lire	128
lis	55
lit	35
litre	190
littéraire	128
littérature	87, 128
livraison	79
livre	126, 128
livrer	79
livret d'épargne	159
local(e)	43
locataire	161
location	161
logement	39
loger	37
logiciel	136
loi	150
loin	201
loisir	120

long (longue)	197	
longévité	25	
longueur	190	
l'ONU	148	
lorsque	187	
louche	72	
louer	161	
loup	53	
lourd(e)	197	
lumière	195	
lumineux(se)	195	
lunaire	56	
lundi	189	
lune	56	
lunettes	82	
lunettes de soleil	82	
l'Union européenne	149	
lutte	130	
luxueux(se)	217	
lycée	87	
lycéen(ne)	87	

M

mâcher	67
machine	51, 138
machine à coudre	34
machine à laver	34
Madame	17
Mademoiselle	17
magasin	78
magnifique	217
mai	188
maigre	19
mail	134
maillot de bain	81
main	21
maire	146
mairie	43
maison	32, 38
maison d'édition	126
maître(sse)	86
mal	208
malade	22
maladie	22
maladroit(e)	27
mâle	52
malheureux(se)	170
malsain(e)	24
manche	81

manger	67
manière	181
mannequin	97
manquer	115
manteau	80
manuscrit	128
marathon	130
marchand(e)	96
marché	78
marché des actions	157
mardi	189
mari	15
mariage	29
marié(e)	29
marmite	72
marque	79, 82
marquer	89
marqueur	88
marron	19, 194
marronnier	55
mars	188
masque à oxygène	112
mass-média	126
match	131
matériaux	165
matériel	136
mathématiques	87
matière	87, 165
matin	189
matinée	124
mauvais(e)	75, 208
mécanicien(ne)	97, 138
mécanique	138
méchant(e)	27
mécontent(e)	27, 170
médaille	131
médecin	23
médecine	23
médical(e)	23
médicament	23
meilleur	208
mélanger	74
membre	94
ménage	36
ménager	179
ménager(ère)	36
mener	181
mensonge	181
menteur(se)	27

mention	91
mentir à	181
menu	76
mer	46
mercredi	189
mère	14
mérite	216
mériter	217
merveilleux(se)	217
message	136
messe	153
mesure	100
métal	165
métallique	165
météo	59
métier	96
mètre	190
métro	110
métropolitain(e)	42
mettre	80
meuble	34
meublé(e)	34
meurtrier(ère)	151
midi	189
mieux	208
mignon(ne)	18
milieu	201
militaire	96
mince	19, 197
mine	19
ministère	147
ministre	146
minuit	189
minute	186
miroir	33
misérable	19
misérablement	19
missile	148
moche	18
mode	81
moderne	187
moderniser	142
moi	14
moindre	191
moins	191
moins bien	208
moins bon	208
moins mauvais	208
mois	188

moitié	191	
monde	16, 149	
monnaie	79	
monorail	110	
Monsieur	17	
montagne	46	
montagnes russes	120	
monter	157	
monter en flèche	157	
montre	83, 186	
monument	44	
morceau	125, 210	
mort	22, 29	
mot	182	
mot de passe	137	
moteur	109	
moto	115	
mots croisés	121	
mou (mol, molle)	172, 198	
mouchoir	83	
mourir	22, 29	
mouton	52, 68	
moyen	181	
multiplication	162	
multiplier	162	
mur	32	
mûr(e)	75	
musée	122	
musicien(ne)	124	
musique	124	
mystère	199	
mystérieux(se)	199	
mythe	129	

N

N°	134	
nager	130	
naissance	28	
naître	28	
nappe	73	
natal(e)	29	
natation	130	
nation	142	
national(e)	142	
nationalité	11, 12, 142	
nature	47	
naturel(le)	47	
naturellement	47	
naufrage	117	
navette	114	
naviguer	137	
né(e)	28	
nécessaire	103, 212	
nécessairement	103	
nécessité	103	
neige	59	
neiger	59	
néon	34	
nerveux(se)	27	
net(te)	193	
nettoyer	36	
neuf (neuve)	198	
neveu	15	
nez	20	
nièce	15	
niveau	212	
noctambus	114	
Noël	188	
noir(e)	19, 194	
nom	10	
nombre	191	
nombreux(se)	191	
nomination	146	
nord	200	
normal(e)	199	
normalement	199	
notaire	97	
note	89, 91, 125	
nourrir	67	
nourrissant(e)	67	
nourriture	67	
Nouveau Testament	153	
nouveau (nouvel, nouvelle)	198	
nouvelle	126, 129	
novembre	188	
nuage	58	
nucléaire	61	
nuisances	60	
nuisible	60	
nuit	189	
numéro	134	
numéro de téléphone	11	
nutrition	67	

O

obéissant(e)	26	
obésité	24	
objectif(ve)	199	
objet	100	
obligation	157	
obliger	179	
obscur(e)	195	
observatoire	57	
occasion	103	
occupé(e)	134	
occuper	148	
océan	46	
octobre	188	
odeur	168	
odorat	168	
œil	20	
œuf	68	
œuvre	122	
office de tourisme	106	
offrir	178	
oignon	69	
oiseau	52	
ombre	195	
omelette	76	
omettre	192	
oncle	15	
ongle	20	
opéra	124	
opération	23, 148	
opérer	138	
opinion	126	
opposé(e)	209	
opposer	98	
opposition	98	
or	83	
orage	58	
orange	69, 194	
orbite	56	
orchestre	125	
ordinaire	199	
ordinateur	136	
ordonné(e)	33	
ordonner	23	
ordre	157	
ordures	60	
oreille	20	
organisation	149	
organiser	99	
orgue	125	
orientation	100	
os	20	
oser	101	

ouest	200	participation	99	périodique	187
ouvert(e)	78	participer	99	perle	83
ouvrage	122	particulièrement	211	permettre	179
ouvre-boîte	73	partie	210	permis de conduire	109
ouvrier(ère)	94	partition	125	personnage	128
ovale	196	partout	201	personne	16
ozone atmosphérique	60	passable	91	personnel	94
		passage	44	personnel(le)	204
P		passage piéton	44	personnes âgées	17
page	137	passage souterrain	45	perte	163, 193, 216
paiement	79	passeport	107	peser	191
pain	68	passe-temps	120	pétanque	121
paisible	199	passe-temps favori	11	petit déjeuner	66
paix	148	passoire	72	petit(e)	197
palais	107	pastel	88	petite-fille	15
panier	37	pasteur	153	petit-fils	15
panne	109	patient(e)	26	petits-enfants	15
panneau	109	patinage	130	pétrole	165
pansement	23	patins	131	pétrolier	115
panser	23	pâtisserie	77	pétrolier(ère)	165
pantalon	81	pâtissier(ère)	76, 96	peuple	16
pape	153	patrie	142	peur	171
papeterie	88	patron(ne)	78, 94	peut-être	103
papier	89	pauvre	156, 198	phare	109
paquebot	115	pauvreté	156	pharmacie	23
paquet	135	paye	95	pharmacien(ne)	23
par avion	135	payer	79	philosophie	91
paraître	168	pays	142	photo	122
parapluie	83	pays développé	142	phrase	128
parc	45	pays en voie de développement	142	physique	50, 91
parc d'attractions	120	paysage	46	piano	125
pardonner	179	Pays-Bas	12	pichet	73
pare-chocs	109	peau	20	pièce	33, 123, 125
parenté	15	péché	153	pied	21
parents	14	pêche	164, 165	piéton(ne)	44
paresseux(se)	27	pédagogie	91	pilote	112
parfait(e)	212	peinture	122	ping-pong	130
parfum	83	pelouse	54	piqûre	23
Parlement	146	pendant	187	piratage	128
parlementaire	146	pendentif	82	pire	208, 217
parler	182	pénible	199	pis	217
parmi	201	pensée	174	piscine	131
paroles	125	pensées	144	pissenlit	55
part	210	penser	174	piste	113
partager	210	pension	39	place	44
parti	147	perception	168	place boursière	157
parti au pouvoir	147	père	14	plafond	32
parti de l'opposition	147	performances	138	plage	46
parti gouvernemental	147	période	186	plaider	151

plaire	170	
plaisir	170	
plan(e)	196	
planétarium	120	
planète	56	
plante	54	
plat	73, 76	
platane	55	
plateau	73	
plein(e)	191	
pleinement	212	
pleuvoir	58	
pluie	58	
plus	191	
plusieurs	191	
plutôt	213	
pneu	109	
poche	81	
poêle	72	
poème	129	
poids	24, 190	
poire	69	
poisson	53, 69	
Poissons	57	
poitrine	21	
poivre	75	
pôle	47	
poli(e)	26	
police	151	
politicien(ne)	146	
politique	146	
pollen	54	
pollution	60	
pomme	69	
pomme de terre	69	
pompier	96	
pont	45	
population	144	
porc	68	
port	115	
portable	35, 134	
porte	32	
porte-clés	83	
portefeuille	82	
portemine	88	
porter	80	
porter plainte	151	
portière	109	
portion	67, 210	
possible	102
poste	95, 135
pot	54, 73
potable	67
potentiel(le)	103
poubelle	37
poulet	68
pourrir	215
pratique	199
pratiquement	199
pratiquer	100
préavis	161
précautionneux(se)	27
précieux(se)	199
précis(e)	209
préciser	182
préférence	173
préférer	173
premier ministre	146
premier(ère)	202
première classe	112
prendre	67
prénom	10
préparer	101
près	201
présence	98
présentateur(trice)	127
présentation	99
présenter	178
président(e)	99, 146
présider	99
presque	191
presse	126
pression	59
prêt(e)	101
prêter	159, 161
prêtre	153
prévenir	175
prévention	175
prévision	175
prévoir	175
prier	153
principal(e)	212
printemps	188
prioritaire	202
priorité	202
privé(e)	179
prix	79
probable	103
probablement	103
problème	99
prochain(e)	202
proche	201
procureur	151
producteur(trice)	165
production	165
produire	165
produit	165
professeur	87
profession	11, 96
profit	163, 193
profond(e)	197
profondeur	190
programme	127, 136
progrès	101
progresser	101
projet	100
prolonger	161
promenade	65
promener	121
promesse	180
promettre	180
promouvoir	95
proposer	183
propre	33
proprement	199
propriétaire	161
protection	61
protéger	61
protestantisme	152
protester	98
protocole	149
prouesse	102
province	43
provoquer	206
pseudonyme	129
psychologie	91
public(que)	43
publication	126
publicité	127
publier	126
puisque	206
pull-over	80
punaise	89
pur(e)	195
pureté	195, 199
pyjama	81

Q

quai ... 111
qualité ... 79
quand ... 187
quart ... 187
quartier ... 43
quelquefois ... 203
quitter ... 134
quotidien ... 126

R

racine ... 54
raconter ... 182
radeau ... 115
radiateur électrique ... 34
radio ... 35, 127
radiocassette ... 35
radiographie ... 24
raisin ... 69
raison ... 206, 209
ralentir ... 108
ramassage ... 37
randonnée ... 121
rangement ... 37, 175
ranger ... 37, 175
râper ... 74
rapide ... 110, 186
rapidement ... 186
rappeler ... 134
rapport ... 204
raquette ... 131
rare ... 203
rarement ... 203
rat ... 52
rater ... 115
ratification ... 149
ravi(e) ... 170
rayon ... 78
réalisateur(trice) ... 123
réalisation ... 100
réaliser ... 100
réaliste ... 27
réalité ... 199
réception ... 107
recette ... 74
recevoir ... 134, 159
réchaud ... 72
réchauffement climatique ... 60
recherche ... 137

rechercher ... 137
réclamation ... 79
recommander ... 179
reconduire ... 160
reconfirmer ... 107
reconnaissance ... 174
reconnaître ... 174
record ... 131
rectangulaire ... 196
rectiligne ... 196
récupérer ... 61
recyclable ... 61
recyclage ... 61
recycler ... 61
rédaction ... 126
rediffuser ... 127
réduction ... 79
réduire ... 192
réel(le) ... 199
réellement ... 199
réfléchir ... 174
refléter ... 205
réflexion ... 174
réfrigérateur ... 34
refus ... 175
refuser ... 175
regard ... 168
regarder ... 168
régime ... 25, 143
région ... 43
régional(e) ... 43
registre ... 161
règle ... 89, 131, 161
règlement ... 150
régler ... 138
régulier(ère) ... 210
reins ... 21
relation ... 181, 204
relations humaines ... 178
relations internationales ... 148
religieux(se) ... 152
religion ... 152
remarquer ... 168, 175
remboursement ... 79
rembourser ... 159
remercier ... 179
remise en forme ... 25
remonter ... 47, 186
remorque ... 114

remplir ... 191
renard ... 53
rencontre ... 178
rencontrer ... 178
rendez-vous ... 178
rendre ... 159
renouveler ... 160
renouvellement ... 160
renseignement ... 126
rentrée ... 87
rentrer ... 64
réparer ... 138
repas ... 66
repas de bord ... 112
repasser ... 37
répéter ... 182
répétition ... 123, 203
répondeur ... 134
répondre ... 134, 183
réponse ... 183
repos ... 65
représentant(e) ... 94
représenter ... 147
république ... 143
réputation ... 217
réservation ... 107
réserve ... 61
réserver ... 107
résident(e) ... 39
résistant(e) ... 198
responsabilité ... 179
ressources ... 61
restaurant ... 76
reste ... 210
résultat ... 207
résulter ... 207
retard ... 115
retenir ... 179
retirer ... 159
retour ... 106
retraite ... 95
retrouver ... 168
rétroviseur ... 109
réunion ... 98
réussir ... 102
réussite ... 102
rêve ... 65
réveil ... 65
revenu ... 163, 193

rêver	65	
réverbère	45	
révision	150	
revoir	178	
revue	126	
rez-de-chaussée	32	
rhume	22	
riche	156, 198	
richesse	156	
rideau	34	
ridicule	199	
rive	47	
rivière	47	
riz	68	
robe	80	
robot	139	
rock	124	
roi	143	
rôle	123	
roman	129	
roman d'aventure	129	
roman policier	129	
romancier(ère)	129	
rond(e)	196	
rose	55, 194	
rotation	56	
rôtir	74	
rouge	194	
rouler	108	
route	44	
royaume	143	
ruban adhésif	89	
rue	44	
rugby	130	
rural(e)	43	
Russie	12	
rythme	125	

S

s'abstenir	25
sac	82
sac à dos	82
sac à main	82
sac à provisions	78
sage	26
Sagittaire	57
saigner	22
sain(e)	24
saison	188
saison des pluies	188
salade	76
saladier	72
salaire	95
salarié(e)	94
sale	33
salé(e)	75
salle	33
salle d'attente	111
salle de bain	33
salon	33
saluer	178
salut	178
salutation	178
samedi	189
s'amuser	65
sandales	81
sang	20
sanglier	53
sanguin(e)	20
santé	24
sapin	55
s'approcher	201
s'assembler	99
satellite	56
saut en hauteur	130
saut en longueur	130
sauvegarder	134, 136
sauver	179
savoir	169, 174
savon	33
scène	123
science	50
science politique	91
science-fiction	129
scolaire	86
scooter	115
Scorpion	57
scotch	89
sculpture	122
se brouiller	181
se coucher	65
se débrouiller	100
se distraire	120
se doucher	65
se faner	215
se fiancer	29
se garer	108
se marier	29
se moquer de	181
se présenter	10
se propager	192
se rappeler	174
se réconcilier avec	181
se remettre	24
se reposer	65
se représenter	174
se retirer	29
se réveiller	64
se séparer de	181
se souvenir de	174
se taire	182
se tromper	102
seau	37
sec (sèche)	58
sèche-linge	34
sécher	36
sécheresse	117
seconde	186
secourir	116
secours	116
secret	181
secrétaire	94, 97
secteur	43
secteur primaire	164
secteur secondaire	164
secteur tertiaire	164
section	210
sécurité	103
séduisant(e)	18
s'efforcer de	101
séisme	117
séjour	106
séjourner	106
sel	75
s'élargir	192
selon	207
semaine	189
sembler	168
semestre	87
Sénat	146
sénateur	146
s'endormir	65
sens	172
sensationnel(le)	172
sentiment	170
sentir	168
s'épanouir	215

séparément 210	solution 99	stratégie 100
séparer 205, 215	sombre 172, 195	stress 25
septembre 188	somme 158, 162, 193	studieux(se) 26
sérieux(se) 26	sommeil 65	studio 38
service 76	sommelier(ère) 76	styliste 97
services 164	somptueux(se) 217	stylo 88
serviette 73	son 168	stylo-bille 88
servir 76	sonner 134	succès 102
seul(e) 191, 211	sonnette 32	sucer 67
seulement 191	sorte 214	sucre 75
sévère 27	sortie 111	sud 200
sexe 10	sortie de secours 112	suffire 191
shampoing 33	souci 171	suffisamment 191
shintoïsme 152	soucieux(se) 27	suffisant(e) 191
siècle 187	soucoupe 73	Suisse 12
siège 94, 112	soudain(e) 203	sujet 99
signal 44	soudainement 203	super 217
signaler 183	souffrance 22	superbe 217
signature 149, 160	souffrir 22	superficie 190
signe 183	souhaitable 171	supérieur et inférieur 216
signer 160	souhaiter 171	supérieur(e) 216
silencieux(se) 27	soupe 76	supermarché 78
s'imaginer 174	source 46, 206	supplément 107
simple 198	souris 52	supplémentaire 107
sincère 26	sous 200	supposer 175
singe 53	sous-louer 161	supposition 175
sinistre 116	soustraction 162	supprimer 134, 136
s'inquiéter 171	soustraire 162, 192	sur 200
situé(e) 201	soutien-gorge 81	sûr(e) 103
situer 201	souvenir 106, 174	sûrement 103
ski 130	souvent 203	surface 196
slip 81	spatial 56	surpasser 216
social(e) 144	spécial(e) 199	surprendre 171
socialisme 143	spécialement 211	surpris(e) 171
socialiste 143	spécialiste 96	surprise 171
société 94, 144	spécialité 11, 76, 91, 106	surtout 211
sociologie 91, 144	spéculation 157	sylviculture 164
sœur 14	sphérique 196	symphonie 124
soif 66	splendide 217	syndicat 95
soigner 179	sport 130	synthétiser 192
soigneux(se) 26	sportif(ve) 130	systématique 210
soir 189	stade 131	système écologique 61
soirée 124, 189	stagiaire 94	
solaire 56	stand 45	**T**
solde 79, 159	standard 212	tabac 121
soleil 56	station 111	table 34
solide 198	stationner 108	tableau 122
solstice d'été 188	statistique 192	tableau noir 88
solstice d'hiver 188	steak 76	tableur 193

tâche	95	
taille	24, 190	
taille-crayon	88	
talent	101	
talon	21	
tambour	125	
tant	191	
tante	15	
tapis	34	
tard	186	
tarder	115	
tarif	111	
tarif douanier	149	
tasse	73	
Taureau	57	
taxi	114	
technologie	50, 144	
teinte	194	
télé	35	
télécharger	137	
télécommande	35	
télégramme	134	
télégraphier	134	
téléphone	35, 134	
téléphoner	134	
télescope	57	
téléspectateur(trice)	127	
télévision	35, 127	
température	24, 59	
tempête	117	
temps	58, 186	
tendre	26, 198	
tennis	130	
tension (artérielle)	24	
tentative	101	
tenter	101	
terme	159, 161	
terminus	111	
terrain	47	
terre	47	
Terre	56	
terrible	171	
terriblement	213	
territoire	143	
tête	20	
TGV	110	
thé	70	
théâtre	123	
théière	73	
thermomètre	23	
ticket	110	
tige	54	
tigre	53	
timbre	135	
timide	27	
tire-bouchon	73	
tissu	165	
titre	126, 157	
toboggan	45	
toile	122, 165	
toilettes	32	
toit	32	
tomate	69	
tomber	215	
tomber en panne	138	
ton	194	
tonne	190	
tort	209	
tôt	186	
total	162, 193	
totalité et partie	210	
toucher	168	
toujours	187	
tour	38, 106	
tourisme	106	
touriste	106	
tourner	215	
tournesol	55	
tousser	22	
tout	191	
tout à coup	203	
tout à l'heure	189	
tout d'abord	202	
tout-terrain	114	
toux	22	
toxique	60	
traduction	128	
traduire	128	
train	110	
traité	149, 150	
tram	110	
tranquille	27	
transférer	134	
transformation	214	
transformer	214	
transgresser	160	
transit	113	
transition	214	
transmettre	183	
transmission	183	
transparent(e)	194	
transport	115	
transporter	115	
travail	64	
travailler	64	
travailleur(se)	94	
tremblement de terre	117	
très	213	
très bien	91	
triangulaire	196	
tribunal	151	
tricot	121	
trimestre	87	
triomphe	216	
triple saut	130	
tripler	192	
triste	170	
trombone	89	
trompette	125	
tronc	54	
trop	213	
trottoir	44	
trousse d'écolier	89	
trouver	168	
T-shirt	81	
tuer	151	
tulipe	55	
type	210	
typhon	59	
typique	210	

U

un peu	191	
unanime	99	
unième	202	
unifier	192	
unique	211	
uniquement	211	
unité	136, 190	
université	87, 90	
urbain(e)	42	
urbanisation	42	
urgence	23	
urgent(e)	203	
usine	165	
utile	217	

V

vacances 120
vacancier(ère) 106
vaccin 24
vacciner 24
vache 52
vague 46
vaisselle 73
valeur 217
valise 107
vallée 47
valoir 217
variable 210, 214
variation 214
variétés 127
vase 35
veau 68
végétarien(ne) 66
véhicule 114
vélo 115
vélomoteur 115
vendeur(se) 78
vendre 78
vendredi 189
vent 59
vente 78, 193
ventilateur 34
ventre 21
verger 54
verre 71, 73
vers 187
Verseau 57
versement 158
verser 159
vert(e) 194
veste 80
vêtement 80
via 107
viaduc (piéton) 45
viande 68
victime 116
victoire 216
vide 191
vidéo 35
vider 191
vie 28, 64
vieillesse 29
Vierge 57
vif (vive) 172
villa 38
village 43
ville 43
vin 71
violent(e) 151
violer 160
violet(te) 194
violon 125
virement 158
virus 137
visage 21
visite 106
visiter 106
vite 186
vitesse 109
vitre 36
vivant(e) 199
vivre 28
voie 111
Voie lactée 56
voilier 115
voir 168
voisin(e) 17
voisinage 17
voiture 108
voiture de pompiers 114
volant 109
volcan 46
voler 112
voleur(euse) 151
volley-ball 130
volonté 174
volume 190
vote 147
voyage 106
voyager 106
voyageur(se) 106
vrai(e) 209
vue 107

W

webcam 35
week-end 189
whisky 71

Y

yaourt 68
yeux 20

Z

zoo 120

■著者

小幡谷友二（おばたや・ゆうじ）

早稲田大学第二文学部西洋文化専修卒業、中央大学大学院博士後期課程単位取得満期退学、トゥールーズ・ル・ミラーユ大学博士課程修了。専門は現代仏文学、日本語教育。
中央大学、明治学院大学、立正大学、トゥールーズ・ル・ミラーユ大学講師を経て、現在、ジュネーヴ大学東アジア研究学科日本研究専攻専任講師。
主な著書に、『フランス語単語の力を本当につけられるのはコレだ！』（共著、駿河台出版社）、『甦るフランス遍歴職人』（共著、出版館ブック・クラブ）がある。また、フランスで出版された日仏・仏日辞典『Dictionnaire Japonais-Français et Français-Japonais』（共著、Assimil）も共同執筆している。
趣味は、イタリア語、韓国語、中国語などフランス語以外の外国語学習。J-POP、J-ROCKにも詳しい。筒井康隆のファン。

■イラスト

姫野はやみ（ひめの・はやみ）

早稲田大学社会科学部卒。絵を福井真一に師事。
2011年、ギャラリーハウスMAYA主催「装画を描くコンペティションvol.11」においてグランプリを獲得。
主な仕事に、『小説推理』（双葉社）挿画、映画『拝啓、愛しています』ポスターなどがある。

よく出る分野をまとめて覚える
仏検イラスト単語集　3・4級レベル

2013年5月30日　第1刷発行
2023年6月30日　第5刷発行

著　者　　　　小幡谷友二
発行者　　　　前田俊秀
発行所　　　　株式会社　三修社
　　〒150-0001　東京都渋谷区神宮前2-2-22
　　TEL.03-3405-4511　FAX.03-3405-4522
　　　　　　　https://www.sanshusha.co.jp
振替　　　　　00190-9-72758
編集担当　　　伊吹和真
印刷・製本　　倉敷印刷株式会社

© Yuji Obataya 2013 printed in Japan
ISBN978-4-384-05628-0 C1085

編集協力：二見さやか
イラスト：姫野はやみ
本文デザイン：ジャレックス
カバーデザイン：山内宏一郎（SAIWAI design）

JCOPY〈出版者著作権管理機構　委託出版物〉
本書の無断複製は著作権法上での例外を除き禁じられています。複製される場合は、そのつど事前に、出版者著作権管理機構（電話 03-5244-5088 FAX 03-5244-5089 e-mail: info@jcopy.or.jp）の許諾を得てください。